ドイツにおける刑事訴追と制裁

ハンス=ユルゲン・ケルナー 著

ドイツにおける刑事訴追と制裁

成年および少年刑事法の現状分析と改革構想

小川浩三 訳

桐蔭横浜大学ドイツ法講義シリーズ1

信山社

小川浩三先生を通して，原著作者の了解を得て出版するものである。
© Hans-Jürgen Kerner
All rights reserved
Japanese translation Rights © 2008 Kozo Ogawa

序　言

　本書の基となったのは，著者が2005年3月に桐蔭横浜大学の招きにより，同大学大学院で行なった講義テクストである．

　著者は，この講義テクストを出版のためにもう一度推敲し，オリジナルの講義の配列を組み替え，若干の箇所を拡充・補充したが，その際には各回の講義に引き続いて行なわれた討論も考慮した．聴講した学生諸姉・諸兄が討論に活発に参加し，まったく的を射た，議論の発展を促す質問をしてくれたことに，感謝する次第である．

　本書が目指したのは，ドイツの刑事訴追および制裁の法の全状況を示すことではない．そのためには，何巻もの書物が必要となろう．本書の記述で追求した目的は，具体的には次の二つのことである．一つ目の目的は，ドイツの現状に比較法的関心を抱く日本の読者に，刑事手続法および刑事実体法の一般法（以下では単純化して成年刑事法という），ならびに少年法の基本骨格を浮き彫りにして示すことである．もう一つの目的は，法政策あるいは刑事政策の観点からもより高い関心を呼ぶ領域を選んで，もう一段深めた説明を行なうことである．各章の末尾には若干の参考文献または資料を付したので，該当する問題を自分で踏み込んで調べたいと思う場合に，助けとなろう．

　桐蔭横浜大学，とりわけ法学部長（当時）村上淳一教授には，ご招待と事前の完璧なアレンジに深甚なる感謝を申し上げる．講義およびそれに続く討論での通訳，ならびに今また本書のための改訂稿の翻訳の労を取っていただいた小川浩三教授には特別の感謝を申し上げねばならない．講義中および翻訳に際して生じた，刑事手続法，刑法およ

序　言

び少年法の特別の問題，疑義について助力していただいた竹村典良教授にも感謝申し上げねばならない．その他に，以上の三人の同僚からは，東京およびその近郊での滞在および諸企画に際して心よりのおもてなしを受けた．これについても感謝申し上げる次第である．

　2005 年 4 月　チュービンゲン

　　　　　　　　　　　　　　　　　ハンス＝ユルゲン・ケルナー

目　次

序　言
　略記号
　参考法令集・サイト
　関連諸機関および諸団体

第1章　ドイツ成年刑法の刑罰制裁の体系——重点の概観 ………… *1*

　はじめに（*1*）
　1　公判外あるいは判決前の制裁（*6*）
　2　ドイツ成年刑法の標準的な主刑としての罰金刑（*11*）
　3　ドイツ刑法における，事実上独立した第二の主刑
　　　としての保護観察刑（*16*）
　4　ドイツ刑法における残余の刑としての無条件
　　　の自由刑（*20*）
　5　一般刑法におけるその他の制裁（*22*）

第2章　ドイツ少年刑法における刑法上および教育法上
　　　の制裁システム——重点の概観 ……………………………… *25*

　はじめに：少年法全体の中での少年刑法の展開（*25*）
　1　刑罰で威嚇された行為を実行した児童
　　　への対処（*33*）
　2　刑罰で威嚇された行為を実行した少年
　　　への対処（*42*）
　3　刑罰で威嚇された行為を実行した準成年へ
　　　の対処（*52*）

vii

　　　　　　　　　　目　　次

　　4　実体少年刑法によって可能な制裁の概観 (55)

第3章　刑法の付加刑および付加的効果，特に免許停止 …… 71

　　はじめに (71)
　　1　ドイツ刑法の付加刑 (72)
　　2　ドイツ刑法の付加的効果 (79)

第4章　ドイツ刑法の公益労働
　　　　──「罰金代替物」から独立の制裁へ………………… 95

　　はじめに：問題としての労働と刑罰 (95)
　　1　ドイツ少年法上の制裁としての労働 (100)
　　2　ドイツ一般刑法の行刑外の刑罰としての労働 (105)
　　3　ドイツ刑法の独立の主刑としての公益労働へ
　　　の道 (113)

第5章　危険な犯罪者の自由状態でのコントロール措置
　　　　──特に条件付釈放および行状監督の最近の厳格化 ……… 119

　　はじめに (119)
　　1　行刑からの条件付釈放 (123)
　　2　行状監督措置 (130)
　　3　職業禁止措置 (132)
　　4　運転免許剥奪措置 (134)

第6章　危険な犯人の自由剥奪によるコントロール措置
　　　　──特に保安監護のための収容措置の最近の厳格化
　　　　について …………………………………………………… 139

目　次

　はじめに（*139*）
　1　精神病院への収容措置（*139*）
　2　禁断施設への収容措置（*141*）
　3　保安監護の収容措置（*143*）

第 7 章　一般刑事手続の最近の発展
　　　　──基本傾向：起訴法定主義から起訴便宜主義へ ………… *159*

　はじめに（*159*）
　1　起訴法定主義および実体的真実発見の諸前提
　　および原則規範（*161*）
　2　現在のドイツ刑事手続における起訴便宜主義
　　の諸次元（*171*）

第 8 章　一般刑事手続の最近の発展
　　　　──特殊問題：起訴便宜主義から国家の刑罰請求権
　　　　をめぐる交渉へ ……………………………………………… *179*

　はじめに（*179*）
　1　検察と裁判所の負担軽減という古くて常に新
　　しい考え（*182*）
　2　正規の有罪判決・科刑に代替する正規の手続
　　を踏まない犯人の制裁という考え（*188*）
　3　刑事訴訟上の合意から国家の刑罰請求権をめ
　　ぐる交渉へ（*192*）

第 9 章　刑法と刑訴法における被害者の地位の改善
　　　　──被害者保護，損害回復および加害者・被害者間の和解，
　　　　前世紀 80 年代以降から 2004 年被害者権改革法まで……… *201*

目　次

はじめに（*201*）

1　被害者補償法（*202*）

2　被害者保護法（*203*）

3　刑事手続における被害者証人保護のさらなる改善（*210*）

4　少年刑法における，加害者・被害者間の和解および損害回復（*214*）

5　成年刑法における加害者・被害者間の和解または損害回復（*216*）

訳者あとがき（*225*）

　事項索引（巻末）
　条文索引（巻末）

略 記 号

BGB	Bürgerliches Gesetzbuch　民法典：1896 年 8 月 18 日公布，2001 年 11 月 26 日公布の債務法現代化法（BGBl I, 2003, S. 3138）により 2002 年 1 月 1 日より改正法施行
BGBl I	Bundesgesetzblatt, Teil I　連邦官報第 1 部，連邦法律および連邦政令ならびに法律の効力をもつ連邦憲法裁判所の判決，連邦公報局刊行
BGBl II	Bundesgesetzblatt, Teil II　連邦官報第 2 部，条約等，連邦公報局刊行
BGBl III	Bundesgesetzblatt, Teil III　連邦官報第 3 部，ドイツ現行法規集，連邦公報局刊行
BGH	Bundesgerichtshof　連邦通常裁判所（民事・刑事事件の最高裁判所）
BGHSt	Entscheidungen des Bundesgerichtshofes in Strafsachen　連邦通常裁判所刑事判決集，巻および頁で引用
BR-Dr	Drucksache des Bundesrates　連邦参議院印刷物
BT-Dr	Drucksache des Bundestages　連邦議会印刷物（選挙会期〔総選挙から次の総選挙までが 1 会期〕および号で引用）
BtMG	Gesetz über den Verkehr mit Betäubungsmitteln (Betäubungsmittelgesetz)　麻酔剤の取り扱いに関する法律（麻酔剤法），1994 年 3 月 1 日公布の規定，最近の改正法 2003 年 12 月 22 日公布（BGBl I, 2004, S. 28）
BVerfG	Bundesverfassungsgericht　連邦憲法裁判所
BVG	Gesetz über die Versorgung der Opfer des Krieges (Bundesversorgungsgesetz)　戦争被害者の扶助に関する法律（連邦扶助法），1982 年 1 月 22 日公布の規定（BGBl I, 1982, S. 21,），最近の改正法 2004 年 7 月 21 日公布（BGBl I, 2004, S. 1791, 1803）
BZRG	Gesetz über das Zentralregister und das Erziehungsregister (Bundeszentralregistergesetz)　中央登録簿および教化登録簿法（連邦中央登録簿法），1984 年 9 月 21 日公布の規定（BGBl I, 1984, S. 1229, 更正 BGBl I, 1985, S. 195），最近の改正法 2003 年 12 月 22 日公布（BGBl I, S. 2834）
DDR	Deutsche Demokratische Republik　ドイツ民主共和国，1990 年 10 月 3 日統一条約によりドイツ連邦共和国に再統一

略記号

EGStGB	Einführungsgesetz zum Strafgesetzbuch　刑法典施行法 1974 年 3 月 2 日公布，最近の改正法 2004 年 7 月 23 日公布（BGBl I, 2004, S. 1838, 1840）
EMRK	Konvention zum Schutz der Menschenrechte und Grundfreiheiten (Europäische Menschenrechtskonvention)　1950 年 11 月 4 日人権および基本的自由の保護のための条約（ヨーロッパ人権条約）（ドイツの批准法：BGBl II, 1952, S. 686），現行規定 2002 年 5 月 17 日公布（BGBl II, 2002, S. 1054）
GewSchG	Gesetz zum zivilrechtlichen Schutz vor Gewalttaten und Nachstellungen (Gewaltschutzgesetz)　暴力行為およびストーカー行為に対する民事法的保護のための法律（暴力保護法）2001 年 12 月 11 日公布（BGBl I, 2001, S. 3513）
GG	Grundgesetz für die Bundesrepublik Deutschland　ドイツ連邦共和国基本法 1949 年 5 月 23 日公布（BGBl I, 1949, S. 1），最近の改正 2002 年 7 月 26 日（BGBl I, 2002, S. 2863）
GVG	Gerichtsverfassungsgesetz　裁判所構成法，原始規定 1877 年 1 月 27 日公布，現行規定 1975 年 5 月 9 日公布（BGBl I, 1975, S. 1077），最近の改正法 2004 年 7 月 23 日公布（BGBl I, 2004, S. 1842, 1853）
IRG	Gesetz über die internationale Rechtshilfe in Strafsachen　刑事事件司法共助法，現行規定 1994 年 6 月 27 日公布（BGBl I, 1994, S. 1537），最近の改正法 2004 年 7 月 21 日公布（ヨーロッパ勾留命令法 BGBl I, 2004, S. 1748）
IStGHG	Gesetz über die Zusammenarbeit mit dem Internationalen Strafgerichtshof (IStGH-Gesetz)　国際刑事裁判所との協力に関する法律（国際刑事裁判所法），2002 年 6 月公布（BGBl I, S. 2144）
JAVollzO	Verordnung über den Vollzug des Jugendarrestes (Jugendarrestvollzugsordnung)　少年拘禁の執行に関する法律（少年拘禁執行法），1976 年 11 月 30 日公布規定（BGBl I, 1976, S. 3270），最近の改正法 1990 年 6 月 26 日公布（BGBl I, 1990, S. 1163）
JGG	Jugendgerichtsgesetz　少年裁判所法〔少裁法〕，原始規定 1953 年 8 月 4 日公布，現行規定 1974 年 12 月 11 日公布（BGBl I, 1974, S. 3427），最近の改正法 2004 年 8 月 24 日公布（BGBl I, 2004, S. 2198）
JuSchG	Jugendschutzgesetz　少年保護法，2002 年 7 月 23 日公布（BGBl I, 2002, S. 2730），最近の改正法 2004 年 7 月 23 日公布（BGBl I, 2004, S.

略記号

1857)

KJHG　　　Kinder- und Jugendhilfegesetz　児童・少年援助法（BGBl I, 1990, S. 1163），社会法典第8編 Sozialgesetzbuch, Achtes Buch (SGB VIII) ―児童・少年援助―として1998年7月1日に公布された規定（BGBl I, 1998, S. 3546），最近の改正法2004年7月30日公布（BGBl I, 2004, S. 2014)

OASG　　　Gesetz zur Sicherung der zivilrechtlichen Ansprüche der Opfer von Straftaten (Opferanspruchssicherungsgesetz)　犯罪被害者の民事法上の請求権を担保するための法律（被害者請求権担保法），1998年5月8日公布（BGBl I, 1998, S. 905)

OEG　　　Gesetz über die Entschädigung für Opfer von Gewalttaten (Opferentschädigungsgesetz)　暴力行為の被害者の補償に関する法律（被害者補償法），原始規定1976年5月11日公布（BGBl I, 1976, S. 1181)，現行規定1985年1月7日公布（BGBl I, 1985, S. 1)，最近の改正法2004年7月30日公布（BGBl I, 2004, S. 1950, 2005)

OpferRRG　Gesetz zur Verbesserung der Rechte von Verletzten im Strafverfahren (Opferrechtsreformgesetz)　刑事手続における被害者の権利を改善するための法律（被害者権改革法），2004年6月24日公布（BGBl I, 2004, S.1354)

OSchG　　Erstes Gesetz zur Verbesserung der Stellung des Verletzten im Strafverfahren (Opferschutzgesetz)　刑事手続における被害者の地位を改善するための第一次法律（被害者保護法），1986年12月18日公布（BGBl I, 1986, S. 2496)

OwiG　　　Gesetz über Ordnungswidrigkeiten (Ordnungswidrigkeitengesetz)　秩序違反に関する法律（秩序違反法），1987年2月19日公布（BGBl I, 1987, S. 602)，最近の改正法2004年5月5日公布（BGBl I, 2004, S. 718, 843)

RiStBV　　Richtlinien für das Strafverfahren und das Bußgeldverfahren　刑事手続および罰金手続に関する指針，1977年1月1日公布され，1999年7月1日より連邦全土に統一的に適用，最近の改正2002年6月14日連邦公報により公布（Bundesanzeiger 2002, S. 13685)

SGB VIII　Achtes Buch des Sozialgesetzbuches　社会法典第8編，KJHG 参照
StGB　　　Strafgesetzbuch　刑法典，原始規定1871年5月15日公布，現行規定1998年11月13日公布（BGBl I, 1998, S. 3322)，最近の改正法2005

略 記 号

年2月11日公布（第37次刑法改正法，BGBl I, 2005, S. 239）

StPO　　　Strafprozessordnung　刑事訴訟法，原始規定1877年2月1日公布，現行規定1987年4月7日公布（BGBl I, 1987, S. 1074, 1319），最近の改正法2005年2月11日公布（第37次刑法改正法，BGBl I, 2005, S. 239, 241）

StVG　　　Straßenverkehrsgesetz　道路交通法，原始規定1952年12月19日公布，現行規定2003年3月5日公布（BGBl III, Nr. 9231-1），最近の改正法2004年1月14日公布（BGBl I, 2004, S. 74）

StVollstrO　Strafvollstreckungsordnung　刑罰執行規則，1956年2月15日公布，新規定2001年4月1日公布（Bundesanzeiger 2001, S. 9157）

StVollzG　Gesetz über den Vollzug der Freiheitsstrafe und der freiheitsentziehenden Maßregeln der Besserung und Sicherung (Strafvollzugsgesetz)　自由刑および自由剥奪を伴う改善・保安措置の執行に関する法律（行刑法），1976年3月16日公布（BGBl I, 1976, S. 581, 2088，更正 BGBl I, 1977, S. 436），最近の改正法2003年12月27日（BGBl I, 2003, S. 3022, 3065）

UVollzO　Untersuchungshaftvollzugsordnung　未決勾留執行令，原始規定1953年2月12日公布，連邦全土に統一的に適用される規定2002年5月公布（各州の公報で公布）

Verbrechensbekämpfungsgesetz　犯罪撲滅法 Gesetz zur Änderung des Strafgesetzbuches, der Strafprozessordnung und anderer Gesetze 刑法典，刑事訴訟法その他の法律を改正するための法律，1994年10月28日公布（BGBl I, 1994, S. 3186）

VStGB　　Völkerstrafgesetzbuch　国際刑法典，2002年6月26日公布（BGBl I, 2002, S. 2254）

WStG　　　Wehrstrafgesetz　国防軍刑法，1974年5月24日公布規定（BGBl I, 1974, S. 1213），最近の改正法1998年1月26日公布（BGBl I, 1998, S. 164）

ZSchG　　Zeugenschutzgesetz　証人保護法，1998年公布（BGBl I, 1998, S. ）

参考法令集・サイト

・参考法全集

Strafrecht. Nomos Gesetze. 14. Auflage. Baden-Baden: Nomos Verlag 2005
　刑法，少年刑法および少年援助法，刑事手続法，秩序違反法，刑罰執行法および行刑法についての包括的な法令集

Jugendrecht. Beck-Texte im dtv. 27. Auflage. München: Deutscher Taschenbuch Verlag 2006 (Ordnungsnummer 5008).
　少年法の新書版法令集

Strafgesetzbuch. Beck-Texte im dtv. 42. Auflage. München: Deutscher Taschenbuch Verlag 2006 (Ordnungsnummer 5007).
　刑法典の新書版法令集

Strafprozessordnung. Beck-Texte im dtv. 40. Auflage. München: Deutscher Taschenbuch Verlag 2006 (Ordnungsnummer 5011).
　刑事訴訟法の新書版法令集

Strafvollzugsgesetz mit Verwaltungsvorschriften. Beck-Texte im dtv. 17. Auflage. München: Deutscher Taschenbuch Verlag 2004 (Ordnungsnummer 5523).
　行刑法および関連行政規定の新書版法令集

・連邦法のサイト

Gesetze im Internet
　URL = http://bundesrecht.juris.de/bundesrecht
　法令は前頁までの略記号によって検索可能である

関連諸機関および諸団体

Arbeitskreis der Opferhilfen, ADO　所在地ハンブルク．連邦規模の被害者援助組織．Weißer Ring の対抗組織
　URL = http://www.opferhilfen.de/
Bundesgerichtshof, BGH　連邦通常裁判所．所在地カールスルーエ
　URL = http://www.bundesgerichtshof.de/
Bundeskriminalamt, BKA　連邦刑事局．所在地ヴィースバーデン
　URL = http://www.bka.de/
Bundesministerium der Justiz, BMJ　連邦司法省．所在地ベルリン．一部部局ボン
　URL = http://www.bmj.bund.de/
Bundesministerium des Inneren, BMI　連邦内務省．所在地ベルリン
　URL = http://www.bmi.bund.de/
Bundesrat　連邦参議院．所在地ベルリン
　URL = http://www.bundesrat.de
Bundesverfassungsgericht, BVerfG　連邦憲法裁判所．所在地カールスルーエ
　URL = http://www.bundesverfassungsgericht.de/
Bundeszentralregister　連邦中央登録局．連邦検察庁（GBA）の部署．所在地ボン
　URL = http://www.bundeszentralregister.de/
CALL　デュッセルドルフ大学の法学検索エンジン
　URL = http://www.jura.uni-duesseldorf.de/call/anleit.htm
Datenbanken der Rechtswissenschaft　法学データバンク．マンハイム大学プロジェクト
　URL = http://www.bib.uni-mannheim.de/bereiche/jura/db-kap3.htm#verzei
DBH　社会労働．刑法および刑事政策のための連邦〔レベルの〕団体．所在地ベルリン．ケルンに事務所（旧ドイツ保護観察・裁判および犯人援助 Deutsche Bewährungs-, Gerichts- und Straffälligenhilfe）
　URL = http://www.dbh-online.de
Deutsche Richterakademie, DtRiAk　ドイツ裁判官アカデミー．研修センター所在地トゥリアーおよびヴストラウ
　URL = http://www.deutsche-richterakademie.de/dra/index.jsp

関連諸機関および諸団体

Deutsche Vereinigung für Jugendgerichte und Jugendgerichtshilfe, DVJJ　ドイツ少年裁判所および少年裁判所援助連盟．所在地ミュンヘン．ハノーヴァーに事務所
URL = http://www.dvjj.de/

Deutscher Bundestag　ドイツ連邦議会．所在地ベルリン
URL = http://www.bundestag.de/

Deutscher Juristentag, DJT　ドイツ法曹会議．所在地ボン
URL = http://www.djt.de/

Deutscher Präventionstag, DPT　ドイツ犯罪予防会議．事務所所在地ハノーヴァー
URL = http://www.praeventionstag.de/

Deutsches Forum für Kriminalprävention, DFK　ドイツ犯罪予防フォーラム．所在地ボン
URL = http://www.kriminalpraevention.de/

DIP = Dokumentations- und Informationssystem des Parlaments　議会文書・情報システム
URL = http://dip.bundestag.de/

EUROJUST　ユーロジャスト．2002年に創設されたヨーロッパの連合組織，加盟国の当局が国境を越える重大な組織犯罪を捜査・訴追する際に，その実効性を高めることを目的とする．所在地ハーグ
URL = http://www.eurojust.eu.int/

Europäische Rechtsakademie, ERA　ヨーロッパ法アカデミー．所在地トゥリアー
URL = http://www.era.int/

Europäische Union, EU　ヨーロッパ連合．所在地ブリュッセル．諸言語のポータルあり
URL = http://www.europa.eur.int/

Europäischer Gerichtshof　ヨーロッパ裁判所．所在地ルクセンブルク
URL = http://www.curia.eu.int/

Europäischer Gerichtshof für Menschenrechte, EGMR　ヨーロッパ人権裁判所．所在地ストラスブール
URL = http://www.coe.int/T/D/Menschenrechtsgerichtshof/

Europäischer Gerichtshof für Menschenrechte, Entscheidungssammlung　ヨーロッパ人権裁判所判決集
URL = http://www.egmr.org/

関連諸機関および諸団体

Europarat　ヨーロッパ評議会．1949 年に西ヨーロッパに恒常的政治協力を築くために創設．1950 年ヨーロッパ人権条約を決議，ヨーロッパ連合とは別組織，現在加盟国 46，所在地ストラスブール．ドイツ語ポータル
　URL = http://www.coe.int/DefaultDE.asp

EUROPOL　ユーロポール．ヨーロッパ警察機構．所在地ハーグ
　URL = http://www.europol.eu.int/

EUROPOL-Net　ユーロポール・ネット．ユーロポール加盟その他の警察機関
　URL = http://www.europol.net

Generalbundesanwalt beim Bundesgerichtshof (GBA)　連邦通常裁判所所在連邦検察庁，国家的法益に関する重大犯罪（特に政治的テロなど）を管轄する最高検察庁，所在地カールスルーエ
　URL = http://www.generalbundesanwalt.de/

German Case Law　ヴュルツブルク大学のプロジェクト
　URL = http://www.uni-wuerzburg.de/glaw

Gesetze im Internet　JURIS　ドイツの法情報に関する有料検索サイトおよび連邦司法省の協力により作られた現行連邦法サイト
　URL = http://bundesrecht.juris.de/bundesrecht

Gesetzgebung des Bundes　法案の立法・審議状況についてのアクチュアルな情報．ドイツ連邦議会の検索エンジン
　URL = http://dip.bundestag.de/bt_kad/kopfdip.htm

Juristische Bibliothek des BGH und des BVerfG in Karlsruhe　連邦通常裁判所および連邦憲法裁判所法学蔵書，著書・雑誌論文・記念論文集寄稿論文の検索エンジン
　URL=http://www.bundesgerichtshof.de/bibliothek/literaturrecherche/katalog_bgh_bverfg.php

Juristisches Internetprojekt der Universität Saarbrücken　ザールブリュッケン大学の広範囲に及ぶポータル
　URL = http://www.jura.uni-sb.de/

Karlsruher Virtueller Katalog　ドイツその他の国々の学術文献（法学に限らない）のメタ・カタログ（カタログのカタログ），カールスルーエ大学の施設
　URL = http://www.ubka.uni-karlsruhe.de/kvk.html

Kriminologische Websites in Deutschland, Europa und anderen Staaten　チュービンゲン大学刑事学研究所刑事学関連ウェブサイトのリンク集，広範かつ系統的に配列

関連諸機関および諸団体

URL = http://www.ifk.jura.uni-tuebingen.de/www.html

Kriminologische Zentralstelle des Bundes und der Länder, KrimZ　刑事学センター，刑事学関連（刑事訴追，刑事司法，刑事執行および行刑，刑事政策，犯罪防止の領域）の研究成果を実務に媒介するためにこれらを文書データ化することを目的とする．すなわち，研究文献の収集，それらの文献のアブストラクトの作成，研究成果の評価，統計資料の分析等の年次報告書を作成する．所在地ヴィースバーデン

URL = http://www.krimz.de/

Kriminologisches Dokumentationssystem KrimDok　刑事学文書データシステム．ドイツおよび諸外国の刑事学の出版物その他の文書の検索．チュービンゲン大学刑事学研究所がハイデルベルク大学刑事学研究所およびチュービンゲン大学図書館と協力して作成

URL = http://krimdok.ifk.jura.uni-tuebingen.de/

Programm Polizeiliche Kriminalprävention, ProPK　警察による犯罪防止プログラム．連邦および州のプログラム．事務所所在地シュツットガルト

URL = http://www.propk.de/

Servicebüro für Täter-Opfer-Ausgleich und Konfliktschlichtung, TOA-Servicebüro　加害者・被害者和解および紛争調停のためのサービス事務所．DBH 所属の施設．所在地ケルン

URL = http://www.toa-servicebuero.de/

Strafrecht in Europa, Glossar für Deutschland, England und Frankreich　ヨーロッパの刑法，ドイツ・イギリス・フランス刑法語彙解説

URL = http://www.ju-lex.com/

Weißer Ring, WR　白い環．犯罪被害者のための被害者援助および法政策を目的とするドイツ最大の私的団体．所在地マインツ

URL = http://www.weisser-ring.de/

〈凡　例〉

① 本文中の太字は原文でも太字で書かれたものである．
② 下線部分は，原文ではイタリックである．
③ （　）［　］は原文で付されている括弧である．
④ 〔　〕は訳者が付した括弧であり，訳注としての意味をもつ．
⑤ 黒マルの小見出しは原文にはないが，訳者が補った．

ドイツにおける刑事訴追と制裁

第1章

ドイツ成年刑法の刑罰制裁の体系 ── 重点の概観

はじめに

刑事政策の振り子の揺れ

　ドイツにおける刑事政策一般の展開，特に刑法改革政策の展開を長期的パースペクティブで観察するならば，ある種の振り子運動を確認することができる．おそらくこの振り子運動は，他の国々にも当てはまることであろうが，しかし，他の国々の問題をここで追求することはできない．

　この振り子運動が全体社会の変動，つまり国家，経済および〔国家と区別された〕社会の変動に連動していることは，一見して明らかである．この変動は，ヨーロッパの融合の進展とともに増大し，ヨーロッパ連合の影響がますます直接的になるとともに，それによって規定される度合いは増している．この変動を規定しているものとして，さらに，なおどちらかといえば間接的ではあるが，グローバリゼーションの増大しつつある影響がある．グローバリゼーションは，商品の流通，サービスの流通，金融為替業務において見られ，さらに，規制緩和の進行によってますます多くの人々が他国および他の大陸へ旅行することができるようになった点にも認められる．以上の発展から新しい情勢と問題が生じているが，それは警察の仕事，刑事訴追，刑罰の執行および自由刑の行刑にも当てはまる．

　社会全体の変動の他に，〔振り子運動にとって〕明らかに重要な役

第1章　ドイツ成年刑法の刑罰制裁の体系

割を果たしているのは経験，つまり，司法がその時々の制裁規範を日々の刑法実務の中で適用する際に積むことができ，あるいは，積まなければならない経験である．加えて，不明確なもの，あるいは，整合性を欠くものがある．これらは，法規範としての制裁システムにはどんなものにも隠れて存在しており，実務の中で初めて現われてくるものである．すなわち，立法者が考えていなかった，あるいは，場合によってはそもそも考えることもできなかった新しい事案に有罪判決が下されなければならないときに，明らかになるものである．大学における刑法の研究は，実務で積み上げられた知識を体系化し，内部的に整合性をもった体系にまとめることをめざす．この体系化ができれば，法律の中にあるいは知らずに組み込まれていたり，また，生活の多様化の後にようやく判明したりする弱点があっても，それらがもっと明確になるかも知れない．

　以下のテクストでは，犯罪後の，あるいは犯人（被疑者）に向けた国家当局のリアクションとしての介入行為を一般的に論ずるが，その場合「制裁（Sanktion）」という概念は，特殊な限定を与えていない上位概念として用いる．この概念は，とりわけ，狭い意味の刑罰，いわゆる改善・保安措置（Maßregel der Besserung und Sicherung），付加刑（Nebenstrafe）および付加的効果（Nebenfolge），および，刑法の分野で犯人に関して認めることができる他のリアクションを包含するものである．

● 単純化の方向への揺れ：20世紀60年代の刑法大改革

　ある国の刑事政策が制裁システムの単純化の方向に振れるとき，その動きの基礎には制裁カタログが相対的に細分化しているということがある．刑法の理論と実務は，時間の経過とともに恒常的に細分化し

てゆく発展傾向をもっており，あるいは，いわゆる法律を超えて，法律の条文を事実上は新種の，いわば独立の制裁を発生させるように解釈する．時には，実務が作りかえた状態を立法者が公式の法律によって追認するということもあり，この場合法律は，実質的に見れば実際に行なわれたことを公証人が公証するようなものである．しかし，古い法律のテクストに問題があり，実務の処理は別の方向に進んでいるということがさまざまな角度から見てわかっているにもかかわらず，この古いテクストが長期間維持されることもある．その理由は，たとえば，法律を改正することによって，簡単には予測できないさまざまな派生効果が出てくるのではないかという憂慮などである．

ドイツでこのような単純化が進んだのは，20世紀60年代のいわゆる刑法大改革においてであった．当時の新しい制裁法は，多様であった伝統的なさまざまな種類の自由剥奪刑を廃止した．すなわち，良心的犯罪者に対する一種の名誉刑としての禁錮（かつての城砦禁錮（Festungshaft）），当時の最軽度の犯罪カテゴリー（いわゆる違警罪（Übertretung））のための6週間以下の拘留，主として軽罪（Vergehen）のための懲役刑，そして最後に重罪（Verbrechen）のための屈辱的な重懲役刑（Zuchthausstrafe）といった刑を廃止した．その替わりに，いわゆる統一的自由刑が導入されたが，これは刑の軽重の違いを時間軸でのみ表現するものである．それまで行われてきた総額方式罰金刑は，もともとスカンジナビアで発展してきた日額罰金刑に替えられたが，これは，貧しい犯人にも金持ちの犯人にも計算上はより公正な科刑方式を可能にしようとするものであった．

細分化の方向への揺れ：大改革以後

刑事政策がこの反対方向へと振れる場合には，制裁システムの細

第1章　ドイツ成年刑法の刑罰制裁の体系

分化を目指す．この展開の基礎にあるのは，相対的に未分化あるいは単純な制裁カタログである．初めのうちは，司法実務および量刑理論は，この〔単純な〕システムをうまく使いこなすが，その理由はまさに，このシステムが単純でそれゆえ見通しがよく，原則としてその処理に十分なコントロールが利くからである．しかし，時の経過とともに，そして上で述べた全体社会の変動に応じて，既存の制裁では十分でない，あるいはまったく適切に「対応」しない被疑者や犯罪がますます増えてくる．現行法を広く解釈したとしても，いつかは，「より適合的な」あるいは「付加的に科される」「別の」制裁に対する需要に応ずることができなくなる．制裁の改革に取り掛かる機が熟したといえるのは，もはや刑法理論家，とりわけ刑法改革派，あるいは被告人や刑事弁護人に留まらず，司法実務にあたる裁判官たちもまたその不快感を，繰り返して，とりわけ狭いサークル（たとえば専門雑誌）の外でも表明するようになったときである．

　ドイツではこのような状況は，上記の刑法改革法後に，徐々に展開してきた．1989年に始まる再統一の過程は，この展開を加速した．経済の大きな変動によって，とりわけ構造的失業の顕著な増大もあいまって，元来優勢であった罰金刑は，それが頻繁に適用されるようになって，ますます問題の多いものとなってきた．他方で，制裁としての労働が改めて評価された結果，罰金刑に替えて公益労働を拡張するという考えが一層魅力的なものとなり，最後は強い説得力をもつものとなった．被害者援助運動，被害者保護運動および加害者・被害者間の和解運動は，20世紀80年代までは知られていなかったが，新たな原動力となって，被害者の利益を刑事法全体において，つまり実体法的にも手続法的にも，真正面から受け止めることになり，被害者の立場を強めることになった．20世紀90年代に，世論を刺激する非常に重大な暴力事件や，それと並んで少女に対する非常に陰惨な性犯罪が

散発し,その結果,刑事政策に関する議論の方向にある種の変化が生じた.すなわち,刑罰の枠を拡張し,新しい保安措置を導入するという傾向が強まった.

最近の改正の動き

これらの,さまざまな原因や時流から生じてきた多様な傾向を,できるだけ包括的で調和的な新しい形にしようということが契機となって,連邦司法省は90年代半ばに独立の専門家審議会を招集した.この審議会は1998年初めにその仕事に着手した.彼らに付託された事項は,ドイツ刑法の制裁システムを根本的に改革することが適切であるか,適切であるとすると,現行の制裁の何を変更しなければならないか,立法者はどんな新しい制裁を導入したらよいのか,を吟味することであった.政権交代後,現政権も審議会がその仕事を継続することを認めていた.審議会は,2000年3月に「刑法の制裁システムを改革するための審議会最終報告書」と題するものを提出した.この報告書,および,これに対して実務家,政治家,学者から加えられたコメンタールと批判的論評を基礎として,連邦司法省は,その後2000年12月までに,「刑法の制裁システムを改革するための参事官草案」を作成した.

この参事官草案は,連邦構成各州,私的な団体および協会,大学および他の研究施設に対して,評価と意見表明を行ってもらうために送付された.数多くの返答があった.とりわけ,実務家は多くの批判を表明した.連邦構成州からは,転換により生ずる実際上の問題およびそれに続く財政上の問題について,特にたとえば公益労働の拡張を検討すると,見通しが立たないということが付加的に指摘された.しかし,全体としてみると,ドイツの刑罰や制裁の可能で望ましい将来に

ついて，国家全体あるいは社会を突き動かすような議論は，残念ながら展開されなかった．

連邦司法省は，若干の疑念と反対論を顧慮した後，2003年6月に新たな参事官草案を提出し，それを議論に乗せた．最後に現連邦司法大臣ブリギッテ・ツュプリース（Brigitte Zypries）夫人の指揮監督の下，赤〔社会民主党〕・緑〔緑の党〕連邦政府は，2004年3月に「制裁法の改革のための法律政府案（Regierungsentwurf eines Gesetzes zur Reform des Sanktionenrechts)」を提出し，これによって公式の改革立法手続を開始した（資料：2004年3月17日付BT-Dr Nr. 15/2725）．この草案の詳細についてここで立ち入ることはできない．後に具体的な問題を選択的に論ずるが，その際に個別的に指摘し論評する．

この法律案が厳密に見てこの先どのような内容の経路をたどることになるのかを現時点で予測することはできないし，ましていわんや，最後にこの法案の結果がいかなるものとなるのかについて予測することはできない〔2005年9月14日の総選挙，同年10月15日の新議会の集会により第15立法会期が終了したため，この法案は廃案となった〕．けれども，いたるところで感じられることとして，20世紀の終わりに開始されたこの改革プロセス全体は，その活力を大いに失ってしまった．新しい挑戦，とりわけ国際テロリズムからの挑戦は，世論のそして専門家の注意を大いに引き，したがって重点の移動が起こっている．とはいえ，全体的な方向転換を迫るまでには至っていない．

1 公判外あるいは判決前の制裁

ドイツの刑事学（Kriminologie）が最初にはっきりとテーマとした現象が存在する．それは，この間に刑法実務や刑法理論にも事実としては受け入れられたが，しかし，完全に一致して認められるというに

は程遠い状態にある．この現象は，以下のように描くことができる．

すなわち，狭い意味での「刑罰」，すなわち，刑事裁判所が正規の公判を開き，広範な証拠について争った上で採否を決め，これに基づいて正規の刑罰を科すというものは，今日では例外になってしまったということである．正規の有罪判決が下されるのは，公判を経た終局判決によってであれ，あるいは，文書手続による略式命令によってであれ，今日では本来の犯罪容疑者の40％未満に過ぎない．正式の公訴がなされ，終局の刑罰の判決で終わるのは，容疑者または被疑者に対する全手続の20％未満である．

刑事手続の非公式化の進展

このことが意味するのは以下のことである．過半数の手続は，公判手続，すなわち公判と判決という手続以外の仕方で済まされる，あるいは，刑事学者たちのいつもの言い方をすれば，「処理さ」れる（erledigt）．**刑事事件を非公式に（informell），あるいは，正規の手続を踏まないで（formlos）処理するというトレンド**，明らかに国際的にも顕著になってきているトレンドがある．このトレンドの中には，これも同じく国際的に顕著になってきている明確なサブ・トレンドがある，すなわち，手続の主導権および制裁の主導権が，何ものにも依存しない裁判所から離れて，原則として指揮に依存する検察に移動するというトレンドである．ドイツでは，少なくとも成年刑法では，その先の警察にまで主導権が移動するということは，これまでは厳に禁ぜられてきた．

正規の手続を踏まない処理は，**刑事手続の結果を伴わない打切り**（folgenlose Einstellung）ということになる場合もある．しかし，公判の前あるいは外で「犯人」を処罰できるようにという実務の必要に対

して，次第に道が開かれ始めている．正規の刑罰はもちろんできない，なぜなら，正規の刑罰は（ドイツでは）憲法の定めるところにより，明確な法律に基づいてのみ，そして，裁判所だけが被告人の責任について規定どおりに審理し，認定した上で科すことが許されているからである．したがって，たしかに刑事学的に見ればどう見ても処罰の性格をもった「真正の」リアクションであるが，しかし憲法上および刑法解釈学上は刑罰としてのハードルを越えていないものと位置づけられる措置，あるいは，見方を変えれば制裁を発見（発明と言いたくないのであれば）しなければならない．

● 訴追の免除：検察の役割の増大

これがドイツで典型的に適用される場合は，刑事訴訟法（StPO）第153a条〔ドイツでは法律改正によって新規に定められた枝条文はa, b, cで表す〕に基づいて，条件付きで検察官が行なう「**訴追の免除（Absehen von der Strafverfolgung）**」，あるいは，裁判所が行なう「**手続の打切り（Einstellung des Verfahrens）**」である．ここで付される条件とは，たとえば，被疑者による損害回復である（詳細は第8章参照）．成年刑法でも，少年刑法でも，検察の重要性は大いに増した．検察官は，今日，犯人に対して事実上の有罪判決を下す点で，大幅に裁判所に「代替して」いる．この結果，既に何年か前に，次のようなスローガンにまでなった．検察官は，「裁判官の前の裁判官」へと成長した．

さらに刑の放棄（Strafverzicht），法のテクニカルタームを用いれば，「**刑の免除（Absehen von Strafe）**」も，最初実務において発展し，次いで法律を実務に合わせることによって，無視できない程度に，刑事裁判所から検察に移っていった．刑の免除は，普通の場合であれば，裁判所による有罪判決を前提とする．このような判決の実質的内容は，

1 公判外あるいは判決前の制裁

被告人に対し犯罪について有罪宣告だけが下されるということだけである．この有罪宣告は，「**孤立した有罪宣告（isolierter Schuldspruch）**」という表現も用いることができるが，確定力をもつことになり，次いで連邦中央登録法（BZRG）に従って，ボンにある連邦中央登録局にある中央登録簿（Zentralregister）（かつての前科簿（Strafregister））に登録される．しかし，裁判所は刑罰そのものは科さないのであり，その理由および要件は個別的でさまざまである．今述べたことを分かりやすくするために，2つの例を挙げよう．

● 刑の免除の具体例

第1の例．既に古くからある規定で，近年再び以前に増して頻繁に用いられることになったのが刑法典（StGB）第60条である．この規定は，とりわけ若年の犯人が軽率さから交通犯罪を惹き起こし，自らも重大な損害を受け，または，身内の者もしくは友人を失うといった場合に適用になる．犯人がその犯罪によって1年以下の自由刑を科せられるときには，裁判所は次の場合に有罪宣告だけで十分とすることができる．すなわち，「<u>犯人に及んだ犯罪の結果が重大で，そのため刑罰を科すことが的外れになる場合</u>」である．これを実質的に支えている考え方は，犯罪またはその結果によって犯人に降りかかった**運命の罰（Schicksalsstrafe）**が国家による刑罰を余計なものとする，ということである．

第2の例．まったく新しい規定で，1994年の犯罪撲滅法によって刑法典（StGB）に導入されたものとして，刑法典第46a条があり，これは，**特に精力的な損害回復あるいは加害者・被害者間の和解**を規定している（これについて，詳細は第9章参照）．ここでも1年間の限度が認められる．1年以下の自由刑を科したときには，犯人に重い負

担となる損害の回復が実際に行われた場合，または，加害者・被害者間の和解が表面的だけでなく追求され，あるいは達成された場合には，裁判所は刑を免除することができる．1年を超える自由刑が科された場合であっても，それでもなお，以上の努力がなされたときに限って，問題の刑罰を緩和する可能性が裁判所にはある．ところで，この刑の免除についても刑訴法第153b条が検察に広範な影響力をもつ可能性を開いている．たしかに管轄裁判所の同意が要件となるが，けれども，実務はこれをルーティン・ワークとして処理しているように見える．第153b条は，次のように規定している．

<u>「裁判所が刑を免除することができる要件が存在する場合には，検察は，公判について管轄を有する裁判所の同意を得て，公訴提起を免除することができる」</u>．

検察が柔軟な処置を取ることができるように特別の手段が提供されているのは，麻酔剤法（BtMG）第37条が規定する，**被疑者が薬物依存症に陥っている**場合である．第1の要件は，被疑者がその犯罪さらには複数の犯罪を行なった原因が薬物依存症，もっと言えば薬物中毒だという嫌疑があることである．第2の要件は，訴追および公判が行われた場合，最大限2年の自由刑しか予想できない，ということである．最後の第3の要件は，被疑者がすでに薬物治療を受けていること，および，この治療が社会復帰に役立つものと評価できることを，証明することである．これらの要件が充たされた場合には，公判開始に管轄を有する裁判所の同意を得て，検察は公訴の提起を免除することができる．

● 裁判官による手続の打切り

ところで立法者は，検察が手続を結果なしに，あるいは，いわゆる

1　公判外あるいは判決前の制裁

代替制裁をもって打切ることができるすべての手続段階で，裁判官の為にも実務上の手段を設けた．これによって裁判官は，公訴の提起後でも自分の方から公判手続を行なわず，あるいは少なくとも公判を行わず，自己のイニシアチブで代替的処理の可能性を追求できることになった．場合によっては，被告人の同意を取り付けて，あるいはより好ましくは，弁護側の同意を取り付けることによって（これについても第8章参照）．

　裁判所は，たとえば同様に刑訴法第153 a 条（ここでは，第2項）に基づいて，中間手続において，すなわち検察による公訴提起の後で公判手続開始決定の前（刑訴法第199乃至第211条）の段階で，とりわけ検察の同意を得て，正規の手続を踏まない処理を模索することができる．裁判所は，さらに公判手続開始後であっても，公判開始までの間に限って，これに準じた停止手続を模索することができる．

　この負担を課しての打切り（刑訴法第153 a 条第2項）について，正規の手続から正規の手続を踏まない処理手続への「転換」は，さらに第一審手続の公判終了時点まで，状況によっては控訴審手続の公判終了時点まで，法律上許されている．これらの手段は，今日では一層広範に利用されている．

　刑の免除が後で可能になる場合における手続の打切りは，とりわけ刑訴法第153 b 条第2項により，また，薬物事件では麻酔剤法第37条第2項により可能である．

2　ドイツ成年刑法の標準的な主刑としての罰金刑

　最近数十年の平均では，成年刑法により有罪判決を受けたすべての人に対し主刑として罰金刑が科せられたのは，約80％に上る．85％を超えたことは，管見の限りでは，これまでのところ1年もない．し

第1章　ドイツ成年刑法の刑罰制裁の体系

たがって，ドイツは，時として言われているように，非常にはっきりとした「罰金刑国」の一つである．

ドイツで成年刑法あるいは一般刑法は，21歳以上のすべての成年〔ちなみに，民法上の成年年齢は18歳〕に適用され，この場合には成年は普通には通常刑事裁判所に出頭する．さらに成年刑法は，18歳から21歳までの準成年〔文字通りには「成熟途上者（Heranwachsender）」の意味．民法上は成年だが，刑法上は成年と別扱いになる．「青年」という訳語も用いられているが，日本語の「青年」はより広い幅をもっているので，この訳語にした〕の一部にも適用される．すなわち，準成年は普通には少年裁判所に出頭するが，しかし少年裁判所が実体少年法の適用を否定する（少裁法JGG第105条）場合もあるからである．

罰金刑：独立の主刑および併科刑

罰金刑は独立して科される．すなわち，犯罪のゆえに有罪判決を下される犯人に対して単独の主刑として科されるのが普通である．犯罪の中には，裁判所が状況に応じて自由刑と罰金刑を選択的に科すことができると，法律が規定しているものもある．多くの例の中から一つだけ挙げるならば，刑法典第242条は，単純窃盗という大量犯罪について，犯人に対して「5年以下の自由刑または罰金刑」を科すことができると定めている．

けれども立法者は，特別な場合に，**自由刑と罰金刑の組み合わせの可能性**を創出しようとした．すなわちそれは，犯人が犯罪によって利得した，あるいは，利得しようとした場合である．この場合，一方で自由刑によって本来の不法に対する応報が目論まれている．他方で罰金刑によって，不法の結果として獲得に成功した，あるいは，追い求めた金銭的利得を剥奪することが目論まれている．事後的に犯人から

2 ドイツ成年刑法の標準的な主刑としての罰金刑

再度「富を失わせ」ようというのが、この法律の考えである。この点で刑法典第41条の規定は、罰金刑と自由刑との併科について、罰金刑が刑法典の特別の刑罰要件としてそれ自体規定されていないとき、さらには、それ自体としては選択的にしか科刑できないとなっているときでも、罰金の併科が利得を考慮して「犯人の個人的あるいは経済的関係を斟酌しても適切である」場合に併科が可能としている。このような併科は実務では広く頻繁に利用されているが、しかし本当に信頼できる、あるいは、詳細な統計は存在しない。

罰金＝日額×日数

量刑〔罰金算定〕**の第1段階**では、**犯罪で実現された不法**〔の程度〕は、理念から言えばすべての犯人について等しく、**罰金刑の日額**（Tagessatz）〔1日あたりの罰金額〕**の日数**によって決定される（刑法典第40条第1項）。裁判所は、最低5日分の日額を決定しなければならないが、これは些細な犯罪に適当な額である。裁判所は、各別の犯罪を理由として最大限360日分の日額まで科すことができるが、これは大体1年の自由刑に相当するものである。一人の犯人に対して複数の独立の犯罪行為について同時に有罪判決を下す場合には、裁判所は最後にいわゆる**併合刑**（Gesammtstrafe）にしなければならない。併合刑が罰金である場合には、上限は720日分の日額で、したがって2年弱の自由刑に相当するものである（刑法典第57条第2項）。

次に**量刑の第2段階**で、裁判所は日額がいくらになるかを明らかにしなければならない。この**日額高の決定**は、とりわけ犯人の支払能力（収入および財産高）の違いを考慮に入れて行うべきであり、したがって、理想的には結局貧乏人も金持ちも個人の事情を考慮に入れて**比較可能な負担となる刑罰**を受けることになる。計算の出発点となる

第1章　ドイツ成年刑法の刑罰制裁の体系

のは，刑法典第40条第2項第2文によれば，犯人が1日に取得するか，または取得できたであろう手取り収入である．日額の最低限度額は1ユーロ，最高限度額は5千ユーロである．

この結果，罰金刑総額の隔たりはドイツでは非常に大きくなる．具体的な犯罪行為に応じて，総額は5ユーロ（最低日額1ユーロ×5日分）〔1ユーロ≒160円として約800円〕から180万ユーロ（最高日額5千ユーロ×360日分）〔約28,800万円〕にまで及ぶ．併合刑の場合には，さらに最高額360万ユーロ（最高日額5千ユーロ×720日分）〔約57,600万円〕になる可能性もある．

罰金の支払容易化措置と未納による代替自由刑

裁判所は，有罪被宣告者〔有罪判決を受けた者〕に対して，彼が直ちに，そしてとりわけ一度で全罰金額を支払うことができない場合には，判決の中でも**支払容易化措置**を認めることができる．したがって，裁判所は有罪被宣告者に**猶予期間**を与え，あるいは，定期的な**分割額**の支払いを認めることができる（刑法典第42条）．

犯人が，彼の責に帰すべき事由によって，罰金を（完全に）支払わないときは，法律の通常の観念によれば，罰金刑に替えていわゆる**代替自由刑**（Ersatzfreiheitsstrafe）が行われる（刑法典第43条）．支払われていない各日額に対して1日の自由刑が見積もられ，したがって罰金刑の自由刑への「換算」は文字通り簡単である．代替自由刑の最低限度は1日である．

ついでに言えば，このようにして実務では，**短期の自由刑**はできるだけ**避けよう**という刑事政策の理念が，回り道を通って妨害されることになる．刑事政策上それ自体として望ましくないこの結果に対処するために，既に早くから，**代替自由刑の代替物**を見つけるという考

2　ドイツ成年刑法の標準的な主刑としての罰金刑

えが生まれていた．この結果が，今日のいわゆる自由刑に代替する**公益労働**（Gemeinnützige Arbeit）の導入である．けれども，これは最近まで，刑法典外の特別規定，すなわち刑法典施行法（EGStGB）第293条に基づく，不完全な規律でしかなかった．その詳細は，他の場所で論じなければならない（第4章参照）．

罰金刑の留保：「執行猶予」

他の国々，たとえばオーストリアでは「条件付き」あるいは「一部条件付き」の罰金刑を認めるが，これとは異なって，ドイツでは罰金刑に執行猶予を付すことができない．けれども，実質的には，限られた範囲内ではあるが，類似の解決は存在する．すなわち，刑法典第59条のいわゆる**刑を留保した戒告**（Verwarnung mit Strafvorbehalt）である．この戒告の適用領域は限定されており，すなわち，犯人が180日分以下の日額の罰金判決を受けた場合だけである．

この戒告は，長い間実務では日陰の存在であった．近年になってこの戒告の位置付けは，立法者のイニシアチブに支えられて，改善した．その主たる狙いは，前科の烙印を免れさせることができ，あるいは，免れさせた方がよい犯人を無傷にすることである．このような場合に裁判所は，第一段階として，犯人に対してまずは有罪を宣告し，将来法律に従った生活を送るようにと戒告するだけに留めることができる．裁判所は，次の段階では，たしかに具体的に考慮される罰金刑の額を決める．けれども，裁判所は，犯人に対してこの刑罰の有罪判決をなお正式かつ明示的には下さない．裁判所は有罪判決を留保し，この留保判決の中で1年以上3年以下の保護観察（Bewährung）期間を定める（刑法典第59a条）．犯人が保護観察の実を上げれば，戒告は残るが，犯人は前科者として扱われない（刑法典第59b条第2項）．

保護観察期間に問題が生じた場合には，裁判所は，犯人を正しい道に連れ戻すために条件の変更を試みることができる（刑法典第59b条第1項，第56f条第2項と合わせ読む）．これがうまく行かない場合，あるいは既に最初から変更してもだめだと思われる場合には，当初留保していた罰金が科され，科刑の事実が前科簿に登録される．

3　ドイツ刑法における，事実上独立した第二の主刑としての保護観察刑

いくつかの外国の法秩序とは異なってドイツ刑法には，公式には依然として独立の保護観察刑は知られていないが，ただしいわゆる**保護観察のための自由刑の執行猶予**（Strafaussetzung）が，独立でないとはいえ，この自由刑の修正として認められている．数度の改正を経た法の現状では，1年以下の自由刑は，通常の場合では保護観察のために執行猶予にすることができる（刑法典 StGB 第56条第1項）．犯罪または犯人個人に重大な事情があるという特別な場合には，1年を超えて2年以下の自由刑も保護観察のため執行猶予にすることができる（刑法典第56条第2項）．

法律の理念からすれば，刑事裁判所は，第一ステップとしてまず自由刑の量刑を行い，次に第二ステップとして，この刑罰が保護観察のため執行猶予できるか，あるいは，そうすべきかを吟味する．実際の裁判実務では，一体的に考察し，全体として自由なまま監視下に置く「保護観察事件」なのか，それとも，刑務所で服役する必要がある「実刑事件」なのかを吟味している．

今日では，成年刑法によって自由刑が科される全事件のおよそ2/3で，保護観察のための刑の執行猶予が行われている．これは，全刑罰の約14％に相当する．したがって刑の執行猶予は，罰金刑に次いで

3 ドイツ刑法における,事実上独立した第二の主刑としての保護観察刑

第2位を占めている.

負担および指示付き保護観察および保護観察命令

　刑の執行猶予が**事実上独立の保護観察刑**になるのは,裁判所がいわゆる**不法の償いのための負担**(Auflage zum Unrechtsausgleich)〔たとえば,被害者に対する損害回復など〕を課し(刑法典第56b条),または/および,有罪被宣告者に**指示**(Weisung)を与える場合である.こういった指示は,彼らが二度と罪を犯さないためにこの援助を必要とするときに与えられる.(刑法典第56c条第1項).

　保護観察刑のもっとも強力な形態は,**保護観察援助の命令**(Anordnung einer Bewährungshilfe),すなわち,有罪被宣告者を2年以上5年以下の期間,男女の保護観察援助官(Bewährungshelfer(in))の監督と指導の下に置くことである(刑法典第56d条,第56a条と合わせ読む).このいわゆるパーソナルなレベルでの援助を伴う(こともある)**保護観察監督**(Bewährungsaufsicht)は,ドイツでは一般には専任の保護観察援助官によって行われ,そしてこの観察官は社会福祉士または社会教育士として大学終了資格を有し,通常は上級公務員である.組織的には,彼らは地方裁判所に配属されている.名誉職の保護観察援助官がまとまった数で存在する地区は,ほんのわずかである.

　現在ドイツでは,約3,500人の専任の保護観察援助官が約18万件を担当しており,この数は自由刑の刑に服している受刑者の数の3倍である.

保護観察の撤回および期間満了

　保護観察期間中に問題が生じたり,あるいは,被観察者が新しい犯

第1章　ドイツ成年刑法の刑罰制裁の体系

罪を実行したりした場合には，もはや以前とは違って，ほぼ自動的に保護観察が撤回されることにはならない．刑事裁判所は，刑法典第56f条第2項により，保護観察条件を変更して自由なままの監視を継続できないかを，まず吟味してみなければならない．いわゆる望みのない事案になって初めて，終局的な執行猶予の撤回がなされ，犯人は今度こそ刑務所の中で科された刑に服さなければならない．

最初の条件または変更した条件でうまく行けば，刑は正規の保護観察期間経過前，または，その終了時に免除される．正確に言えば，これは**刑の執行の免除**（Erlass der Vollstreckung der Strafe）である．なぜなら，有罪判決を受け，刑が科されたという事実それ自体は残り，前科簿にも記載されるからである．

薬物刑事法の特則：刑罰に代替する治療

保護観察刑と自由刑の執行の中間に**薬物刑事法**では特別の制裁が作り出されている．これは，法技術的な観点から見れば，保護観察刑と同様に自由刑の修正と見ることができるものであるが，しかしながら，保護観察刑とは別の解決方法を取っている．すなわち，この制裁は，刑の執行官庁としての検察を措置の中心に据えている．これは**薬物依存症患者の行刑の回避**であって，その目標は，犯人の薬物中毒を集中的に治療し，これによって彼らの犯罪実行の主要原因を取り除くことである．この規律は，麻酔剤法（BtMG）の第35条以下に規定されている．一般の用語では，そして法律家の専門用語でも，この規律は「**刑罰に代替する治療**（Therapie statt Strafe）」と呼ばれている．法律自体は，最大限2年の期間の「刑罰執行の猶予（Zurückstellung der Strafvollstreckung）」という言い方をしている．

刑罰執行の猶予とは，麻酔剤法第35条第1項によれば，検察が

3 ドイツ刑法における，事実上独立した第二の主刑としての保護観察刑

薬物依存症の犯人について（裁判所の同意の下に）2年以下の自由刑または禁断施設への収容措置（刑法典第64条）の実行を遅らせることができる，というものである．これができるのは，以下の場合である．
(1) 有罪被宣告者が，その薬物依存または中毒を理由としてすでに自己のリハビリに役立つ（私的な）治療を受けている場合，または，
(2) 有罪被宣告者がこのような治療を受けることを約束し，その開始が確約されていると述べる場合，したがってたとえば，まだ治療が始まっていないのは，薬物症治療院に空きができるのを待っているためだと述べる場合である．

ここで言う「治療」と認められるものに，さらに次の場合がある．すなわち，有罪被宣告者が，依存症・中毒を除去し，または，新たな依存症の発生に対処することを目的とする国家により認可された施設（たとえば，私的に運営されている薬物症病院）に入院している場合である．

この手続が適正に行なわれていると認められるために，以下の**報告義務**がある（麻酔剤法第35条第4項）．すなわち，
(1) 有罪被宣告者は，検察が定めた諸時点で，彼が治療を受けたこと，場合によっては，治療を定期的かつ指示通りに継続していることを証明しなければならない．
(2) 薬物治療施設，場合により，施設に属さず独立して治療を行なっている治療士は，詳細について報告する必要はないが，しかし少なくとも患者・顧客によって治療が中止された場合には，それを報告しなければならない．

「刑罰に代替する治療」という手段は，二次的手段としても取ることができる．すなわち，有罪被宣告者が自由刑に服し，条件付釈放（bedingte Entlassung）が考慮される場合である（麻酔剤法第35条第3

項第2号).この条件付釈放(すなわち,法技術的には,刑法典第57条によって管轄裁判所が行なう,保護観察のための残余刑期の執行猶予)に替えて,刑執行機関としての検察は,単純に以後の自由刑の執行を打切ることもでき,この結果受刑者は刑務所を出て,薬物症治療を受けることができる.

「刑罰に代替する治療」は,実務では年に何千例と行なわれており,実務の印象では成果は上々である.

4 ドイツ刑法における残余の刑としての無条件の自由刑

罰金刑が一般刑法に基づく科刑の平均して約80%になり,そして,保護観察刑が刑罰の約14%になるとすると,本来の自由刑には全刑罰の約6%しか残らない.したがって,**無条件の自由刑**は,刑法における「最後の」あるいは**残余の主刑**(residuale Hauptstrafe)になってしまった.もちろん自由刑は,特別の質的重要性を保持して来た.一方で,自由刑は,依然としてまさに自由剥奪とそれに続く効果によって,最も厳しい,市民の生活に最も強力に介入する刑罰となっている.他方で,自由刑は,罰金刑や保護観察刑を象徴的にも実際上も「下支えしている」,つまり,まさにこれらの刑罰への置き換えがうまく行かなかった場合に,最後に自由刑,したがって刑務所への収監が威嚇となるからである.

● 終身自由刑および有期自由刑

特別に重い犯罪の場合には,法律は,**終身自由刑**(lebenslange Freiheitsstrafe)で威嚇している.この終身刑は,特にいわゆる極重罪(Kapitaldelikt)〔kapital はラテン語の capitalis に由来し,これは

4 ドイツ刑法における残余の刑としての無条件の自由刑

caput（頭）の形容詞である．caputは，市民の一員（頭数）であることを意味し，重大犯罪の場合には市民権が剥奪された（政治的意味の死）．後には転じて文字通りの死罪の意味で用いられるようになった〕，かつては（1949年基本法GG第102条による廃止以前に）死刑によって威嚇していた犯罪に適用される．極重罪になるのは第一に謀殺〔計画的殺人〕で，ここでは終身刑が絶対的刑罰として排他的に定められている（刑法典StGB第211条第1項）．その他の殺人罪あるいは致死罪では，終身刑は，特別に重大な場合，または，何らか特別の加重要件が充たされた場合に，有期刑に替わる特別の刑罰として規定されている．

有期刑は，法律によって，「**有期自由刑（zeitige Freiheitsstrafe）**」と呼ばれている．これは，最低1ヶ月から最高15年に及ぶ（刑法典第38条第2項）．この最高限度は，一人の犯人が複数の独立の犯罪行為によって併合刑の有罪判決を受ける場合でも，他の国々では加重されるのとは異なって，ドイツでは超えることはできない（刑法典第54条第2項）．

短期の自由刑を避けるために，既に刑法典第38条第2項で示したように，1ヶ月未満の刑罰は許されない．1ヶ月以上6ヶ月未満の刑罰を裁判所が科すのは，例外的な場合とされている．すなわち，犯人に対する効果を及ぼすために（＝特別予防），または，法秩序を防衛するために（＝積極的一般予防）不可欠と思われる場合だけである（刑法典第47条）．こうして科された刑罰は，その場合でも，通常は執行されず，刑務所で服役することなく，保護観察のために刑が執行猶予される（刑法典第56条第3項）．

いわゆる軍事営倉，すなわち，兵士の場合に独立の主刑として短期の自由刑に代替するものとされているこの刑罰（軍事刑法WStG第9条乃至12条）は，これまでは，なんらの統計的意義ももたなかった．

第 1 章　ドイツ成年刑法の刑罰制裁の体系

5　一般刑法におけるその他の制裁

ドイツ刑法は，主刑と並んで，なお別の制裁も規定している．その中には，付加刑および付加的効果があり，これらは第 3 章で詳しく論ずることにする．別の制裁には，さらに，とりわけ改善・保安措置もあり，これについては第 5，6 章で説明することにする．

ドイツ刑法は，全体としては，やはり相当に分化した多種多彩な制裁を実務のために提供している．したがって，現在議論されている制裁法改革は，制裁システムの根本的な変革を目指すものではない．これは，穏やかな更なる分化であり，全体として用心深い拡張，とりわけ公益労働の独立の刑罰化への進展を視野に入れた拡張である．これについては第 4 章で論ずる．

◇ 参考文献
Arnold, Jörg u.a. (Hrsg.): Menschengerechtes Strafrecht. Festschrift für Albin Eser zum 70. Geburtstag. München: C. H. Beck Verlag 2005.

Britz, Guido u.a. (Hrsg.): Grundfragen staatlichen Strafens. Festschrift für Heinz Müller-Dietz zum 70. Geburtstag. München: C. H. Beck Verlag 2001.

Bundesministerium der Justiz (Berlin), Bundesministerium für Justiz (Wien), Eidgenössisches Justiz- und Polizeidepartement (Bern), (Hrsg.): Die Empfehlungen des Europarates zum Freiheitsentzug 1962-2003. Mönchengladbach: Forum Verlag Godesberg 2004.

Bundesministerium des Inneren / Bundesministerium der Justiz (Hrsg.): Erster Periodischer Sicherheitsbericht der Bundesregierung. Berlin: Eigenverlag 2001. 電子版は，連邦刑事局 (Bundeskriminalamt) のホームページで見ることができる．

Bundesregierung: Entwurf eines Gesetzes zur Reform des Sanktionenrechts. Deutscher Bundestag, 15. Wahlperiode, Drucksache 15/2725 vom 17. 03. 2004.

Vertrieb über den Bundesanzeiger Verlag Köln.
Calliess, Rolf-Peter / Heinz Müller-Dietz: Strafvollzugsgesetz. Kommentar, 10. Auflage. München: C. H. Beck Verlag 2005.
Hecker, Bernd: Europäisches Strafrecht als Antwort auf transnationale Kriminalität? Juristische Arbeitsblätter 2002, Heft 8/9, S. 723-730.
Kallin, Ulf: Betäubungsmittelstrafrecht. Materielles Recht mit Hinweisen für die Hauptverhandlung, Urteil und Zurückstellungsverfahren. Baden-Baden: Nomos Verlag 2004.
Kintzi, Heinrich: Die Geldstrafe – eine ausbaufähige Sanktion. Deutsche Richterzeitung 2001, Heft 5, S. 198-206.
Köhne, Michael: Verfassungsmäßigkeit der lebenslangen Freiheitsstrafe: 25 Jahre nach BVerfGE 45, 187. Juristische Rundschau 2003, Heft 2, S. 5-9.
Kohlmann, Günter u.a. (Hrsg.): Entwicklungen und Probleme des Strafrechts an der Schwelle zum 21. Jahrhundert. Berlin: Duncker & Humblot Verlag 2004.
Kreuzer, Arthur (Hrsg.): Handbuch des Betäubungsmittelstrafrechts. München: C. H. Beck Verlag 1998.
Lackner, Karl / Kristian Kühl: StGB. Strafgesetzbuch mit Erläuterungen. Kommentar. 25. Auflage. München: C. H. Beck Verlag 2004.
Maelicke, Bernd: Gerichtshilfe. Bewährungshilfe, Führungsaufsicht und soziale Hilfe im Strafvollzug. In: Handbuch der Resozialisierung, hrsg. von Heinz Cornel u.a. 2. Auflage. Baden-Baden: Nomos Verlag 2003, S. 135-172.
Manske, Gisela: Verbrechen gegen die Menschlichkeit als Verbrechen an der Menschheit. Zu einem zentralen Begriff der internationalen Strafgerichtsbarkeit. Berlin: Duncker & Humblot Verlag 2003.
Meier, Bernd-Dieter: Strafrechtliche Sanktionen. Heidelberg, Berlin, New York u.a.: Springer Verlag 2001.
Minthe, Eric (Hrsg.): Neues in der Kriminalpolitik: Konzepte, Modelle, Evaluation. Wiesbaden: Kriminologische Zentralstelle 2003 (Kriminologie und Praxis, Band 42).
Mitsch, Wolfgang: Recht der Ordnungswidrigkeiten. 2. Auflage. Berlin, Heidelberg, New York: Springer Verlag 2005.
Morgenstern, Christine: „Lebenslang" ernst nehmen – die Praxis der lebenslangen

第1章　ドイツ成年刑法の刑罰制裁の体系

Freiheitsstrafe. Neue Kriminalpolitik 2004, Heft 2, S. 52-55.
Mutz, Jürgen: Bewährungshilfe in Europa. Bewährungshilfe 2004, Heft 4, S. 307-334.
Ostendorf, Heribert: Mehr Prävention und weniger Strafe, weniger Prävention und mehr Strafe oder mehr Prävention und mehr Strafe? Bewährungshilfe 2005, Heft 1, S. 57-66.
Renzikowski, Joachim: Rauschdelikt und Schuldbegriff. In: Recht auf Rausch und Selbstverlust durch Sucht. Vom Umgang mit Drogen in der liberalen Gesellschaft. Frankfurt am Main: Klostermann Verlag 2003, S 317-329.
Schöch, Heinz: Bewährungshilfe und humane Strafrechtspflege. Bewährungshilfe 2003, Heft 3, S. 211-225.
Schöch, Heinz / Jörg-Martin Jehle (Hrsg.): Angewandte Kriminologie zwischen Freiheit und Sicherheit: Haftvermeidung, Kriminalprävention, Persönlichkeitsstörungen, Restorative Justice. Mönchengladbach: Forum Verlag Godesberg 2004.
Schwind, Hans-Dieter: Kriminologie. Eine praxisorientierte Einführung mit Beispielen. 15. Auflage. Heidelberg: Kriminalistik Verlag 2005.
Satzger, Helmut: Die Europäisierung des Strafrechts: Eine Untersuchung zum Einfluss des Europäischen Gemeinschaftsrechts auf das deutsche Strafrecht. Köln, Bonn, Berlin, München: Carl Heymanns Verlag 2001.
Satzger, Helmut: Internationales und europäisches Strafrecht. Baden-Baden: Nomos Verlag 2005 (Nomos-Lehrbuch).
Streng, Franz: Strafrechtliche Sanktionen: Die Strafzumessung und ihre Grundlagen. 2. Auflage. Stuttgart: Kohlhammer Verlag 2002.
Streng, Franz: Probleme der Strafrechtsgeltung und –anwendung in einem Europa ohne Grenzen. In: Strafrecht und Kriminalität in Europa, herausgegeben von F. Zieschang. Baden-Baden: Nomos Verlag 2003, S. 143-164.
Zieschang, Frank (Hrsg.): Strafrecht und Kriminalität in Europa. Baden-Baden: Nomos Verlag 2003.

第2章

ドイツ少年刑法における刑法上および教育法上の制裁システム ── 重点の概観

はじめに：少年法全体の中での少年刑法の展開

◐ 少年刑法前史：19世紀以前

　ドイツの少年刑法は19世紀末から多くの書物や討論の中で準備され，とりわけいわゆる少年裁判所運動によって促進された．この運動は，いわゆる「児童救済運動（Child Saving Movement）」の経験，さらに，1897年からはアメリカ合衆国で新たに創設された独立の少年裁判権の経験にも支えられたものであった．

　1871年の帝国刑法典は，若年者に対し特別な制裁を加える若干の規定を総則に入れた．これは，ドイツ帝国全体に最初に効力をもち，正式には1871年になって初めて効力を失った法律の伝統の中にもあった．すなわち，1532年のいわゆる皇帝カール5世の**刑事裁判所法**（Peinliche Halsgerichtsordnung）（ラテン語では<u>カロリーナ刑事法典</u> Constitutio Criminalis Carolina，略称CCCと言う）である．カロリーナ刑事法典は，子に科刑を免除し，子をその親またはその他の教育権限をもつ者に適当な扱いをさせるために返す可能性を認めていた．これを補うために，当時既に，子の科刑免除に対する代替手段として，親または教育権限者に対して，彼らがその子弟を正しく監督せず，そのために子弟たちが犯罪を実行したということについて，独自に罰することができることを認めていた．

第2章 ドイツ少年刑法における刑法上および教育法上の制裁システム

いわゆるドイツ国民の神聖ローマ帝国内で新たに生じてきた領邦さらには国家によってその後に作られた刑法は，特に19世紀のいわゆる地域的刑法典（たとえば，バイエルン王国刑法典）も含めて，同様に未成年者についての個別的な特別規定を作るに留まった．

統一的または複線的少年裁判所

さらに，ドイツの少年刑法を理解するためには，以下のことが重要である．すなわち，他の諸国と異なって，統一的な，あるいは，統合された少年裁判所の理念あるいは構想が実現できたことは一度もなかった．このような**統一的少年裁判所**は，異なった名称をもつことがある．たとえば，現在の諸国でも「家族〔または家庭〕裁判所（Familiengericht)」という名称をもつ場合が相当多い．さらに，立法者が行う細部の規律は，たとえば，ある国の社会的および文化的伝統に影響されて，出来上がりとしては相当に異なったものになることもある．しかしながら，基本的な考え方は，どこでもかなりな程度同じように思われる．すなわち，唯一の裁判所があって，この裁判所が家族内または若年者の教育期間に浮上してくるすべての問題，そうでないとしてもできるだけ多くの問題について管轄をもつ，その際，これらの問題が抽象的に考察して「それ自体として」民法的な性質をもつものなのか，特殊家族法的なのか，少年援助法的なのか，それとも刑法的なのかは問わない，という考えである．

ドイツでは初めから，そして現在でもなお，未成年者の誤った行動に対するリアクションの仕方は，いわゆる「**複線的（Zweisprurigkeit)**」である．その特徴が完全に示されているのは，狭い意味での少年，つまり既に満14歳になっているが，いまだ18歳になっていない若者の場合だけである．これについては，後に適当な場所で立ち返って抜粋

的に論ずることにする．刑法上の問題は，過去もそして現在も，区裁判所および地方裁判所の独立の刑事部である少年裁判所で規律される．未成年者によるそれ以外の非行あるいは一般的に逸脱的な過った行動の問題，さらには，親または教育権限をもつ者による未成年者の遺棄または虐待の問題は，かつてはもっぱら後見裁判所によって規律されていたが，現在ではまず家族裁判所〔日本の家庭裁判所と違って独立の裁判所ではなく，区裁判所内の部として設けられる〕によって規律されている．

少年(刑)法の展開：20世紀

未成年者および家族の教育的援助およびコントロールのための最初の独立の特別法は，1922年のいわゆる**ライヒ少年福祉法**(Reichsjugendwohlfahrtsgesetz：RJWG)〔ライヒ（Reich）は一般に帝国と訳されることが多いが，1918年からの皇帝のいないワイマール共和国でもライヒという言葉が使われた．この場合には，ライヒは連邦を構成する各州（Land）に対して連邦を意味した〕であった．「福祉（Wohlfahrt）」という古風な概念は広い意味をもつもので，身体的，知的，精神的および道徳的健全さを包含し，あるいは，健康であること，刑事学的な言い方をすれば，「正常であること」を意味した．

官庁，とりわけ市あるいは地域（「郡（Kreis）」〔ドイツの地方行政単位では，市町村（Gemeinde）の上に郡が来る．これに倣った日本では郡はほとんど機能していないが，ドイツでは機能している〕）の少年担当官庁には，この福祉を配慮することが要請されていた．子の福祉が危険にされる場合には，これらの官庁は親に援助を申し出ることになっていた．親がこの援助を拒絶し，あるいは援助が何の役にも立たなかったときは，官庁は親に対して断固たる措置を取ることが要請されていた．

この措置が認められたのは，とりわけ，子において人格の発展を広範に阻害する危険が差し迫っていた場合，あるいは，この危険がすでに具体的な損害となってしまっていた場合である．

感化教育

　官庁が当時取りえたもっとも厳しい措置は，閉鎖的な，時として少年刑務所と同様に安全を確保された**感化院**（Erziehungsheim）への収容（Unterbringung）であった．これは実質的には，正常な場合と考えられていた自分の家庭での教育，あるいは，親による教育に替わる「公的な教育」であった．この公的な教育を示す概念は，「感化教育（Fürsorgeerziehung）」と言われた．このシステムが最も普及した時期，それには第2次大戦後のドイツ連邦共和国の最初の何年かもなお入ったが，この時期にはドイツでは10万人に達する未成年者が感化教育を受けていた．もっとも，この未成年者のための感化教育がすべてこのような閉鎖的な感化院で行なわれたわけでもなく，あるいは少なくとも継続的にこのような施設で行なわれたのでもなかった。安全確保で劣る半開放的または開放的な施設に入れられ，さらにはこの目的のために特別に捜し求められ，官庁から財政的支援を受けた里親家族の下で感化教育が行なわれることもあった．

　ライヒ少年福祉法には，感化教育の対象となる**子弟の年齢**について，公式に認められた下限はなかった．しかし，事実上は，データから読み取ることができる限りでは，リアクションは通常の場合6歳前には始まらず，一定の頻度で現れるのは，およそ10歳以降の若年者からであった．年齢の上限は満21歳と定められていた，というのも，当時はこの満21歳の時点で成年となり，したがって教育の必要性が公式に終了したからである．

はじめに:少年法全体の中での少年刑法の展開

　若年者の**危険**を特に包括的に表すためにライヒ少年福祉法が用いた概念は,「**保護監督の欠如**(Verwahrlosung)」,あるいはさらに「**保護監督の欠如の危険**」であった.今日では,学問的によりモダンな,しかし実質的にはあまり変わらない,「社会性欠如(Dissozialität)」という言い方をする.保護監督の欠如や社会性欠如として現れる行動様式は,アメリカでStatus Offences〔家出や無断欠席で裁判所の監督下にある状態〕と称され,少年刑事学ではDelinquency〔非行〕という概念に入る行動様式に非常に似ている.このような行動様式としては,たとえば,親や教育者に対する頑なな反抗的態度,虚言癖,家出,頑なな無断欠席,コントロール無しの家の外の徘徊,早期のヘビースモークやアルコールの暴飲,早期の性体験などがある.ドイツの理論や実務では,児童や少年を念頭において,同じく相当頻繁に「非行(Delinquenz)」という概念が用いられる.けれども,この概念はアメリカのDelinquencyの等価物ではない.それ(Delinquenz)によって示そうとしているのは,若年者の比較的軽い形の犯罪である.単純に「犯罪(Kriminalität)」という概念の言葉のバリエーションにすぎないこともある.

少年裁判所法

　「**少年裁判所法**(Jugendgerichtsgesetz:JGG)」という名称をもつ,ドイツで最初の独立の少年刑法典は,本来ならば1922年にも,つまりライヒ少年福祉法と実務上は同時に施行されることになっていた.しかしながら,立法者のためらいから,この少年裁判所法が施行されたのは1923年になってからである.

　国家社会主義者〔ナチス〕支配下の第三帝国では,ライヒ少年福祉法は,依然として使用可能なものと認められた.けれども,国家社会

第2章　ドイツ少年刑法における刑法上および教育法上の制裁システム

主義者たちは，1923年少裁法に対して大きな不信感を示した．この法律は，彼らにとっては，ワイマール共和国の自由主義の理念と民主主義の基本観念によってあまりにも強く刻印されていたのである．したがって彼らは，言うところの「より厳しい」新しい少年裁判所を育成しようとした．これこそドイツで2番目の少年刑法典で，この法律はようやく第2次大戦中の1943年に施行され，もはやそんなに長く，そんなに大きな効力を発揮することはできなかった．なぜなら，どんどん年齢を低下させて若者たちが軍隊やいわゆる突撃隊に招集され，第三帝国の終わり頃（1944 – 45年）には，14歳にまで下がっていたからである．いわゆる1943年**ライヒ少年裁判所法**（RJGG）は，とりわけ懲戒手段（Zuchtmittel）という新たな制裁カテゴリーを導入したが，この中には少年拘禁という形の短期の自由剥奪も含まれていた（詳細は下記参照）．

　第2次大戦後，1943年ライヒ少裁法は手を入れられ，あまりに国家社会主義的なものは払拭された．しかし，その構造には手が付けられなかった，なぜなら〔1943年法による〕変更の中には国家社会主義に典型的なものではないと見られるものがあったからである．成年刑法の改革と連動して，ドイツで3番目の少年刑法典が起草され，**少年裁判所法**（JGG）〔以下，少裁法と略す〕として1953年8月に公布された．1953年少裁法の最も重要な改正点の一つは，18歳から21歳までの成熟した若者を「準成年」という名前で少年裁判所の管轄に組み込んだことである．

● **少年福祉法**

　1922年ライヒ少年福祉法は，戦後期に何度となく手を加えられ，最後に1961年に**少年福祉のための法律**（Gesetz für die Jugendwohlfahrt)（少年福祉法 Jugendwohlfahrtgesetz：JWG）として新たに公布された．20世紀の70年代に少年福祉法と少裁法を一つにまとめて**少年援助法**（Jugendhilfegesetz）さらには少年法（Jugendgesetz）にするという努力が何度も行われた．さらに第三帝国以降導入された少年保護のさまざまな特別法を統合しようともしたが，それらの法律の中には，名前を挙げれば，「**公共の場**〔世間一般に対して開かれており，誰でも立ち入ることができる．酒場，娯楽施設等もこれに入る〕**における少年保護法**（Gesetz zum Schutz der Jugend in der Öffentlichkeit: JÖSchG）」および「**少年にとって危険な文書対策法**（Gesetz gegen jugendgefärdende Schriften：略称 GjS）」もあった．これらを促す動因は，とりわけ少年官庁の内部から，そして教育学から出てきたものであるが，しかし結局実現できなかった．

1990年以降の改革

これらの論議やそれに続くさまざまな法律における個別的な改正の「遅れて実った果実」として，1990年頃に目下のところ最後の大改革に至った．

1990年に少年福祉法は，まったく新しく構成された**児童・少年援助法**（KJHG）に取って替えられた．この児童・少年援助法は少年福祉法とは根本的に異なった基本方針をもち，それは現在も続いている．もはや，子と親をコントロールするための措置や家族や教育権への介入は問題にならない．これに替わって，包括的できめ細かく考えられた「教育のための援助」が登場し，これを求める法的「請求権」を親はもつ．児童・少年援助法は，この間に立法技術的観点から，徐々に成立してきた包括的な「社会法典（SGB）」に第8編として挿入され，したがって，多くの法律テクスト，コメンタールおよび教科書では，

第2章　ドイツ少年刑法における刑法上および教育法上の制裁システム

社会法典第8編（SGB Ⅷ）と表示されている．

　少年裁判所法の構造の主要部分はそのまま維持されたが，しかし立法者は，1990年8月の**少年裁判所法第一次改正法**（das Erste Gesetz zur Änderung des Jugendgerichtsgesetzes：1. JGG-ÄndG）によって，詳細な点について多くの改正を行い，とりわけ，それまでに実務において発展してきた，少年犯罪に対処する新しい態様への適応を行った．ドイツ民主共和国〔東ドイツDDR〕との統一条約に基づいて，1990年10月3に発効する新しいテクストの少裁法が新加入の連邦構成州のために施行されたが，むろんそれは経過期間のための修正を伴うものであった．

　上に挙げた少年保護のための諸特別法は，立法への度重なる尽力の後，ようやく2002年に新しい統一的な**少年保護法**（JuSchG）という形で統合され，2003年4月から発効した．この法律は，児童および少年に適用され，第2章で**公共の場における少年保護**を連邦統一的に規律している．その主要項目は，以下の通りである．

(1)　宿泊施設での滞在．
(2)　ダンスパーティへの立ち入り．
(3)　公共の遊戯施設への立ち入り，および，賭け事への参加．
(4)　少年にとって危険な催事および事業への参加禁止．
(5)　少年にとって危険な場所，たとえば大都市の売春地域からの若年者の隔離．
(6)　公共の場でのアルコール飲料の提供および飲酒．
(7)　公共の場での喫煙．

　少年保護法の第3章は，**メディアの分野での少年保護**を大綱的に規律し，特に映画の上映および録画ビデオの貸与の場合について規律している．州は，マスメディアについて立法権をもつので，この保護法を同時に発効した**少年メディア保護についての州間条約**（Staatsvertrag über den Jugendmedienschutz：JMStV）によって補完した．

　国会，すなわちドイツ連邦議会は，1990年に少裁法第一次改正法の議決に際して全会一致の決議で，連邦政府に対して，少裁法を全面的に改革するために，したがってドイツで4番目の少年刑法典を議論し議決するために，法律案をできるだけ早く提出するように要請した．それから何度かこのような法律への懸命な努力が見られた．これらの努力の主要な担い手は，大きな影響力をもつ「ドイツ少年裁判所および少年援助協会（Deutsche Vereinigung für Jugendgerichte und Jugendhilfen：DVJJ）」およびその改革委員会であった．けれども，これらの努力は今までのところすべて成功していない．その主たる理由は，おそらくは，再統一後のドイツではいくつもの大問題が生じ，そのため立法者の力を他の領域に投入せざるを得なかったということであろう．同じく重視しなければならないのは，ドイツ経済の財政的負担が改革の余地を狭めたということである．最後に，ヨーロッパの統一，および，ドイツとヨーロッパにおける刑事政策上の「雲行き」が変化したことも，補足的な原因となっている．

1　刑罰で威嚇された行為を実行した児童への対処

◯ 刑事責任無能力

ドイツで一般に**刑事的成熟**〔刑事責任年齢〕（Strafmündigkeit）と呼ばれるものは，満14歳をもって始まる．したがってまた，児童（Kind），つまり14歳未満のすべての若年者は，**刑事的未成熟**（strafunmündig）といわれている．これらの規律は，大分以前からもはや少裁法ではなく，刑法典総則に見出される．とはいえ，そこでは刑事的未成熟という言い方ではなく，「**責任無能力**（Schuldunfähigkeit）」という言い方

がされている．刑法典第19条は、「犯罪実行時に満14歳になっていない者は、責任無能力である」と定めている．刑事的未成熟と比べて責任無能力があるいはより広い意味をもつ可能性があるということについては、ここでは立ち入って論ずることはできない．いずれにせよ、この問題は無視できない重要性をもっている．というのも、特に約12歳以上で刑法典またはいわゆる付随的刑法の犯罪構成要件に包摂される行為を、一度ならずも実行する若年者が何千人もいるからである．とりわけ、そもそも「犯罪的な児童（kriminelle Kinder）」に対して警察または刑事手続による介入が可能なのか、可能だとしていかなる介入が可能なのかについて、大きな争いがある．

いずれにせよ刑事実体法に関しては、刑法典第11条第1項第5号が適用になり、これによって何らかの刑事法律の構成要件にあたる行為は、「違法」である．したがって、ある行為の違法性を判断するためには、責任能力があるか、あるいは具体的事件で有責であるかは、決め手にならない．それゆえ、**責任能力のない児童**（nicht schuldfähiges Kind）も**違法な行為**（rechtswidrige Tat）を同様に実行できるのである．この結果、一人の成年に対して3人の11歳から13歳までの少年たちが襲いかかり、彼から金銭を取ろうとした、あるいは、彼を傷つけようとしたという場合には、この成年は違法性を阻却する有効な正当防衛（刑法典第32条）を行うことができることになる．

● 未成年の民事責任

刑法上責任無能力な児童の故意または過失によって損害を受けた者は、ドイツでは、**民法上の損害賠償**を、さらに場合によっては**慰謝料**を得ようと試みることができる．それはつまり、行為者が「**不法行為**（Delikt）」を犯したという観点からである．これに関する民法典

1 刑罰で威嚇されている行為を実行した児童への対処

(BGB) 第 823 条第 1 項の規定では，市民の生命，身体，健康，自由，所有権および詳しい名称は上げていない「その他の」権利は保護されている．該当する他人の権利を違法に侵害した者は，この他人に対して侵害から生じた損害を賠償する義務を負う．民法典第 823 条第 2 項によれば，他の人々の保護を目的とする法律に違反する者についても，同じ義務が認められる．一致した解釈によれば，刑事法規はこのいわゆる**保護法規**に入る．

損害賠償の内容は，損害賠償義務を負担させることになった状況が生じていなければ，存在したであろう状態を生み出すこと〔いわゆる原状回復〕である（民法典第 249 条）．違法な行為，たとえば刑法典第 223 条の身体傷害のために麻痺が生じた場合には，この損害賠償義務の内容は，とりわけ，加害者が被害者のその後の全生存期間に渡って月々の定期金，および，これに治療費を付加して支払う義務を負うということになろう．「非財産的損害」（精神損害とも呼ばれる）を理由に，場合によっては，これに加えていわゆる**慰謝料**支払いも問題になる（民法典第 252 条および第 847 条）．

7 歳未満の児童は，民法典第 823 条の行為に関しては，一般的に**不法行為無能力**（deliktsunfähig）とされている（民法典第 828 条第 1 項）．7 歳から 10 歳の間の児童は，最近施行された改革以降，交通上の過失不法行為，つまり自動車事故に絡む過失不法行為については，同様に不法行為無能力とされた（民法典第 828 条第 2 項）．この規律によって，実現しようとしたのは責任制限であった．すなわち，特に現代の道路交通が学齢期の児童にとっても，彼らではまだ正しく評価できないさまざまな状況を生み出しているという状況に，実際に対応しようとしたのであった．

それ以外の場合には，**7 歳以上のすべての児童**について，具体的な場合に加害行為を行う際に，責任を認識するのに必要な事理弁識能力

をもっていたかどうかが、決め手になる。これらの児童は、したがって、一般的に見れば、「**条件付不法行為能力**」を有する、すなわち、各個別具体的な事件で彼らに事理弁識能力があることが証明できることを条件として、不法行為能力が認められる。これらの規律は、刑事法と対比すれば少年に適用になり、したがって、無制限の不法行為能力という意味での完全な責任は 18 歳になって初めて生ずる。

民法典は補充的な規律を設け、それによって道徳的あるいは金銭的観点から見てあまりの大きな不公正の是正に役立てようとしている。それは、すなわち、一方で若年の「加害者」がたしかに責任能力を有しないが、しかし財産状態はよく、他方で「被害者」は他の誰からも損害賠償を得ることができず、損害賠償なしでひどい困窮状態に苦しまざるを得ないという場合である。この場合、裁判所は民法典第 829 条に従って、**衡平を理由とする賠償義務**（Ersatzpflicht aus Billigkeitsgründen）の判決を下すことができる。裁判所は、たとえば、大きな財産を相続した若年の加害者に損害賠償義務を課すことができるが、その義務の範囲は共生する人間同士のもつ合理性や一般的なバランス観、すなわち「衡平」が要請するものである。損害賠償義務の最大限の限界は、加害者自身がその後もはや通常の生活を送れなくなるということ、または、扶養義務をそれ以上果たすことができなくなるということである。

● 親の権利と義務

親およびその他の、**教育**〔原語は Erziehung で、英語の education と同様に元来は「引き出す」という意味である。日本語の教育という語は学校教育を連想させるが、ここではより広く、むしろ親の教育を中心に考えている〕を有効に**委託されている人々**は、基本法第 7 条に

1 刑罰で威嚇されている行為を実行した児童への対処

従ってその子を教育する権利と義務を有している．国家は，彼らがこの要請に応えているか監視する．

基本法第7条第2項は，次のように規定している．「<u>子の監護（Pflege）および教育は，親の自然的権利であり，他の誰よりも先ず親に課された義務である．その実行を国家共同体は監視する．</u>」

基本法第7条第3項は，補足して次のように規定している．「<u>教育権者の意思に反して子を家族から切り離すことが許されるのは，法律に基づいてのみであり，教育権者が機能せず，または，他の原因から子に保護監督の欠如の危険がある場合である．</u>」

以上の憲法の規定を背景にして分析しなければならないのは，自己の子が犯罪構成要件に当たる違法な行為を実行した場合に，親自身が何をできるかということである．たとえば，隣家の地下室やキオスクや別荘に繰り返し押し入って盗みを働く，あるいは，自己の子が継続的に他の子や年長の人々に攻撃を加えたり，傷つけたり，強盗したりするグループに加わる場合で，もちろんこんなことは実際にはめったにしか起きないことである．

最初の規律は，**家族法**に見出されるが，中でも真っ先に来るのは民法典第4編第5章「**親の監護**（elterliche Sorge）」（民法典第1626条以下）で，これはかつて「親権（elterliche Gewalt）」と呼ばれていたものである．親の監護の内容としては，ここで関係があるのは，子の人格および健全な成長のための監護，いわゆる**身上監護**（Personensorge）である〔親の監護としては，その他に子の財産管理のための財産監護（Vermögenssorge）がある〕．

これについて民法典第1631条第1項は次のように述べている．「<u>身上監護は，特に，子を世話，教育，監督し，その居所を指定する義務および権利を内容とする．</u>」

民法典第1631条第2項では補足的に次のように規律されている．

第2章　ドイツ少年刑法における刑法上および教育法上の制裁システム

<u>「子は暴力的でない教育を求める権利を有する．体罰，精神的虐待および他の尊厳を奪う〔人間を人間として扱わない〕措置は，許されない．」</u>

したがって親は，「犯人」になった子でも暴力を用いないで教育し，正しい道に連れ戻すよう注意をしなければならない〔1960年代までのドイツでは，体罰をも用いた厳しい躾が一つの「淳風美俗」だったことを想起して欲しい〕．親は，この目的のために，親だけではこの課題を果たせない場合，とりわけ自己の子との会話（民法典第1626条第2項）または注意がうまく行かず，さらに他の成年の支援を受けてもなお実を結ばない場合には，自治体の少年担当部局に援助を与えるよう申請し（児童・少年援助法（KJHG）第1，2条），または特にひどい場合には，家族裁判所に直接に支援を申請することができる（民法典第1631条第3項）．

親は，本当に難しい，**犯罪の危険がある子**について，他の手段を尽くしても駄目だった場合には，最後に自らの決断で施設に収容する（unterbringen）ことができる．この施設は，集中的な処置を行い，場合によっては逃亡させないために厳格に施錠されたものもある．しかし，このような**自由剥奪を伴う収容**はどんな種類のものであれ，それが許され，あるいは，法的に有効になるためには，前世紀80年代の家族法改革以降は，家族裁判所の承認をもって行なわれなければならない（民法典第1631b条）．

● 親の民事上・刑事上の監督責任

ある子が不法行為によって損害を惹き起こした場合には，**親**その他の教育権者が当該の子に対するその**監督義務**を果たしたかどうかが審査される．監督義務を果たしていないとなると，監督義務者は，子が

1 刑罰で威嚇されている行為を実行した児童への対処

違法に惹起した損害についてさえも,自らの過失に基づく責任を負う.この責任がなかったとなるのは,損害が適切な監督が行なわれたとしても生じたであろうということが証明できる場合だけである(民法典第832条).

親がその子を遺棄し,そのために非行に走るときには,極端な場合,**保護監督義務または教育義務違反**を理由として**処罰される**こともある.これに関して刑法典第171条は次のように規定する.「<u>16歳未満の者に対する保護監督または教育義務の重大な違反を行い,それによって要保護者の身体的もしくは精神的成長を著しく損ない,この者が犯罪者的生活を送り,または,売春を行なう危険にさらす者は,3年以下の自由刑または罰金に処せられる.</u>」

とはいえ,実務は刑法典第171条の適用に当たっては,いつもながら控えめであった.刑事訴追統計で利用できる最新のデータがある2001年では,全ドイツで総数71名が起訴され,最終的に有罪判決を受けて確定したのは,44名だけである.

できる限り児童・少年援助法の定める援助で解決を図り,あるいは介入が避けられない場合でも,民法典が定める監護権の制限もしくは剥奪によって間に合わせようとしているのである.

● 少年保護局による親のための教育援助

教育のための援助,言い換えれば,**親のための教育援助**としては,児童・少年援助法(第27条以下)によって,以下のことが可能である.
(1) 地域の少年保護局(Jugendamt)にある教育相談所または他の委託された相談所による教育相談(Erziehungsberatung)(児童・少年援助法(KJHG)第28条,以下条文のみ挙げる).
(2) グループ教育によって成長を促進させるための社会〔性を身に

つけるための〕グループ作業（soziale Gruppenarbeit）（29条）．
(3) 児童の成長過程に生ずる個別的問題を解決するための，教育保佐人（Erziehungsbeistand）または世話援助人（Betreuungshelfer）の任命（第30条）〔日常生活のレベルでは，たとえば子の宿題の支援も入る．ドイツの学校は午前中で終わり，生徒には宿題が課される．さらに塾のようなものは基本的にないので，宿題は家族，特に母親が面倒を見ることになる〕．
(4) 日常生活および家族成員間の付き合いの中で，家族の一体性を実現するための，社会教育学の知見に基づく家族（sozialpädagogische Familienhilfe）援助の供与（第31条）〔家族の崩壊の防止を目的とする〕．
(5) デイケア〔昼間の監護〕・グループ（Tagesgruppe）あるいは特別の教育能力をもつ別の家族によるデイケア（Tages-Pflege）による児童の教育援助（32条）〔家族内に問題がある場合に，家族から完全に切り離すのではなく，1日の相当部分をデイケア・グループで生活し，そこで社会性を身に付けたり学業支援を受けたりする〕．
(6) 「フルタイムケア〔全日監護〕（Vollzeitpflege）の供与，すなわち，児童を自己の家族から離して相当の期間を定めて，さらには期限を定めることなく，別の適切な家族の世話を受けさせる（33条）．最後に，児童にとって特に危険である場合に，
(7) 養護施設の教育（Heimerziehung），すなわち「施設内での全日の教育援助」，あるいは，特別に配慮された形式をもつ住居での全日の教育援助（34条）．

養護施設の教育は，以前と比べると今日では本当にめったにしか利用されていないが，その理由の一つは，教育の理解が変わったことであり，もう一つは，まったくもって財政的な理由である．というのも，

1　刑罰で威嚇されている行為を実行した児童への対処

養護施設を現代の教育学や，あるいは場合によっては心理療法を用いる児童セラピーの要求水準に則った比較的高い質を満たすものにしようとすれば，費用は1日当たり300ユーロ以上に達する可能性があるからである．目下全ドイツで養護施設にいるのは，約5歳から上の児童で1万人未満であろう．

家族裁判所によるコントロール

　親が子に不利益な行動をとって，それが有責である〔故意・過失がある〕場合，あるいは，有責でなくても，単にその子を適切に教育できる状態にない場合に，経験的に言って珍しくもない事態は，彼らが当局と関係をもとうとしないこと，とりわけ少年保護局の援助を受けたがらないことである．このような場合に，少年保護局は**家族裁判所**に申し立てて，**身上監護のコントロール**のための措置を申請することができる（児童・少年援助法第50条第3項）．親のいない子（孤児）で，後見下にある場合には，家族裁判所ではなく後見裁判所〔家族裁判所と同じく，区裁判所内に設置される〕に申請されることになる．

　親が改善しようとしない，または改善できないときは，家族裁判所は，**子の幸福に対する危険**を避けるために，親に個別具体的な規則を課すことになる．法律，この場合民法典第1666条は，非常に柔軟な規則を課すことを許している，すなわち，この法規は「危険を防止するために必要な措置」とまったく無規定的に述べているだけだからである．裁判所が注意すべきことは，この措置が比例の原則に従うことである．すなわち，子の不法行為が小さなものでしかないときは，たとえそれに対して実質的に見て親にも共同責任がある〔親にも故意・過失がある〕，あるいは，連帯責任があるとしても，子を家族から離すといったリアクション——このこと自体は民法典第1666 a条によ

って可能である――をしてはならない．

◉ 刑事責任年齢の引き下げ？

全体的に見れば，ドイツ法は，児童の「犯罪行為」に対して，被害者の損害を賠償し，一般の人々をその後の危険から適切に保護する，そのためのリアクションの手段をさまざまに認めている．したがって，過去数年間でいくつかのドイツ連邦構成州の政府が個別的に提案したような，刑事責任年齢を14歳から12歳に下げることは，意味が無いように思われる．

2　刑罰で威嚇された行為を実行した少年への対処

◉ 少裁法が適用される非行

ドイツ少年刑法の言う少年とは，満14歳以上で満18歳未満のすべての若年者である（少裁法第1条第2項第1文）．少年に少裁法が適用されるのは，少年が一般法〔刑法典その他の成年刑法〕の規定によれば刑罰で威嚇されている「非行（Verfehlung）」を実行したときである．この意味で**非行**となるのは，刑法典の抽象的な分類では重罪（Verbrechen）および軽罪（Vergehen）といわれるものである．

重罪とは，この分類では，下限が1年以上の自由刑によって威嚇された，すべての犯罪行為である（刑法典第12条第1項）．重罪の自由刑の上限は15年で，謀殺その他のいわゆる極重罪の場合には，終身自由刑によって（も）威嚇されている．

軽罪とは，この分類では，1ヶ月を超える自由刑または罰金刑によって威嚇された，すべての犯罪行為または違法行為であり，いずれに

せよ威嚇刑罰の下限が1年未満るものである（刑法典第12条第2項）．軽罪の刑罰の幅は，通常，1ヶ月から5年までである．

秩序違反行為（Ordnungswidrigkeit）〔罰金によって威嚇された違法行為〕は，実務上は道路交通において特に頻繁に見られるが，少裁法の条文には挙げられておらず，したがって，それだけでは直ちに非行にはならない．もっとも，秩序違反行為法（OwiG）自体は，少裁法のルールが相当程度少年に適用されることを規定している（秩序違反行為法第12条，46条）．

少年刑法（Jugendstrafrecht）は，14歳と21歳の間の**若年者のための特別刑法**である（18-21歳の準成年については下記参照）．少裁法は，実体法，刑事手続法および裁判所構成法についての規律を内容とする．少裁法の規律は，一般刑法，一般刑事手続法，および裁判所構成法の規律に優先する（少裁法第2条，刑法典第12条と合わせ読む）．

少年の違法な行為が重罪または軽罪と評価できるのかどうか，それが何時時効にかかるのかについては，一般刑法の規定に従って決められる（少裁法第4条）．

少年援助手続と刑事手続の関係

少年が犯罪行為について責任があるかどうかとは原則として無関係に，その行為をきっかけにして知られることになった問題のために，児童・少年援助法第27条以下および民法典第1666条の少年援助手続を開始することができる．それゆえ，少年を援助するために，あるいは，目に付いた少年をコントロールするために，当局は，すでに本章の「はじめに」で言及したように，原則として「複線的」な対応することができる．けれども，実務を支配しているのは，まずは「単線的」に対応しようとすることで，それは費用，財政コストからも，そ

第2章　ドイツ少年刑法における刑法上および教育法上の制裁システム

うなっている．

　比較的小さい，または，1回限りの非行である場合には，当局はそれ以上の介入はどんなものでも避けるであろう．「小規模」でも繰り返された非行の場合には，まず少年援助でもって対応し，それ以上の刑事訴追を見合わせることができる．繰り返された，または，重大な非行の場合には，刑事訴追を開始し，さらに援助および教育の必要がなお存続しているときには，引続き少年援助手続を開始することができる．このような対応法を可能にする児童・少年援助法および少裁法の具体的な法規を論ずることは，ここではできない．

● **刑事的成熟に至っていない少年**

　最初に少年刑法を辿ってみよう．ドイツでは少年とは，言うところの，**条件付の刑事成熟者あるいは条件付で刑罰に熟した者**である．すなわち，少裁法第3条第1文によれば，少年は行為の時点で，実行した具体的（実体的）犯罪行為それぞれについて，それが可罰的な不法に当たることを弁識していたのでなければならない（＝事理弁識能力）．加えてこの弁識にしたがって行為する，したがってその衝動に手綱を掛け，制御する能力をもっていたのでなければならない（＝犯罪行為能力 Handlungsfähigkeit）．この**事理弁識能力**あるいは**犯罪行為能力**が完全に**明らかでない**場合には，場合によって専門家の鑑定，いわゆる成熟鑑定を得なければならない（少裁法第43条）．

　成熟していないためにこの能力が欠けている，または，能力があることが積極的に証明されないときは，刑事的成熟〔刑事責任能力〕がないことになり，当該の未熟な少年に対する刑事手続をそれ以上進めることはできない．このような場合に考えられるのは，当該の若年者を少年保護の行政庁に送致するか，または，この若年者に対する家族

裁判所の手続を開始するかである．しかし，手続を速めるために，状況が明々白々な場合には，少裁法は少年裁判所裁判官に家族裁判所に代わって行為することを許し，教育的措置を命ずることすら許している（少裁法第3条第2項）．

刑事手続の迂回

かつて，少年刑法の理論と実務で圧倒的に通説的であった見解は，罪を犯した少年に対しても，その刑事的成熟が確証された場合には，できるだけ正式の手続で対応すべきだ，というものであった．少年を起訴し，少年に対して法廷で審理することが正しいと考えられていた．さらに，口頭弁論を終えて少年に正式の有罪判決を下すことも正しいと考えられていた．もちろん，この場合，判決には常に厳しい刑が伴わなければならなかったわけではない．基本的な考え方は，法廷に立ったという経験が少年にとって教育上特に重要で，印象深いものであり，新たな犯罪を妨げる点でも有効だ，というだけのことであった．

この思い込みは，前世紀の70年代以降決定的に変化した．それには，実務の経験，少年犯罪学の成果，および国際的な展開，たとえば，少年犯罪に対する現代的な対処法のための，国連およびヨーロッパ評議会（Europarat, Council of Europe）〔EUとは別組織で加盟国はより広範で46カ国．1949年に創設され，1953年にヨーロッパ人権条約を採択するなどの活動を行なっている〕のガイドラインなどが，与って力があった．

今日の**通説**は，少年の犯罪行為があった場合，とりわけ初犯の場合には，**最優先に正規の手続を踏まない教育手続**（formlose Erziehungsverfahren）を開始すべきである，という考え方である．この手続を非公式の教育手続とも呼んでいる．**国際的な迂回運動**が広まって以降，

第 2 章　ドイツ少年刑法における刑法上および教育法上の制裁システム

したがって，若年の犯人のためには，司法の正式の介入は「迂回」，あるいは「回避」すべきであるという少年刑法の思想および実務が広まって以降，ドイツでもこれと並行して，「**迂回（Diversion）**」という概念が普及した．この間に，連邦構成州のほとんどすべての司法大臣は，しばしば（警察に関する権限が属する）内務大臣と調整したうえで，市町村での実務を指導し，できるだけ統一することを目的として，いわゆる迂回ガイドラインを制定した．

刑法理論から言えば，正規の手続を踏まない教育手続，あるいは迂回モデルは，**補充性の原則**（Subsidiaritätsprinzip）を体現するものである．この補充制の原則は，成年刑事訴追を指導する他の諸原理を補充し，少なくとも部分的には取って替わっている．その諸原理とは，起訴法定主義（Legalitätsprinzip）と起訴便宜主義（Opportunitätsprinzip）である（これらの原理の詳細は第7，8章で述べる）．

補充制の原則は，煎じ詰めれば，上下二段階の階層をなす具体的原則として表れる．基礎にある具体的原則は，次のものである．「何らかの方法が可能であれば，少年に対しては刑法を適用すべきではなく，他の対応策を追求すべきである．」この基礎の上に重なる具体的原則は，次のものである．「他の対応策が見出されない場合，他の対応策が適切でない場合，したがって原則として刑法を適用しなければならない場合には，できる限りで，少なくとも本物の刑罰を科すのではなく，それに代替する教育的措置（Erziehungsmßnahme）でもって対応するよう試みるべきである．」

ドイツにおいて，**正規の手続を踏まない教育手続**，あるいは，迂回**手続の法的根拠**は，**少裁法第 45 条**および**第 47 条**である．これらの法条は，1990 年の改正法によって大幅に作り変えられ，それまで既に広く行なわれていた実務に合わせられた．現在のドイツでは，少年刑法によって進められる，少年犯人に対する全手続の約 70% が少裁

法第 45 条または第 47 条の適用によって終結する．もちろんこれには，依然として各連邦構成州の間にはっきりとしたばらつきがある．

検察官による迂回手続

重心は**少年検察官**（Jugendstaatsanwalt）にあり，これに少裁法第 45 条の適用がある．
(1) 若年者が**軽罪**を実行したという告発があった場合，少年検察官は，犯罪行為による損害がわずかとはいえない場合であっても，なんらの付加的な措置を取ることなく，その後の訴追を免除することができる．その要件は，仮に少年に対して有罪判決を下すとなると，少年の責任はわずかではないと評価されることになるのに，有罪判決を下して科刑することに公共の利益が存しない，ということだけである（少裁法第 45 条第 1 項，刑法典第 153 条と合わせ読む）．
(2) 若年者が**任意の種類の軽罪**を実行したと告発された場合，さらには**重罪**を実行したと告発された場合でも，少年検察官は，原則的に**有効な教育手続**が他の担当機関によって開始され，または，遂行されているかどうかを吟味する．教育担当機関として法律が考えているのは，親，職業訓練指導者〔親方など〕，先生，少年グループの指導者，さらには少年保護局，特別な場合に家族裁判所または後見裁判所である．検察官は，この教育手続が開始または は遂行されたことを確認した場合には，次の段階として，他の担当機関が取った教育措置が，犯罪の不法を償い，当該少年のその後の犯罪を防止するのに適切でもあるかどうかを吟味する．少年検察官は，ここまでの調査で肯定的な結論に達した場合には，少年裁判所裁判官の直接の措置を求める必要もないし，また，少年

第2章　ドイツ少年刑法における刑法上および教育法上の制裁システム

裁判所に公訴を提起する必要もない．少年検察官は，この後刑法のルートでの当該少年の訴追を免除する（第45条第2項）．

(3)　少裁法の原始規定，さらには，1990年以降の現行規定の文言に従っても，少年検察官には，第45条第1項によっても第45条第2項によっても解決できない場合に，独自に積極的に解決を求める権限はない．したがって，少裁法の文言通りでは，独自に少年を教育し，または少年に制裁を加え，または他の教育担当機関を介入させることはできない．少裁法第45条第3項の要求するところでは，少年が自白している場合には，少年検察官は少年裁判官（Jugendrichter）にお出まし願って，捜査手続のままで，または，〔公判手続開始決定前の〕準備手続において少年裁判官としての措置を取るよう申請しなければならない．立法者がこのような規律を望んだのは，マニピュレーション〔操作〕の可能性を制限するためで，その理由は，裁判官は憲法によって独立であるのに，検察官はいずれにせよ原則としてその上司または司法省にいたる上位官庁の指示に服しているということであった．

(4)　第45条第3項によれば，少年裁判官は，少年検察官の申請が納得できる場合には，当該少年に**戒告**（Ermahnung）を与えることができる．このような簡単な口頭または文書による戒告で十分だと思われない場合には，裁判官は，通常であれば本来公判を経た判決によってのみ課すことができる特別の**措置**も取ることができる．この措置には，一定の**教育的指示**（erzieherische Weisungen）がある．すなわち，何らかの労働作業を行なう，交通安全教室に参加し，または，被害者と和解に達するよう努力する，といったことである．さらにこの措置に入るものとして，**犯罪の不法を償うのに役立つための一定の負担もある**．すなわち，少年が被害者の下に赴いて個人として謝罪する，犯罪によって惹

起した損害を回復する，または，ある金額を公益施設のために支払う，といったことである．

(5) 以前は，少年裁判官が少裁法第45条に従って介入を求められることがしばしばであった．とはいえ前世紀80年代以降の実務では，上級の裁判所から全面的に容認され，幅広い少年刑法学者から是認され，さらには積極的に支持されるまでになった慣行が発達した．それは，教育または不法の償いを少年検察官によって片付けさせるというものである．近年では，そのために「**検察官迂回**（Staatsanwalts-Diversion）」なる概念が定着した．法解釈論としては十分な根拠が与えられておらず，この困難な問題を「解決する」ための解釈学の萌芽的試みはさまざまにある．実際のところ，それは少裁法第45条第2項と第45条第3項のある種の組み合わせであり，それによって少年検察官が関係者に教育措置の「申し出で」，あるいは，迂回プログラムの「勧奨」だけを行なう．少年およびその親が「申し出で」または「勧奨」を受け入れ，措置またはプログラムが順調に遂行されれば，少年検察官は最後に，「自己の」イニシアチブが功を奏した，といわば満足して確認し，その後の刑事訴追は免除する．

(6) このような対処法は，1990年以降加害者・被害者間の和解（Täter-Opfer-Ausgleich：TOA）（場合により損害回復を伴う）の流行により，刑事事件におけるメディエーション（Mediation）あるいは修復的正義（Restorative Justice）といった理論的構想とも結びついて，もう一段の推力を加えられて，強化された．なぜなら，第45条第2項第2文は，1990年以降次のような規定になり，それは解釈論上はたしかに問題が多いが，しかし実務上は実に役に立つものとなっているからである．すなわち，「<u>少年が被害者と和解しようと努力することは，教育措置と同等である．</u>」このよ

うにして少年手続における少年検察官は，成年手続における検察官と同様に，無論その法的根拠は異なるものの，ドイツにおける加害者・被害者間の和解に対する責任の大部分を負っている．

(7) 多くの警察署は，ここ数十年間，特別の少年事件担当官（いわゆる**少年警察官**（Jugendpolizist））を任命し，あるいは，少年犯罪撲滅の特別の部署を設けた．警察の少年担当上級公務員は，通常の場合十分な教育を受けており，したがって，犯人が若年の場合彼らが迅速かつ有効な措置を取ることができると，容易に想定することができる．たとえば，イギリスでは警察に若年者の犯罪を独力で迅速に処理するための相当広範な手段を認めており，特に小さな日常的犯罪ではそうで，いわゆる Warnings という手段，つまり文書にして残す警察による警告を認めている．ドイツでは，少年担当上級公務員にも刑訴法第 163 条が適用になり，その結果，警察が行なってよいのは仮の処分を行なうことだけで，それ以上のことはすべて検察に委ねなければならない．実務家および刑法学者の過半数は，これは将来とも変更されるべきではないし，また変更されてはならないという見方をしている．無論，中には実務上のアレンジを行なっている地域もある．それによれば，警察の上級公務員が少年犯人と直接接触したときからすでに多くの教育上意味あることを行うことに，検察官は同意していたと説明されている．通常であれば少年検察官は，措置の態様および効果について報告を受けた上で，最後は訴追を公式にも免除するが，それはあたかも検察官自身がこのような措置を取ったかのごとくである．

(8) ドイツにおける少年に対する手続全体を見ると，第 45 条が少年検察官のために一貫してその適用を拡張しており，その結果，少裁法第 47 条による裁判官の措置および決定の意義が非常に小

さくなっている．単純化して言えば第47条は，検察が公訴を提起してきた場合に，少年裁判官に検察官とほとんど同じ，正規の手続を踏まない処理または迂回の措置を取ることを認めた規定であり，また現在もそうである．

少年裁判手続

少年犯人に対する少年刑法上の全手続の約30%が，なお正式の手続を踏んで処理されているが，これらの事件の場合でも多くの裁判官は，「**簡易少年手続**（vereinfachtes Jugendverfahren）」（少裁法第76条以下）を好んで用いている．この手続は，迅速であり，また刑訴法の多くの手続準則の適用を回避できるので，教育上特に好ましいと考えられている．具体的事件が簡易手続に相応しいと法律が定めているのは，事実関係および法律関係が単純で，立証上の困難な問題も予期する必要がないという場合である．その他に，最終的な制裁に関して言えば，簡易手続では少年刑罰は問題にならず，他の，あるいは，より穏やかな制裁，とりわけ教育的措置や懲戒手段による制裁を課すことが予想されるのでなければならない．

検察による正式の公訴があり，その後に**公判**が開かれる**公判手続**が行なわれるということは，ドイツの少年法では今日では例外になった．なお公判が開かれるのは，主として，少年がいわゆる（頑固な）累犯者であるか，または，本当に重い犯罪を実行し，少年刑罰が絶対に避けられないというほどではないとしても，それが考慮に入る場合である．

少年は常に，そして**例外なしに，実体少年刑法に従って**遇されなければならない．成年刑法による刑罰は絶対に許されない．また，検察および裁判所には，少年を成年裁判所に送り，当該少年は「成年とみ

なされる」のだから，一般刑法の刑罰を受けることもできる，という効果を得たり，このような目的を追求したりすることは認められない．したがって，アメリカ合衆国とは違って，「移送決定（Transfer-Beschluss）」とか「〔少年法〕適用放棄手続（Waiver-Verfahren）」は不可能である．ある少年が，たとえば，さまざまな年齢のメンバーからなる犯人グループに加わっていて，まったく例外的に成年の犯人とともに一般の刑事裁判所に訴追される場合でも，この成年刑事裁判所は少年裁判所と同様に実体少年刑法を適用しなければならない（少裁法第104条）．

3　刑罰で威嚇された行為を実行した準成年への対処

ドイツ少年刑法で準成年となるのは，ある犯罪の実行時点で満18歳になっていたが，満21歳にはまだ達していなかった，すべての若年者である．

● 少年裁判所の一般的管轄権

1953年少裁法で導入されたこの大改正は，これらの若年の成年について**一般的に少年裁判所の管轄権**を認めた．一般刑事裁判所の管轄権を許すという例外は，少年に関して認められていること以上には規定されていない（少裁法第108条および第112条）．

● 実体法：少年刑法と成年刑法の選択的適用

ドイツ少年法の第二の特殊性は，まさに裁判所自身が，具体的な18－21歳の若い男性（他のすべての国々におけると同様に統計的にはず

っと少ないが,若い女性もいる)に**実体少年刑法**を適用するのか,それとも成年刑法を適用するのかを,明確にしなければならないという点である.1953年に規定された法律の文言からすれば,成年刑法を適用するのが自然であった.けれども,立法資料から明らかになったところでは,立法者は事案ごとに個別的に衡量することを望んでいた.

いずれにせよ何十年か経過するうちに実務で広まった慣行は,**疑わしい場合は少年刑法**を適用せよ,であった.全体を平均すると,最近まで,準成年に対する全手続の約60%が少年刑法に従って遂行されたが,これには州間で大きなブレがある.殺人がかかわる犯罪では,比率はドイツのどこでも90%あるいはそれ以上に達していた.実務が例外としたのは,とりわけ,単純窃盗および道路交通犯罪であった.その理由は,少年検察庁および少年裁判所はこのような単純な大量犯罪の場合には文書による略式命令手続を用いることができればと考えたが,この手続は一般刑法が適用になる場合だけしかできないからである.

成年刑法の適用を求める政治的動向

近年新しい運動が広まってきたが,それはとりわけ南部諸州の政治の領域で,将来は通常の場合であれば準成年には(再び)一般刑法を適用することを求める運動である.その論拠の一つは,18歳以上の若年者は,刑法以外の他のすべての法領域では,他の成年と同じ完全な権利を有しているが,しかし義務も負っているということである.したがって,刑法が例外だということは今日ではもはや適切ではなく,あるいは,法・刑事政策上もはや正当化できない,というのである.法律案が,連邦参議院〔州の代表によって構成される〕を経由して連邦議会に既に繰り返し提出されてさえいる.これまでのところ,しか

第2章　ドイツ少年刑法における刑法上および教育法上の制裁システム

しこれらの提案は立法手続をクリアしていない．けれども，いずれにせよ，「もっと少年法を」という昔ははっきりとしていたトレンドが最近の実務では止まってしまったのであり，このことは，さまざまな統計が示しているところである．

● **不明確な選択基準**

決め手となる規範は，少裁法第105条である．それによれば，準成年の場合に少年裁判所が実体少年刑法を適用するのは，
(1) 「<u>環境諸条件を顧慮した上で犯人の人格を全体的に評価した結果，この犯人が行為の時点で道徳的および精神的成長から見て，なお少年と同等だった場合</u>」（少裁法第105条第1項第1号），または／および，
(2) 「<u>行為の種類，状況または動機から見て，行為が少年の非行となる場合</u>」（少裁法第105条第1項第2号）である．

この定式の精確な解釈は，多くの点で明確ではなく，少年段階や社会の状況が常に変化していること，および，社会全体の変動を考慮に入れると，ますますもって難しくなった．したがって，すべての専門家は，この法律が新しく規定されなければならないということについては一致している．けれども，個別的な問題については，さまざまな理由から相変わらず争いが絶えない．

少年裁判所が**準成年**に**実体少年刑法**を適用する場合には，少年の場合と同じ**ほとんどすべての制裁**が可能である．ただし，少年援助法による手続はもはやできない，なぜなら，まさに18歳以上の犯人はもはや未成年者ではないからである．少年刑罰の刑の範囲は，少年におけるよりも高くなる（下記参照）．

少年裁判所が**実体成年刑法**を適用する場合には，少年裁判所は準成

年に対して原則として**すべての刑罰**を科すことができるが，しかし，少裁法第106条は，特別の刑の緩和手段を規定している．

4　実体少年刑法によって可能な制裁の概観

少年刑法によって可能な制裁は，裁判所により，簡易少年手続の最後に，または正式の公判の最後に判決をもって科される．

教育措置：教育の欠陥の除去

若年の犯人に**成長過程の障害**（gestörte Biographie）の結果，特に教育の欠陥という実体があり，それが犯罪に表れているという場合には，法律はいわゆる**教育措置**（Erziehungsmaßregel）を規定している．犯罪行為は，この場合「兆候行為（Symptomtaten）」と見なされ，法解釈学的に見れば，教育的措置のための原因ではなく，「きっかけ」となるものである（少裁法第5条第1項）．したがって，別の言い方をすれば，犯罪行為それ自体は重要ではなく，表面に現れた兆候にすぎないものと受け取られる．この兆候によって，まさに「きっかけ」が認識され，これにより犯罪行為の「背後にある」障害およびその除去について熟慮し，最終的には相応の措置によって将来の犯罪の原因を取り除くことになるのである．

教育的指示

教育措置としては，第一に**指示**（Weisung）がある（少裁法第10条）．このような指示は，少年の生活態度を規律するための命令および禁止である．生活態度を規律することによって，当該若年者の教育を促進

第2章　ドイツ少年刑法における刑法上および教育法上の制裁システム

し，確保しようというのである（少裁法第10条第1項第1文）．裁判官は，指示の選択について原則として無制限である．裁判官は教育の欠陥を確認してそれを埋め合わせるために具体的事案の中で適切と思われる命令，禁止はどんなものでも考え出すことができ，また，専門家に提案させることができる．ただし，指示によって当該若年者の基本権を損なってはならず，したがって，たとえば若年者の人間の尊厳〔人間として相応しい扱いを受ける権利〕を損なってはならず，若年者に期待できないほどの行動や能力の発揮を要求してはならない．法律は，以下の指示を明文で例示している．

(1) **居所**に関する指示に従うこと（第1号）．
(2) どこかの**家族**または**施設**の中で居住すること（第3,2号）．
(3) **職業訓練所**または**職場**の提供を受け容れること（第3号）．
(4) **作業労働**を行なうこと（第4号）．
(5) 「**世話援助者**」として定められた人の世話と監督に服すること（第5号）．
(6) **社会化のためのトレーニング・コース**を受けること（第6号）．
(7) 加害者・被害者間の和解を通じて**被害者と和解**すべく努力すること（第7号）．
(8) **特定の人物との交際を絶つ**こと，または，**飲食店に立ち入らないこと**，または，**遊戯場に立ち入らないこと**（第8号）．
(9) **交通安全教室**に参加すること（第9号）

実務で少年裁判官がとりわけ好んで適用するのは，第4号の労働の指示，第6号の社会化のためのトレーニング・コースおよび第9号の交通安全教室への参加である．さまざまな指示を相互に組み合わせることも，それが教育を促進することに特に適切であると思われる場合には，可能である（少裁法第8条第1項）．

少年が生活および行動面で複数の障害がある場合には，裁判官は，

親の同意を得て個別的な指示に替えて，いわゆる数ヶ月継続する包括的な**教育指示**を出すことができ，とりわけ治療教育者による処置，または，アルコール暴飲または薬物依存の場合に禁断療法による処置を命ずることができる（少裁法第10条第2項）．

裁判官は，制裁実行の過程で必要と思われるときは，指示を変更し，または，指示を取り止めて別の指示を与えることもできる（少裁法第11条第2項）．少年が指示に従わず，そのことに責に帰すべき事由がある場合には，裁判官は当該少年に対して4週間以下のいわゆる**不服従拘禁**（Ungehorsamarrest），法蔑視拘禁（Beugearrest）とも言う，を科すことができる（少裁法第11条第3項）．

少年援助官庁への送付

少年が**少年援助官庁**による**専門家の教育**を必要とする場合には，裁判官は当該少年を，少年裁判官の指示を与えることに替えて，いわゆる少年官庁に送付することができる．そのために裁判官は，少裁法第12条に従って，少年に以下のことを課す，すなわち，

(1) 少年およびその家族のために教育保佐（児童・少年援助法第30条）を要求すること，または，

(2) 教育を受けるため養護施設に入ること（児童・少年援助法第34条）．

けれども，この手段が実務上使われるのは，本当に滅多にしかない．同様に滅多に使われない，法律が定める他の手段として，少年に対して少年法上有罪である旨を宣告するだけで，教育措置の具体的選択は家族裁判所に委ねるというものがある（少裁法第53条）．家族裁判所では，当該若年者が必要とすることをきちんと分析するために，比肩しうる刑事裁判所において通常自由になる時間より多くの時間を取る

ことが可能である.

● **懲戒手段**

若年者が，教育措置の要件を満たす場合とは違って，家族や学校や社会にまだ比較的良く組み込まれているが，しかしそれでも不法を犯した，おそらくは羽目をはずして，あるいは魔が差してという場合には，法律はいわゆる**懲戒手段**（Zuchtmittel）を課すことを規定している（少裁法第 5 条第 2 項）．懲戒手段は，少年の誤った心構えの矯正に役立つものである．懲戒手段によって少年の良心に働きかけ，正しい道に戻るよう促そうというのである．

少裁法第 13 条第 1 項では，このことがすべての懲戒手段に当てはまることを，次のように表現している．

「裁判官は，少年刑は必要ではないが，しかし，少年に自己が犯した不法に責任を負わねばならないことを厳しく自覚させねばならない場合には，犯罪を懲戒手段によって処罰する．」

● **最も軽い懲戒手段：戒告**

最も軽い懲戒手段は，少年裁判官による**戒告**（Verwarnung）（少裁法第 14 条）である．それは口頭で与えられ，次いで判決で文書に残される．戒告によって，少年に対しその犯罪の不法を厳しく非難しようというのである．

● **中間的懲戒手段：負担**

中間段階の懲戒手段となるのは，さまざまな**負担**（Auflage）で，こ

れは被害者や社会に対する少年の行為や給付を行うことによって，不法の具体的な埋め合わせに資するものである（少裁法第15条第1項）．負担は法律によって精確に定められており，少年裁判官は，上に述べた教育的措置とは異なって，新規のまたは変更された負担を「発明する」ことは許されない．

以下の負担を法律は定めている．すなわち，

(1) **損害の回復**，すなわち，犯人が犯罪で惹起した損害を全力で回復する（第1号）．
(2) **真摯な謝罪**，すなわち，犯人が被害者に個人として謝罪する（第2号）．
(3) **労働負担**，すなわち，犯人が公益労働として労働作業を行なう（第3号）．
(4) **金銭的負担**，すなわち，犯人が一定の金額（司法関係者の間の日常的な言い方では罰金と呼ばれることもある）を公益施設，たとえば児童援助施設のために用立て，あるいは払い込む（第4号）．

教育措置と同様に，裁判官は，具体的事態の経過が要請する場合には，負担を変更したり，その履行を修正したりすることもできる．ここでも，負担を履行せず，そのことに責に帰すべき事由がある場合には，4週間以内の**不服従拘禁**を課すことができる．

少年裁判官がかなりはっきりと実務上好んで用いているのは金銭的負担で，これは少年刑法によれば禁止されている，一般刑法の罰金にある種の類似性をもっている．2番目に好んで課されるのは，労働負担である．少裁法第10条第1項第4号の労働指示との区別は理論上は可能である．なぜなら，第10条は欠陥ある少年の汗水をたらす教育を目標としているのに対して，第15条は不法の償いを第一の目標としているからである．しかし，実務上のさまざまな条件の下では，その区別が十分明確に維持できなくなっているのがしばしばである．

第2章　ドイツ少年刑法における刑法上および教育法上の制裁システム

謝罪は，他の負担または指示との組み合わせで（少裁法第8条）好んで用いられ，その点は少裁法第14条の戒告と似ている．損害の回復が命ぜられることは，少年刑法学者が大いに嘆いているところであるが，滅多にない．

● 最も厳しい懲戒手段：少年拘禁

最も厳しい懲戒手段は，少裁法第16条の**少年拘禁**（Jugendarrest）である．これには3つのバリエーションがある．余暇拘禁では，少年は1-2日の「余暇」を少年拘禁施設に入らなければならない，したがって，たとえば週末の土曜日と日曜日に入ったりする（少裁法第16条第1項）．短期拘禁の場合には，少年は1週間以下の期間その自由を放棄しなければならない（少裁法第16条第2項）．長期拘禁の自由剥奪は，1週間を超え，最大限4週間まで及ぶ（少裁法第16条第3項）．

● 教育措置簿

教育的措置および懲戒手段は前科簿には登録されず，**教育措置簿**（Erziehungsregister）にだけ登録される（連邦中央登録簿法（BZRG）第60条）．この教育措置簿から情報を得るのは主として裁判所および検察庁であり，それは，裁判所や検察庁が24歳未満の若年者に対する（新しい）手続を進めるにあたって，この若年者が「刑事罰のレベル」に達していない法律違反をすでに一回または複数回犯していないかどうかを知りたいと思ったときである（連邦中央登録簿法第60条）．家族裁判所，恩赦官庁および武器取締官庁も情報を得ることができるが，けれども警察は単独ではできず，またそれ以外の行政庁もできない．私企業および私人はいかなる場合でも情報を得られない．私企業

や私人が若年者に対して，彼にいわゆる当局の**無犯罪証明書**（Führungszeugnis）の提出を正当に求めることができる場合でも，該当する決定は管轄を有する登録簿官庁によって証明書に記載されない．この若年者は，情報取得権限を有しない官庁や私企業や私人から，刑罰を受けたことがあるかと問われた場合，刑罰を受けたことがないと言うことが許され，したがって，少年刑事手続において実際に受けた制裁を開示する必要はない（連邦中央登録簿法第64条第1項）．この寛大な解決によって，若年者のいわゆる**リハビリテーション**を促進し，したがって，社会からの締め出しを避け，社会適合的な普通の生活にできるだけ迅速に復帰できる可能性をより高めようとしているのである．

少年刑：要件

　以上述べたものより重い犯罪になって初めて**少年刑**（Jugendstrafe）が考慮されることになるが，これは法律がドイツ少年刑法上唯一の「正真正銘の」少年刑だといっているもので，前科簿に登録される．これには2つのバリエーションがある．

　1つ目のバリエーションは，いわゆる**有害な性向**（schädliche Neigung）を要件とする（少裁法第17条第2項第1バリエーション）．このような有害な性向は，かつてオーストリアで「犯罪的性向（kriminelle Neigung）」と呼ばれたもので，教育の欠如または素因的欠陥と結びついた，根の深い行動障害であって，

(1) 既遂の犯罪の原因となるものであり，
(2) また，当該若年者が将来も重大な犯罪を実行しかねないという危険を裏付けるものであり，
(3) これを避けるために，この若年者が少年行刑または保護観察援助によって「全人教育」を受ける必要があるというものである．

第2章　ドイツ少年刑法における刑法上および教育法上の制裁システム

　2つ目のバリエーションは，少年のいわゆる**責任の重さ**に関わるものである（少裁法第17条第2項第2バリエーション）．これによって考えられているのは，少年の特に重い犯罪であって，
(1)　第一義的には，教育の欠如とは関係なく，
(2)　刑法の禁止に対する意識的な重大な違反であり，したがって当該若年者の，規範的要請を意識的に無視した行為であって，
(3)　それゆえ，当該**若年者個人に帰責可能な重大な不法の実行**といえるものである．

少年刑の量刑

　少年刑の下限は，6ヶ月である．その通常の上限は，少年については5年である（少裁法第18条第1項第1文）．裁判官は，例外的に5年を超えて処罰することができ，5年超最大限10年までの少年刑を科すことができる．これが行なわれるのは，少年が特に重い犯罪を理由に有罪判決を受けた場合で，成年であれば10年超15年までの自由刑または終身自由刑によって威嚇される犯罪の場合である（少裁法第18条第1項第2文）．準成人の場合には，6ヶ月から10年の少年刑の枠一杯を最初から使って量刑することができる（少裁法第105条第3項）．

　少年刑のいずれの場合でも，**一般刑法の刑の枠**は適用されない（少裁法第18条第1項第3文）．けれどもこの枠は，理論と実務では，少年によって行なわれた不法の強度を測るための，ある種の指標の枠と見られている．裁判官はこの枠内で具体的な少年刑について，必要な教育的効果が上がるように量刑を行なう（少裁法第18条第2項）．

4 実体少年刑法によって可能な制裁の概観

少年刑の免除

「責任の重さ」それ自体からすれば当然1年以下の少年刑が考慮される（少裁法第17条第2項第2バリエーション）ときでも，少年が犯罪の直接・間接の結果から自らもひどい精神的ショックを受け，そのショックがある種の運命の刑罰のように見える場合には，少年裁判所は当該の若年者に有罪判決を下し，したがって有罪を宣告するが，しかし**科刑は免除**することができる（一般的に認められている，成年に適用される刑法典第60条の類推適用，少裁法第2条と合わせ読む）．法律〔刑法典第60条〕の規定にあるように，刑が「明白に的外れ（offensichtlich verfehlt）」であるといえるのは，たとえば，ある若年の男性がオートバイでツーリングしているときに羽目をはずして重過失で行為し，その結果事故を起こし，友人または恋人の命を失わせ，このショッキングな結果によって重い精神的苦痛を受けねばならなかったことが明白な場合である．この場合，運命の罰が国家の少年刑をいわば余計なものとしているのである．

少年刑の猶予：保護観察

「有害な性向」のゆえに少年刑が考慮されるときに（少裁法第17条第2項第1バリエーション），少年裁判官がこの有害な性向の程度を完全にはわかっていないという場合がある．この場合にも，少年に有罪を宣告するだけで，2年以内の**試験期間**（Probezeit）の間——この期間を法律は保護観察期間（Bewährungszeit）と呼んでいるが，あまり適切ではない——**科刑を猶予する**ことが可能である（少裁法第27条）．想定された有害な性向がこの試験期間に（もはや）顕れない場合には，裁判官は最後に**有罪宣告の抹消**を命ずる（少裁法第30条第2項）．こ

第2章 ドイツ少年刑法における刑法上および教育法上の制裁システム

の場合少年には刑罰が科されないが、けれども教育簿にメモの登録がなされ（連邦中央登録簿法第60条）、これは24歳になるまで新しい刑事手続のために保存される。これに対して、少年の素行が非常に悪く、または、新しい犯罪行為を実行し、それが当該の有害な性向を証明するときには、少年裁判官は、有罪宣告の時に既に有害な性向が明確に現れていたならば科したであろう少年刑を科す（少裁法第30条第1項）。この少年刑は正真正銘の刑罰であって、前科簿に登録される（連邦中央登録簿法第13条第2項）。

少年刑が6ヶ月以上1年以下の範囲内で定められたときは、少年裁判官によって定期的**保護観察**のために2－3年の期間猶予されることがある。それは、

(1) 少年にとって有罪判決を受けることだけで警告として役立つことが期待でき、

(2) さらに、少年が保護観察期間の教育の効果で少年刑務所での行刑なしでも法を遵守し、周囲に協調する態度を示し、あるいは、法律の古い言い回しにあるように、「立派な生活態度（rechtschaffener Lebenswandel）をとる」であろうことが期待できる場合である（少裁法第21条第1項および第22条）。

刑の執行が有罪判決を受けた少年の成長をコントロールするために「必要」ないというときには、裁判官は、1年超2年以下の少年刑も保護観察のために猶予することができる（少裁法第21条第2項）。全体としては少年刑の約2/3が保護観察のために猶予され、この傾向は相対的に見ればすでに長年に渡って続いている。

少年事件では、少年刑を猶予する場合には、**常に保護観察援助官による指導と監督**に付さなければならない。けれども、裁判官は、かつて行われたのとは反対に、この保護監察援助官の指導・監督下に置くことを保護観察期間の一部に限定することができる（少裁法第24およ

び 25 条).

 さらに裁判官は,これに加えて,個別具体的な**指示または負担**を命ずることができる(少裁法第 23 条).保護観察期間の少年の態度が悪い場合,または,新たな犯罪を実行した場合には,裁判官は,まずは保護観察条件の修正を試みることになる(少裁法第 26 条第 2 項).この努力が失敗したときに始めて,または,新しい犯罪がどう見てもあまりに重大だというときに,裁判官は保護観察刑を撤回し,少年を少年刑務所に送り,刑に服させる(少裁法第 26 条第 1 項).

● 薬物中毒者の治療

 少年事件の場合にも,成年刑法の場合(第 1 章 3 参照)と同様に,**犯人が薬物依存症**であるときは,保護観察刑ではなく,**刑に代替する治療**という代替手段を選択することができる.すなわち,少年刑務所での少年刑の実行を猶予し,または,当該若年者がすでに刑に服していたときには,残期間の服役を止めて,若年の受刑者が刑務所を出て薬物治療を受けられるようにすることができる.

● 付加刑:運転禁止

 少年裁判官は交通軽罪の場合に,刑と併せて付加刑として,いわゆる**運転禁止**をも科すことができる(刑法典第 44 条,少裁法第 6 条および 8 条と合わせ読む).このとき少年はその運転免許証を交通官庁に一時的に差し出さねばならず,1 - 3 ヶ月間自動車の運転が許されない.この付加刑は,実務上はもちろん準成年の場合には「利害関係がより大きい」,ドイツでは 18 歳から自動車および大型バイクの運転が許されるからである.

第2章　ドイツ少年刑法における刑法上および教育法上の制裁システム

改善・保安措置

少年がその犯罪行為によって自らが「危険である（gefährlich）」ことを実証した場合には，この少年に対しては，少裁法第7条に従って刑に代替して，または，刑に加えて，法律の個別的要件に応じて，刑法典第61条のカタログから**以下の改善・保安措置**を課すことができる．すなわち，

(1) 精神障害がある犯人のための**精神病院**への収容，

(2) アルコール中毒または薬物依存症の者のための**禁断療法施設**への収容，

(3) 頑なな再犯者のための**行状監督**，および，

(4) 道路交通での誤った行動によって他人の法益を常に危険にしていることを理由とする**運転免許証の剥奪**．

実務では，少年裁判官は，この種の措置を科すことについて非常に控えめな態度を取っている（改善・保安措置の詳細については，第5および6章参照）．もちろん，準成年があまりの軽率さから，あるいは，特にアルコールや薬物の影響のために交通犯罪を実行したときには，運転免許証の剥奪，または，まだ運転免許証をもっていないときには，いわゆる**運転免許証取得に対する遮断措置**が取られることが比較的頻繁である．

少年行刑：成年行刑への変更

少年および準成年に科される無条件の少年刑は，少年刑法により若年者に課される制裁全体の約6％になるが，この少年刑は，成年から分離して特別の**少年刑務所**で執行される（少裁法第91，92条）．少年刑法によって有罪判決を受けた若年者が満18歳になっており，教育

を施すにはもはや適当ではないというときには、少年裁判官はこの若年者を、法律の文言を使えば、少年刑務所から「引き取って（herausnehmen）」、成年行刑に送付することができる。有罪判決を受けた若年者が満24歳になってからは、この引き取りは行なわれる「べき」である（少裁法第92条第2項）。これは毎年約2千から3千件実務上も行なわれている。これよりずっと少ないのは、若年者が——この場合は準成年——一般刑法の自由刑を受けたが、やはりまだ少年刑務所の特別の手段を用いた教育が可能だということが後で判明する場合である。この場合は、この若者を成年行刑から引き取って少年行刑に送付することが許される（少裁法第14条）。これは毎年300件未満である。

　ドイツの立法者は、1923年に最初の少裁法が公布されて以降、少年行刑を特別の法律で詳しく規律することに成功しなかった。1977年1月1日に施行された1976年行刑法は、少年行刑に服している少年および準成年のために、若干の事柄を特に選択して規定しているにすぎない。少裁法第91条および92条の基本規定を補充するために、連邦構成州の司法相たちは協力して、いわゆる「少年行刑のための行政規定（Verwaltungsvorschriften für Jugendstrafvollzug：VVJug)」を取り決め、これは実務上は法律同然に用いられている。2004年に連邦司法相は、改めて**少年行刑法のための法律案**（Gesetzentwurf für ein Jugendstrafvollzugsgesetz）を提出した。けれども、この法律案がいつか実際に法律になるかどうか、定かではない。反対は多く、その理由としてとりわけ挙げられるのは、本当に良い少年行刑には多額のコストがかかり、各州の財政相たちは常に公共体財政の絶望的状態を指摘している、ということである。

　けれども、全体として見れば、ドイツの少年法は、14歳から21歳までの若者の犯罪に対するリアクションを非常に良く分化・洗練させ

第2章　ドイツ少年刑法における刑法上および教育法上の制裁システム

たシステムだと評価することができる．

◇ 参考文献

Bundesministerium der Justiz (Berlin), Bundesministerium für Justiz (Wien), Eidgenössisches Justiz- und Polizeidepartement (Bern), (Hrsg.): Die Empfehlungen des Europarates zum Freiheitsentzug 1962-2003. Mönchengladbach: Forum Verlag Godesberg 2004.

Butz, Katharina: Die Verhängung von Jugendstrafe vor dem Hintergrund der Verfassungswidrigkeit des Jugendstrafvollzuges. Untersuchung zur Verfassungsgemäßheit von §17 Absatz 2 JGG. Aachen: Shaker Verlag 2004.

Dünkel, Frieder / Anton van Kalmthout / Horst Schüler-Springorum (Hrsg.): Entwicklungstendenzen und Reformstrategien im Jugendstrafrecht im internationalen Vergleich. Mönchengladbach: Forum Verlag Godesberg 1997.

Eisenberg, Ulrich: Jugendgerichtsgesetz. Kommentar. 9. Auflage. München: C. H. Beck Verlag 2002.

Fegert, Jörg M. / Christian Schrapper (Hrsg.): Handbuch Jugendhilfe – Jugendpsychiatrie. Interdisziplinäre Kooperation. Weinheim und München: Juventa Verlag 2004.

Kobes, Anne: Der Jugendarrest – zeitgemäßes Zuchtmittel? Zeitschrift für Jugendkriminalrecht und Jugendhilfe 2003, Heft 4, S. 370-377.

Meier, Bernd-Dieter: Strafrechtliche Sanktionen. Berlin, Heidelberg, New York u.a.: Springer Verlag 2001.

Meier, Bernd-Dieter / Dieter Rössner / Heinz Schöch: Jugendstrafrecht. München: C. H. Beck Verlag 2003.

Ostendorf, Heribert: Neuere Entwicklungen im Jugendstrafrecht, insbesondere zur Diversion oder Gegenreform durch Kompetenzverlagerungen. In: Neues in der Kriminalpolitik, hrsg. von Eric Minthe. Wiesbaden: Kriminologische Zentralstelle 2003, S. 125-137.

Rieke, Astrid: Die polizeiliche und staatsanwaltschaftliche Vernehmung Minderjähriger: Eine Analyse der Rechtsstellung von tatverdächtigen Jugendlichen und Kindern sowie deren Eltern. Münster: LIT-Verlag 2003.

Schaffstein, Friedrich / Werner Beulke: Jugendstrafrecht: Eine systematische Darstellung. 14. Auflage. Stuttgart: Kohlhammer Verlag 2002.

Seeliger, Martina: Entwicklung der Kinderdelinquenz und Folgerungen im Hinblick auf eine Änderung der Strafmündigkeit. Frankfurt am Main u.a.: Peter Lang Verlag 2003.

Streng, Franz: Strafrechtliche Sanktionen: Die Strafzumessung und ihre Grundlagen. 2. Auflage. Stuttgart: Kohlhammer Verlag 2002.

Streng, Franz: Jugendstrafrecht. Stuttgart: UTB 2003.

Stump, Brigitte: „Adult time for adult crime": Jugendliche zwischen Jugend- und Erwachsenenstrafrecht. Eine rechtshistorische und rechtsvergleichende Untersuchung zur Sanktionierung junger Straftäter. Mönchengladbach: Forum Verlag Godesberg 2003.

Walter, Michael: Jugendkriminalität: Eine systematische Darstellung. 2. Auflage. Stuttgart, München u.a.: Boorberg Verlag 2001.

Zaher, Regina El: „Menschen statt Mauern". Evaluation der Jugendhilfeeinrichtung zur Abwendung von U-Haft Frostenwalde. Baden-Baden: Nomos Verlag 2003.

第3章

刑法の付加刑および付加的効果，特に免許停止

はじめに

<u>付加刑</u>（Nebenstrafe）および<u>付加的効果</u>（Nebenfolge）という概念の文言からして明らかなように，これらは通常は単独で，すなわち刑法の他の制裁と独立に科すことはできない．これらは，通常，<u>主刑</u>または主たる制裁を前提とする．付加的制裁の背後には，具体的な姿形は異なっても，以下のような本質的な基本理念がある．

(1) 犯人から，彼が犯罪を行なうために用いた物を長期にわたって剥奪し，それによって，当該犯人または他の（潜在的）犯人による将来の犯罪の予防に役立てる（「犯罪の道具（instrumenta sceleris）」）．

(2) 犯人から，彼が犯罪から得た物または利益を剥奪し，それによって，犯罪の実行の結果，法に誠実な市民に対比して生ずる利益をいわば中和する（「犯罪の産物（producta sceleris）」）．

(3) 犯人から，犯罪に伴って取得した間接的利益をも剥奪する，たとえば，盗んだ高価品の売却によって得た売却益の剥奪（代替価値の剥奪（Entzug des Wertersatzes））．

(4) 主たる制裁に付加して，人格や社会的名声といった犯人の特に敏感な部分に打撃を与える（付加的科刑（Zusatzbestrafung））．

(5) 被害者や法共同体に特別の，または，付加的な補償を与える．

付加刑および付加的効果が実務上適用される各年の頻度は，時間軸で切って考察した場合，年によって大きく異なる．長いタイム・スパ

ンで見ると，これらの適用には，「好不況の波」がある．すなわち，犯罪の伸びとこの伸びに対する世間一般の不安に応じて，さらには，刑事政策のスタンスとその背後にある時代精神とに応じて，これらの適用頻度は上下する．適用数の信頼できる総数は無く，また，比較的広範に及ぶ経験的調査も無く，とりわけ近年は無い．以下では，個別の制裁の特徴を大まかに描き，それによってこれら個別的制裁の目指す方向および（潜在的な）射程についての印象を与えることとする．

1 ドイツ刑法の付加刑

1.1 財産刑

● 財産刑の概要

財産刑（Vermögensstrafe）は，1992年7月15日に制定された，違法な麻薬取引および他の現象形態の組織犯罪対策特別法（BGBl I, 1992, S. 1302）によって，新しい第43a条として刑法典に導入されたものであった．その正当性および合法性については，とりわけ学説の中で，最初から議論があり，その後も止むことはなかった．この財産刑は，最初に連邦構成州であるバーデン・ヴュルテンベルクとバイエルンが（連邦参議院への提案として）求め，結局連邦政府もこれによって組織犯罪対策を強化しようとしたのであった．

刑法典第43a条は以下のように規律した．

第1項「<u>法律が本条を指示するときには，裁判所は終身または2年を超える有期自由刑と併科して金額の支払いの判決を下すことができる，ただしその金額の上限は犯人の財産の価値とする</u>（財産刑），追徴（Verfall）が命ぜられる財産的利益は，財産の評価に当たって考慮

に入れない，財産の価値は概算で見積もることができる．」

第2項「第42条［すなわち，支払いを容易にするために裁判所が認めることができる手段］は準用される．」

第3項「裁判所は，徴収ができない場合に財産刑に替えて執行される自由刑を定める（代替自由刑）．代替自由刑の上限は2年，下限は1ヶ月である．」

解釈学上の法律構成という観点から見ると，この財産刑は**特別の罰金刑**であり，つまり，通常の罰金刑に適用される日額システム（刑法典第40条：第1章参照）には拘束されないものであった．財産刑は，法律の章立ての上では「付加刑」の項目に入っていないけれども，通説はこれを適切にもこのような付加刑と評価した．

財産刑の立法目的

立法者にとっての**財産刑の目標**は，日常的な言い方をすれば，犯人を「一文無しにする」こと，すなわち犯人が犯罪を通じて直接，間接に貯めこんだ**全財産を剥奪**することであった．この「汚れた財産」を剥奪することによって，当該犯人―といってもその焦点は組織犯罪の中心または周辺にいる具体的犯人である―が利益を最大化するために行なう，その後の（重大な）犯罪の計画および実行のための経済的基盤を根絶やしにすることも狙いにあった．さらに，この**没収としての罰金刑**（konfiskatorische Geldstrafe）によって最後には現金化される財産価値が国庫に帰属し，これによって間接的に法に忠実な市民の利益となるということもあった．以上の目標のために一般に流布したキャッチ・フレーズは，「犯罪利益を吸い尽くす（Abschöpfung des Verbrechensgewinns）」であった．

組織犯罪に関わる犯人たちがドイツで（も）比較してみれば非常に

第3章　刑法の付加刑および付加的効果，特に免許停止

うまくやっているのが通常であり，そのことは犯罪利益の（違法な）正確な由来を隠蔽することについても，また，その量についても言えることである．それゆえにこそ立法者は，第43a条の構成要件をまったく意識的に非常に広く，そして高度に不確定に規定し，さらにこの目標を見据えて，裁判所に対して，財産高を古典的な証拠法の全準則に従って一義的に証明する必要はなく，まさしく自己の責任で，とはいえ自由に「概算で見積もる（schätzen）」ことができると認めた．立法者にとって重要なことは，ヨーロッパ統合といわゆる**国を跨ぐ犯罪**（transnationale Kriminalität）がますます拡大することをも視野に入れて，断固として戦う意思を示し，この犯罪部門において（も）通俗的に言われている格言「小物はお縄にするが，大物は野放しにする」に反駁することであった．

財産刑に対する判例の対応

立法者の問題意識に対して異論を唱えた学者や政治家や実務家は，ほんのわずかであった．しかしながら，個別的な点についてはさまざまな根本的な留保や疑念が主張された．とりわけ，所有権保護の基本権（基本法第14条）に対する過度に広範な侵害，責任原則それゆえ人権である無罪の推定原則の侵害，確定性の意味での罪刑法定主義の侵害，比例原則〔自由の制約は制約目的に比例して必要最小限でなければならない〕の侵害といったことが主張された．刑法の**最上級審判例**（特に連邦通常裁判所の判例）の前提としたのは，たしかに法律の文言それ自体からすれば違憲の疑いがあるが，しかしその疑いは**憲法適合的な**，それゆえ限定**解釈**によって除去できるということであった（たとえば，BGHSt 41, 280参照）．けれども，この判例は長続きすることができなかった．刑法典第43a条の**最後**は，2002年3月20日の

連邦憲法裁判所判決とともにやってきた．すなわち，この判決は法律の効力をもつものとして下され，したがって，連邦官報で公布された（BGBl I, 2002, S. 1340）のである．財産刑が今ではもはやドイツの現行法の一部ではないにもかかわらず，ここでなお言及したのは，それによって追及された目標がなお依然として，拡張された追徴という付加的効力として部分的に意味をもっているからである（下記参照）．

1.2 ドイツ刑法における運転禁止

運転禁止（Fahrverbot）は，ドイツ刑法（刑法典第44条）および少年法（少裁法第2条，第6条，第8条第3項）において現行法上唯一認められている付加刑である．運転禁止は，通説によれば，**お灸を据える懲罰**（Denkzettel-Strafe）であって，道路交通に携わる者としてその**だらしなさ**，または，度し難い**軽率さ**から運転者としての義務を果さず，したがって人間的に問題があり，もう一度秩序意識を覚醒する必要がある自動車運転者にとって骨身にしみるものである．この点に着目すれば，運転禁止は意識を覚醒させる罰だと見ることもできる．解釈論上重要なことは，この刑罰を受ける運転者が**交通軽罪**を起こしたにもかかわらず，全体的に見ればなお**自動車運転の適正を有する**人間だと評価されているということである．運転適正が問題になるときは，運転禁止ではなく，運転免許剥奪という保安措置（刑法典第69条）が考慮されなければならない（これについて詳細は，第5章参照）．秩序違反としての道路交通犯罪となるときは，交通官庁は同様に運転禁止の処分を下すことができる（道路交通法（StVG）第25条）．

法律が規定する運転禁止の要件

刑事裁判所は，刑法典第44条第1項に従って，以下の要件がある

第3章 刑法の付加刑および付加的効果，特に免許停止

場合に，**刑法上の運転禁止**を運転者に命ずることができる．
 (1) 犯人は，自動車の運転に際して，または，自動車の運転に関連して，または，自動車運転者としての義務に違反して犯罪を行なったのでなければならない．
 (2) 裁判所は，主刑として自由刑または罰金刑を課すのでなければならない．
 (3) 犯人は，当該犯罪によって，自動車運転に適性がないということを実証するものであってはならない．

犯人が，運転に対する適性がまだあるが，しかし飲酒運転によって道路交通を危険にしたという理由で有罪判決が下される場合（刑法典第315c条第1項第1a号，または，第316条）については，法律は「通常であれば」運転禁止を課すことを規定している（刑法典第44条第1項第2文）．

● 運転禁止の内容

運転禁止の内容は，裁判所が有罪判決を受けた犯人に **1-3ヶ月の期間**，あらゆる種類の自動車または特定の種類の自動車（したがって，例えば乗用車）を路上で運転することを禁止する，ということである．運転禁止を有罪被宣告者にはっきりさせ，さらに，客観的にも禁止を強化するために，有罪被宣告者は，その**運転免許証を当局による保管**のために交通官庁に提出しなければならない．彼は，禁止期間が経過すれば，再び当該官庁から運転免許証を取り戻し，引き続きその自動車を普通に利用することができる．

運転禁止は，いずれにせよドイツにおいて，そして，まさに（若い）男性において存在する自動車に対する情熱のゆえに，特別予防の点で非常に有効な制裁の一つと評価されている．これに加えて有効性

を高める重要な点として，多くの人々が今日ではその住居で働いていない（働くことができない）ということがある．公共交通機関を利用したのではそもそも職場に行くことができないという場合もあり，また平坦な土地で公共交通機関を利用できる場合でも，自家用車を利用する場合と比べて時間的ロスが相当に大きいという場合も多い．

運転禁止規定の拡張解釈

運転禁止は，今日では狭義の交通犯罪の制裁のためだけに用いられているのではない．**運転禁止規定は**，とりわけ裁判所によって**拡張解釈され**，それも(1)で挙げた3つの場合全てについて拡張されている．飲酒運転，カーブの危険な切り方，見通しの悪いところでの大幅なスピード違反，赤信号の無視といった交通犯罪の他に，たとえば以下のような犯罪が運転禁止を可能とする根拠として挙げられている．

(1) 犯罪の準備のために自動車を運転（使用）する，たとえば，オフィスビルに押し入る犯行地まで窃盗の道具を運搬する．

(2) 犯罪遂行のために自動車を運転（使用）する，たとえば，人里離れた森の空き地で止めた乗用車の後部座席で，略取した子供に性的暴行を働く．

(3) すでに行なわれた犯罪を隠蔽するために自動車を運転（使用）する，たとえば，強盗襲撃犯をトラックの荷台に備え付けた秘密の隠し場所に隠して，警察の検問をすり抜ける．

(4) 犯罪から利益を上げるために自動車を運転（使用）する（たとえば，密輸品の隠し場所から物を運び出す）．

(5) 保険金詐欺の準備のために，全ての関与者の協力を得て，ごまかしの交通事故を惹き起こす．

(6) 麻薬ディーラーがさまざまな販売場所に麻薬を頻繁に運搬する．

(7) 運転免許証を偽造し、これを自動車の小物入れに入れて置き、警察の検問があるときには本物の免許証として提示できるようにする．
(8) 橋の上から自動車専用道に石を投げ，普通の運転者・通行者に傷害を負わせ，さらには殺害する．

運転禁止の一層の拡張？

 以上の発展から見れば，それほど驚くに値しないと思われるのは，運転禁止の適用領域をそのほかの犯罪にも大幅に拡張しようという考え，つまり運転禁止を交通犯罪それどころか交通関係犯罪だけに限定しないという考えが，すでに過去において繰り返し議論されたことである．この考えをまったく新たに，そして特に勢いよく伸張させるに至ったのは，連邦政府の**制裁法改革**プランであり，このプランで連邦政府は運転禁止を自由刑および罰金刑と並んで，ドイツ刑法の**第三の独立の主刑**にしようとした．連邦政府が広義の交通事件と関連させるという考えをなお維持していた（BT-Dr 14/9358, S.3 および 10-11，ならびに BT-Dr 15/2725, S. 7 および 22-23 参照）のに対して，連邦参議院，すなわち州代表から構成される議院では，運転禁止を「広く承認されたお灸を据える懲罰として，……一般の犯罪行為に対して全般的に役立つものにする」という意見に賛成することに決した（BT-Dr 15/2725, S 36 および 39 参照）．実務界からもまた学界からもこの考え方に対しては，多くの批判的な声が寄せられている．彼らの異議は，とりわけ，一般的な生活領域で犯された非行の結果が，自動車の運転という何といってもまったく特殊な生活領域から生ずる制裁に繋がることは，伝統的な正義観に矛盾するというものであった．この異議に対する再反論として，いずれにせよドイツではいわゆる〔犯罪と刑罰

とが対称的になる〕対称刑（Spiegelnde Strafe）という古い原則はそのほかの場合でもすでに長らく非常に広範に渡って放棄されていたと主張されたが，これもまったく間違いだというわけではない．

　立法が最終的にどういう結果になろうとも，運転禁止は現在でもすでに，上で述べたように，法律の文言から思い浮かぶ中心領域をはっきりと越えて科されているのであり，主として準成年以上の犯人に対して適用され，その頻度も相対的にかなり大きいのである．従来の経験からすれば，狭義の交通犯罪では1年に約3万件，その他の「交通関係」犯罪で約5千件というデータを前提にしてよいであろう．

2　ドイツ刑法の付加的効果

2.1　有罪判決の公告

　有罪判決の公告（Bekanntgabe der Verurteilung）は，刑罰類似の**付加的効果**であって，自由刑または罰金刑に付加して裁判所が命ずることができる．その目的は，**公の場**で行なわれ，または，**文書**その他の現代的なコミュニケーション・メディアによって流布された**侮辱の被害者**に，被害者個人への慰藉と，同様に公に知らせなければならない名誉回復とを与えることである．この意味で「侮辱（Beleidigung）」（刑法典第200条）に数えられるのは，言葉または暴行による単純な侮辱（刑法典第185条），名誉毀損（第186条），悪評流布または信用毀損（第187条），政治生活を送る人物に対する名誉毀損および風評流布（第188条），故人の思い出の中傷（第189条）―その保護法益は親族が享有する―である．

第3章　刑法の付加刑および付加的効果，特に免許停止

公告の具体的態様

　裁判所が判決の公告を命ずるのは，被害者またはその他の申請権利者が明示的に然るべき申請を行なったときである．公告の仕方および範囲は，判決または略式命令の中で，直接かつ精確に定めなければならない（刑法典第200条第2項）．犯人が有罪とされた被害者に対する公然たる侮辱を，雑誌，新聞，ラジオ番組，テレビ番組で行った場合には，裁判所は，まったく同じメディアでの，それもできるだけ近接した時間の公告を命ずる義務を負う．名誉を傷つけられた被害者の名前は必ず公告に入れなければならない．その他に公告をどのような外形にするかは裁判所が，事件の個別性に応じて決定することができる．その際，裁判所は**被害者の名誉回復の利益**（とりわけ，犯罪の形態および重大さ，ならびに被害者およびその周辺に対しもたらされた結果）を，犯人の過度に晒し者にされ，その面目をまったく失うことは避けたいという利益と比較衡量することになる．犯人は公告の費用を負担しなければならないが，一部地方に限定されない雑誌や新聞の目立つ場所に公表するとなると，これは非常に高価になる可能性がある．判決の公告が命ぜられるのは，まったく滅多にないことだというほどではないが，しかしながら精確な統計的数字はない．

2.2　公民権の喪失または剥奪

　公民権（Bürgerrecht）の剥奪は，旧刑法の「公民的名誉権（bürgerliche Ehrenrechte）〔名誉を表すラテン語のhonos，honorは同時に都市国家ローマの公職をも意味した．そこからhonosを失うということは公職就任権の喪失をも意味した．この意味のhonosあるいは形容詞のhonestusの概念は古代以来連綿と維持された〕の喪失」と対比すると弱められた制裁であり，この一般的概念によって，主として

2 ドイツ刑法の付加的効果

刑法典第45条で規律されている以下の個別的権利の喪失が一括して捉えられる．
　(1)　公職に就任する能力の喪失．
　(2)　公職選挙によってある官職または職務に選任される能力の喪失．
　(3)　公職選挙において選挙権を行使する能力の喪失．

公民権剥奪の諸段階

　最も厳格な形式は，判決確定後5年間におよぶ，**法律上当然に生ずる公民権の喪失**である（刑法典第45条第1項，第45a条）．この喪失が生ずるのは，犯人が**重罪を犯した**ことを理由として1年以上の自由刑の有罪判決を受けた場合である（少年の場合には，少裁法第6条第2項により適用されない）．ところで，ドイツ刑法で重罪というのは，すでに抽象的そしてまったく一般的に，1年以上の自由刑によって威嚇される犯罪と定義されている（刑法典第12条第1項）．この見かけ上存在する矛盾は，第45条第1項で問題なのは具体的に科される自由刑であり，これは事情によっては1年未満になることがあるということで解消される．ここで事情とは，たとえば，未遂，または，犯罪行為をより違法性の小さいものと犯人が誤想したというものである．

　緩和された形式は，自由刑または罰金刑と並んで裁判所の判決または略式命令によって行なわれる，2-5年の期間の公民権の**剥奪**である（刑法典第45条第2項）．裁判所は，この付加的効果を命ずることが「できる」が，それは，そのことが一定の犯罪構成要件がある場合に可能だと明示的に規定されている場合であり，このような規定は今日ではもはや例外的にしかない（例：国家的法益に対する諸犯罪，刑法典第92a条または助成・補助金詐欺という経済犯罪，刑法典第264条第6項）．少年事件では，裁判所による剥奪は許されない（少裁法第6条第1項）．

第 3 章　刑法の付加刑および付加的効果，特に免許停止

公民権剥奪の事後的修正

　能力（およびそれと結びついた権利）の法律上当然に生ずる喪失も，また，裁判所が命ずる剥奪も，再度裁判所によって事後的に有罪被宣告者に有利に修正することができる．有利な決定を下す前提要件は，少なくとも期間の半分が経過していること，および，有罪被宣告者が将来もはや故意の犯罪を行なうことはないだろうと期待できることである（刑法典第 45 b 条）．

　自動的喪失あるいは裁判所による剥奪決定について，統計的数値で利用できるものはない．

2.3　通常の没収および通常の追徴

没収の要件

　ある者が正犯または共犯（＝教唆者または幇助者）として犯罪を行い，そのために有罪判決を受ける場合，裁判所は自由刑または罰金刑と並んで，以下の「目的物」（＝有体物または権利）の **没収**（Einziehung）を判決または略式命令で命ずることができる（刑法典第 74 条）．

(1) 犯罪を行なうために用いられた目的物（「犯罪の道具（instrumenta sceleris）」；簡単な例：偽札印刷のための原版，あるいは，強盗襲撃の際に用いた機関銃」）．

(2) 犯罪によってもたらされた目的物（「犯罪の産物（producta sceleris）」；簡単な例：偽造された銀行券そのもの，したがって，たとえば 200 ユーロ紙幣）．

(3) 犯罪を行なうために用意したが，しかしもはや用いることができなくなった目的物（簡単な例：金庫を開けるために購入したばかりの溶接機が，計画の日の数日前に警察の一斉手入れで偶然発見され

た）．
(4) 犯罪の準備のために具体的に用いた目的物（例：偽装し，特別の装備を備えた乗用車，強盗襲撃予定の銀行の建物の近くに，略奪品を持って逃走する準備として偽装して停めておいた）．

刑罰類似の性質をもつ没収

目的物は，通常の場合，正犯または共犯に属するもの，したがって，民法上はこれらの者が所有するものでなければならない．この点で，**没収**は**刑罰類似の性格**をもち，特別予防をも一般予防をも目標とするものである．没収は，実行された犯罪の重大さ，または，犯人に対する非難と均衡を欠くものであってはならない（刑法典第74b条第1項）．犯人が目的物の没収を不可能にした場合，または，裁判所の没収決定の前にすでに他に活用していた場合には，裁判所は**代替価値の没収**を命令することができる．実際のことを言えば，裁判所は正確な価値を基礎にすることもでき，また，正確な価値をきちんと確認できないときは，概算で見積もることもでき，この価値に対応する金額を犯人から没収することを命ずることができる（刑法典第74c条）．

保安措置としての性格をもつ没収

犯人に所有権がない場合でも，通常の没収が例外的に可能である．それは，目的物がその性質およびそれが用いられる状況によっては社会全体を危険に晒すものである場合，または，当該の目的物が将来，違法な犯罪を実行するために用いられる危険がある場合である．この後者の場合には，したがって，場合によって責任のない行為であっても，また，犯人に責任能力がない場合であってもかまわない（刑法典

第74条第2,3項).没収は,ここではいわば**保安措置としての性格**をもつ.

　裁判確定と共に没収された目的物の所有権,または権利もしくは債権に対する権利は国家に移転する(刑法典第74e条).

　特に選択された場合に,法律は没収を上に挙げた場合を越えて許している場合がある.すなわち,「関係目的物」の場合,つまり目的物が犯罪に関係する場合(たとえば,文書偽造の場合〔刑法典第275条で挙げられた文書偽造のための道具,材料等〕,刑法典第282条第2項第2文)である.それどころか,法律が没収の命令を義務付ける場合さえある(たとえば,通貨偽造犯罪,刑法典第150条第2項).

● 追　徴

　没収が犯罪のために用いられる,または,犯罪に関連する具体的な目的物を対象とするのに対して,**追徴**(Verfall)(第73条)は不特定の利益の吸い上げ,すなわち,犯人が不法に取得した財産を特別予防および一般予防の観点から吸い上げることを目標としている.追徴は,刑罰の性格をもつ新しい付加的効果として,1969年の第2次刑法改革法によって刑法典に導入された.追徴は,プロの組織犯罪に対抗するための有効な道具となるよう目論まれた.とはいえ,さまざまな規律は文字通り複雑で,実務で適用するには難しく,したがって,立法者の希望はこれまでのところまだきちんと果たされていないように思われる.精確な数値および調査は存在しない.刑事訴追統計は,没収および追徴宣告の総数を上げるだけであるが,これによると毎年約2万件の命令を前提にすることができる.

2 ドイツ刑法の付加的効果

● 追徴の要件

追徴が認められるためには違法な犯罪行為があることで十分であって，したがって，犯人または共犯者に責任を証明できない場合であっても，追徴は可能である．

裁判所が自由刑または罰金刑と併科して追徴を命ずる（裁量はない！）のは，有罪被宣告者が「**犯罪の見返りに，または，犯罪から何かを取得し**」た場合である（刑法典第73条第1項）．これは非常に広い文言を用いた規定である．この法律の言う「何か（etwas）」とは，犯人または共犯者にもたらされた，その財産の経済的価値のあらゆる増加である．追徴の命令は，さらに，財産の増大から場合によって収取される果実にも自動的に及ぶ（刑法典第73条第2項第1文）．裁判所はその上さらに命じて，犯人または共犯者が取得した目的物を譲渡することによって，または，ある目的物の奪取，毀損もしくは滅失の代償として，または，取得した権利に基づいて受け取った目的物に追徴が及ぶとすることも<u>できる</u>（刑法典第73条第2項第2文）．価値を精確に算定できないときは，裁判所はそれを概算で見積もることができる（刑法典第73b条）．追徴が何らかの理由で実行できないときは，（元来）取得したものの価値に対応する金額の追徴を命ずる（刑法典第73a条）．

● 額面主義の計算原理：証明の容易化

追徴については，1992年2月の「対外経済法その他の法律を改正するための法律」によって古い純益主義（Nettoprinzip）がいわゆる**額面主義**（Bruttoprinzip）にとって替えられた．このことの意味は，犯人がとりわけ，経費がかかったとか，目的物やその価値をもはや全然

第3章　刑法の付加刑および付加的効果，特に免許停止

領有していないとかいったことを，主張できないことにある．プロの犯人が，何か取得したものを自らまた奪われてしまったとか，この間に自分は貧しくなったとかいったことを証明し，それが認めざるを得ない場合であっても，そのことは犯人にとって何の益にもならないであろう．この規律の重要な背景は，刑事裁判所のために証明を何とか容易にしようということである．刑事裁判所は，犯人が始めに何かを違法に取得したことを認定し，獲得したものの価値を認定する，または，合理的に概算で見積もれば十分である．実際にはとりわけ知性のある犯人または報酬が高価で賢い弁護士なら，当然のこととして，さまざまな異議を「魔法のように持ち出し」てくる可能性があるが，これらの異議を裁判所は意に介する必要がない．もちろん，他方では，過剰の禁止原則の違反という重大な危険もあることは確かである．この禁止の趣旨からすれば，法全体に妥当する比例の原則〔規制目的と規制手段とが比例していなければならない〕という基本理念の違反となるのは，追徴宣告が実質的に不当である場合，したがって，追徴によってもたらされる結果が，不法な財産増加を剥奪するという立法者が追及した目標と著しく均衡を欠く場合である．したがって，法律はこのような限界事例に備えて**過酷条項**（Härtevorschrift）を規定しており，これを適用することによって裁判所は具体的な場合に「不当に過酷な結果」を修正することができる（刑法典第73 c 条）．しかし学説の中には，この規定では十分ではなく，事情によっては更なる修正がなされなければならない，たとえば，有罪判決確定後に恩赦によって修正されなければならない，という意見がある．

追徴の免除：被害者の損害の回避

ある目的物の追徴が命ぜられると，当該物に対する権利または追徴

された権利（たとえば，貯蓄または当座預金による銀行に対する債権）は，裁判の確定によって国家に移転する．ただし，それは当該の権利がこの時点で命令を受けた当事者に帰属している場合である（刑法典第73e条第1項）．

裁判所は，無論，追徴を命令することによって**被害者にとって損害が生ずる場合**には，これをまったく一般的に免除しなければならない（刑法典第73条第1項第2文）．状況によっては，追徴命令をまったく行なってはならない．そうでない場合には，一部についてだけ追徴命令が出される．決定の基準としなければならないのは，被害者が犯人に対し請求権を有しているかどうか，その請求権が履行される場合に犯人の財産増加分の全部または一部にそれが対応するか，である．裁判所が得心するためには，請求権が存在することで十分である．裁判所の決定の時点で請求権がすでに行使されている必要はない．

2.4 拡張された没収および拡張された追徴

拡張された没収（erweiterte Einziehung）は1969年の第2次刑法改革法によって，拡張された追徴（erweiterte Verfall）は1992年6月の組織犯罪対策法によって，刑法典に導入された．この両者は，プロの組織犯罪，さらには経済犯罪や国境を跨ぐ犯罪に対する闘いを強化し，切れ味のよいものにすることを目的としている．

拡張された没収：第三者没収

拡張された没収（刑法典第74a条）が可能なのは，他の犯罪構成要件おいて第74a条の規定が明示的に指示されている場合である（たとえば，助成・補助金詐欺，刑法典第264条第6項）．したがって，この条文は解釈学的に見れば相当広範な**白紙条項**である．この規定は，刑法

典第74条の他に，裁判所に事実審裁判官の裁量により犯人のものでも共犯者のものでもない目的物の追及を可能にしている．この規定は，**正式には関与していない第三者**であるが，しかし，犯罪の非難可能性の連関をたどると帰責可能と評価される第三者に向けられたものである．

第三者没収（Dritteinziehung）を裁判所が命ずることができるのは，裁判の時点で（犯行の時点ではない）ある物または権利の帰属主体が，

(1) 当該の物または権利が犯行の手段または犯行の目的物または準備行為の目的物となったことに，**少なくとも軽率に寄与した場合**（刑法典第74 a条第1号），または，

(2) 当該の目的物（物または権利）を，没収を許すような状況があることを知っていて**非難可能な態様**で取得した場合（刑法典第74a条第2号），である．

🌑 拡張された追徴

拡張された追徴の中心的目的は，差し迫った課題であるプロまたは組織犯罪の犯人または共犯者から利得を剥奪しようと努める立法者，さらには裁判所の証明を容易にすることである．連邦政府はすでに，拡張された追徴をとりわけ全国民麻薬撲滅計画の枠内で活用していた．

拡張された追徴は，法律の文言によれば，古典的証拠採用および証拠評価の全ルールに従って裁判所により**認定されなければならない犯行利得**を基準とはしていない．これによって裁判所は，財産が**不法な出所**のものだという**推定**が状況から正当化されるときは，これを判決の基礎にすることが許される．単純化していささか強調して言えば次のようになる．犯人がその（内容および量それ自体は認定された，しかし「緊急の場合」には例外的に概算で見積もられた）財産をどこから取

得したかについて，完全に跡付けることができる根拠がない場合に，これが汚れた財産であるに違いないこと，すなわち，この財産が相当な軽罪または重罪から「何らかの仕方で」直接または間接に得られたものだということを，裁判所は想定してよい．

この点について，法律は次のように規定している．「<u>本条を指示する法律に反して違法な犯罪が実行されたときには，裁判所は，犯人または共犯者の目的物の追徴を，当該目的物が違法な犯罪の見返りまたはその犯罪から取得されたという推定が状況から正当化される場合にも，命ずる．</u>」(刑法典第73d条第1項第1文)．

無罪の推定原則からの疑念

基本法第14条の所有権保障に対する危険の可能性があることは，すぐに思いつくことである．さらに明白なことは，法律の文言だけから見ても，**証明責任の転換**をきっぱりと排除していないことである．このような証明責任の転換は，被告人が彼の財産を適法に取得した出所を証明しなければならず，これができなければ財産が追徴を受ける結果につながり，そうなれば，人権としても保護されている無罪の推定原則（ヨーロッパ人権条約第6条第2項）に違反することになる．したがって学説は，この条文を明白に違憲，または，少なくても規定の仕方が広すぎるので，憲法適合的に限定解釈しなければならないと考えている．最上級審判例は，これまでのところこの学説の考えに従う傾向を示しているが，しかし，最終的に明確にされているわけではない．最重要の判決は，1998年に連邦通常裁判所刑事第4部によって下された（BGHSt 40, 371）．この判決によれば，犯人の財産が犯罪に由来するものである「非常に高い蓋然性」があれば，拡張された追徴のためにはそれで十分だという立法者の考え方は，拒否されなければ

ならない．

連邦通常裁判所の考えによって追徴命令が量刑の観点から本当に考慮に入ってくるのは，以下の場合だけである．すなわち，**事実審裁判官が**，

(1) 口頭弁論において証拠収集を尽くし，
(2) その後，証拠の状況および証拠の徴候をすべて評価し尽くした上で，これに基づいて，
(3) 犯人または共犯者の財産を構成すると認められる目的物が犯罪に由来するものだということについて，無条件の個人的心証を獲得した場合である．ただし，この場合，追徴される目的物が当該犯罪に由来するものか，それとも別の犯罪かは問わない．連邦憲法裁判所第2部は，2004年1月14日の決定において，この連邦通常裁判所の法的見解を憲法上の諸側面から吟味し，妥当と認めた（Aktenzeichen 2 BvR 564/95）．

これについて一般的に認められている，ドイツ刑事手続におけるいわゆる**自由心証主義**の諸原則に従って，口頭弁論中にすべての当事者の立会いのもとで議論された全状況を全体的に評価して，したがって，「弁論の全趣旨から」裁判所がその心証を獲得すれば十分である．

精確な統計的数値または刑事学上の経験的調査は，これまでのところ存在しない．

2.5 犯罪から生じた利益の吸い上げに関するヨーロッパ連合の最近の発展

2005年2月24日に，**EU司法相閣僚理事会**は，EU全体に及ぶスタンダードを決定した．このスタンダードはいわゆる**枠決議**（Rahmenbeschluss）であり，これで提案されたスタンダードをEUの25構成国（当時）は向こう2年間に国内法化しなければならない．

2 ドイツ刑法の付加的効果

2005年2月24日EU枠決議

2005年2月24日の枠決議は，以下の目的物を吸い上げて国家に帰属することを目的とする．すなわち，

(1) 犯罪から生じた金銭的利益，
(2) 他の財産目的物，および，
(3) 犯行の道具

である．この規律の基礎になっているのは，ヨーロッパレベルで設けられた複数の法的道具であり，これらはすでに過去にEU構成国の吸い上げ規範の調整を実現していた．たとえば，(a)マネー・ロンダリング，ならびに，犯罪から生ずる利益の捜査，押収および没収に関する，ストラスブール所在ヨーロッパ評議会の1990年11月8日協定，(b)犯罪から生ずる利益の没収に関する，ヨーロッパ連合の2001年6月26日枠決議，などである．

今回の新しい枠決定によって従来の規律は，改善または強化された．改善されたものの一つが，「**拡張された財産吸い上げの導入**」であり，これはこの時点ですでにドイツの現行法になっている刑法典第73d条の拡張された追徴の規律に強く依存するものである．特定された一連の重い犯罪の場合，とりわけ組織犯罪にあたる犯罪の場合には，犯罪から生じたものではあるが，有罪判決の対象になった具体的犯罪に帰することができないときでも，この利益の確定的吸い上げが可能とされている．これに対応する裁判所の命令を下すためには，追徴が宣告される目的物が犯罪から生じたものであることについて，（たとえ高いものであっても）蓋然性があるだけでは十分ではない．裁判所は，この点では，証拠採用と証拠評価の後で，目的物が犯罪によって汚れたものだという「完全な心証」を形成していなければならない．

第 3 章　刑法の付加刑および付加的効果，特に免許停止

◉ 新規律の具体的適用例

　連邦司法省は，2005 年 2 月 24 日のプレス・ノートで，新規律の一**適用事例**を挙げた．この事例はまさに具体的で分かりやすいので，本章の最後にこの事例を全部再現することにする．ただし，文言は同じではない，というのは，もっとよく理解できるようにテクストを加工したからである．

　事案：ある被告人が重大な麻薬取引を理由に有罪判決を受けた．被告人は警察によって現行犯で逮捕され，この麻薬取引から直接に得られた金銭が彼のもとで発見されていた．裁判所はこの現金が「追徴される」と宣告し，したがってこの現金は国庫に吸い上げられる．この犯人の住居を捜索したところ，さらに多額の現金が発見された．加えて，この犯人の銀行口座に相当の残金を発見し，押収することができた．裁判所は証拠採用によって，事後的に発見された現金および口座残金が犯人に有罪判決を下したと同じ犯罪によるものだということを証明できなかった．しかしながら，捜査によって，犯人がこの何年間かは合法的な収入源を何ももっていなかったことが，措信できるレベルで明らかにされていた．この捜査結果およびその他の状況から裁判所は，この財産価値が同様に―まさに別の―犯罪からしか生じ得ないということについて，完全な心証を得るに至った．したがって，裁判所はこの財産価値を，EU の新しい枠規律に従い将来とも追徴されると宣告し，これによって国庫のために吸い上げることができる．

◇ 参考文献

Buchner, Annette: Fahrverbot als alternative Hauptstrafe? Ein Beitrag zur
　　Reformdiskussion des strafrechtlichen Sanktionensystems vor dem Hintergrund

traditioneller Straftheorien. Diss. jur. Frankfurt am Main 2002.

Büttner, Manfred: Ermittlung illegaler Vermögensvorteile. Abschöpfung im Straf- und Ordnungswidrigkeitenverfahren. Stuttgart u. a.: Boorberg Verlag 2005.

Franke, Ulrich: Das Fahrverbot als Hauptstrafe bei allgemeiner Kriminalität? Zeitschrift für Rechtspolitik 2002, Heft 1, S. 20-23.

Hentschel, Peter: Trunkenheit, Fahrerlaubnisentziehung, Fahrverbot im Straf- und Ordnungswidrigkeitenrecht. 9. Auflage. München: Werner Verlag 2003.

Herzog, Felix: Gewinnabschöpfung unter der Flagge der positiven Generalprävention. Zur Kritik des BVerfG-Urteils zum erweiterten Verfall (§ 73d StGB). Juristische Rundschau 2004, Heft. 12, S. 494-498.

Lackner, Karl / Kristian Kühl: Strafgesetzbuch (StGB). Kommentar. 25. von Kristian Kühl allein neu bearbeitete Auflage. München: C. H. Beck Verlag 2004.

Lohkamp, Lars: Reformbedürftigkeit von Fahrverbot und Fahrerlaubnisentzug? Frankfurt am Main u. a.: Peter Lang Verlag 2004.

Podolsky, Johann / Tobias Brenner: Vermögensabschöpfung im Straf- und Ordnungswidrigkeitenverfahren: Verfall, Einziehung und vorläufige Vermögenssicherung. Ein Leitfaden für die Praxis. 2. Auflage. Stuttgart, München u. a. Boorberg Verlag 2004.

Schwarz, Oliver: Die strafgerichtliche Aberkennung der Amtsfähigkeit und des Wahlrechts. Baden-Baden: Nomos Verlag 1991.

Streng, Franz: Allgemeines Fahrverbot und Gerechtigkeit. Spezielle und generelle Anmerkungen zur Kriminalpolitik. Zeitschrift für Rechtspolitik 2004, Heft 7, S. 237-240.

第 4 章

ドイツ刑法の公益労働 ── 「罰金代替物」から独立の制裁へ

はじめに：問題としての労働と刑罰

刑罰としての労働の重苦しさ：ナチスの遺産

　公益労働をドイツ刑法に導入することに伴って生ずる困難な問題は，他国においても通常生ずるような問題に限られない．これに加えて，第三帝国あるいは国家社会主義〔ナチズム〕の絶滅政策の遺産が記憶に重くのしかかってくるということがある．この場合，重苦しさはたいていは意識下においてしかないのであるが，しかし，時として（まさに法政策的な）議論の過程で表面に見えてくることもある．問題を明らかにするためには，国家社会主義者の下で「労働による絶滅」，すなわち，囚人または抑留者を奴隷類似の強制労働によって，できるだけ少ないコストで，またその他の点でも非人間的な条件で死ぬまで利用し尽くすという構想が，とりわけ第二次大戦が始まってから大量に実現されたことを，想起するだけで十分であろう．さらにより重苦しい意味をもってくると思われる事情に，ナチスの最も劣悪な強制収容所の一つ〔アウシュヴィツ〕の入り口の門の上に，次のような皮肉な文言の横断幕が掲げられていたことがあった，すなわち，「労働が自由にする（Arbeit macht frei）」と．

　この問題は，ここでこれ以上詳しく辿ることはできない．いずれにせよ，労働強制と強制労働という緊迫した領域で議論されるテーマはすべて，ドイツでは歴史学，現代史，社会心理学，さらには時として

個人心理学によっても「占領される（besetzt）」ものなのである．

刑罰としての労働の憲法問題

「刑罰としての労働」がドイツにおいて法的に許されるのかどうか，そして許されるとしてそれはいかなる範囲においてかという問題は，憲法の観点から基本法第12条の枠内で議論されている．この条文は，積極的職業の自由も消極的職業の自由も定義している．何人も，彼がそもそもある職業を選び取るがどうかについて，原則として自ら決定することができると定められている．原則として，何人も，職業に就くことを禁止されてはならず，また，ある特定の職業を行なうことを禁止されないと定められている．したがって職業の自由は，職業選択の自由と就業の自由を総合したものである．

就業は，狭い枠内ではあるが，法律によって制限的に規律されることがある．それ以外の場合では，市民は一定の条件の下で，一時的であれば，社会全体の福祉のための給付に動員されてよい．たとえば，洪水や地震といった緊急の場合である．これを度外視すれば，強制的性格をもつ労働義務は全て「強制労働（Zwangsarbeit）」と評価され，これは行刑においてのみ合法化される．

基本法第12条【職業選択の自由】は，具体的に次のように規定している．

第1項「全てのドイツ人は，職業，職場および職業訓練の場を自由に選択する権利を有する．就業は，法律によって，または，何らかの法律に基づいて規制することができる．」

第2項「何人も特定の労働を行なうよう強制されてはならない，ただし，万人に平等な伝統的，一般的な公共的奉仕義務（öffentliche Dienstleistung）の枠内にあるものはこの限りではない．」

第3項「強制労働は，裁判所によって命ぜられた自由剥奪の場合にのみ許される．」

行刑法における労働

以上の基本法の規定によれば，自由刑に服役する受刑者は刑罰のために原則として労働しなければならないという**行刑法の規律**は，憲法によって直接に合憲性が確保されていることになる．裁判所による刑罰の判決が確定すれば，ただちにこの判決は執行することができる（刑訴法 StPO 第449条）．刑の執行は，検察庁が一般的執行官庁としての資格で行なう（刑訴法第451条，詳細は刑執行法 StrVollstrO）．執行官庁は受刑者を服役のために呼び出し，彼がこの呼び出しに自発的に答えない場合には，いわゆる**執行収容命令**（Vollstreckungshaftbefehl）（刑訴法第457条）をもって警察に捜索させ，これがうまくいけば拘束し，最終的には管轄の刑務所（最近では公式にはたいてい「司法行刑施設（Justizvollzugsanstalt）」と呼ばれている）に収監させるが，これは犯人に対する確定有罪判決に論理上当然に含まれる，判決を実行に移し，刑を執行する命令を実現しているだけのことである．したがって自由剥奪は，憲法から見れば，いずれの場合も「裁判所によって命ぜられ」ている．

とはいえ，1977年1月1日に施行された1976年行刑法は，憲法上許されている強制労働という概念を避け，**労働義務**（Arbeitspflicht）とだけ言っている．行刑法（StVollzG）第41条第1項は，特に次のように規律している．

「受刑者は，彼の身体的能力に応じて割り当てられた労働，作業療法による作業，またはその他の作業を行う義務を負う，ただしその作業は，その遂行が彼の身体的状態により可能であるものである．受刑

者には，年に3ヶ月までの施設での補助的労働（Hilfsarbeit）の義務を負わせることができ，彼が同意する場合にはそれを越える期間も可能である．」

　受刑者が労働を理由もなく，また不当に拒む場合には，この受刑者は原則としてその拘禁費用を負担しなければならず（行刑法第50条），さらに有責な義務違反を理由としてこの受刑者に懲戒措置（Disziplinarmaßnahme）を課すことができる（行刑法第102条以下）．頑なに拒み，または，加えて非行を行う場合には，最も厳しい懲戒措置として，4週間以下の独房での監禁が可能である（行刑法第103条第1項第9号および同条第2項）．けれども，「労働義務」という穏やかな言葉遣いには，実際上の理由がある．なぜなら，受刑者はとりわけ労働義務を免除されることがあり（行刑法第42条），労働対価と労働休暇を与えられ，そして，国家は受刑者のために社会保険料を支払うからである（相当な労働対価の問題について連邦憲法裁判所は1998年に大部の判決を下した．これについては連邦憲法裁判所の判例集 BVerfGE 98, 169 以下参照）．

● 少年行刑における労働

　少年行刑のためには，依然として詳細に規定された法的基礎が欠けている．少年および無条件の少年刑について有罪判決が下された準成年は，主としてその教育を促進するために労働することになっている．そのことは，少裁法（JGG）第91条の効果である．ちなみにこの規定は，少年行刑の課題と内容を定める唯一の規定である．
第1項「<u>少年刑の執行によって有罪被宣告者は，将来責任を自覚した立派な生活態度を取るように教育されるものとする．</u>」
　第2項「<u>規則正しい生活，労働，授業，身体鍛錬および余暇の有意</u>

はじめに：問題としての労働と刑罰

義な過ごし方は，この教育の基礎である．有罪被宣告者の職業活動は促進されなければならない．職業訓練場は設置されなければならない．魂の配慮のための世話は与えられる．」

　少年行刑における労働も裁判所，この場合には少年裁判所の命令に基づくのであるから，それが憲法上許されることは，何の疑念もない．ずっと前から計画されてきた少年行刑法の施行までの期間のために，立法者は労働を行なう若年受刑者の労働対価について特別の規律を〔一般〕行刑法の中で行なった（行刑法第176条）．

刑務所外の労働義務は可能か？

　刑務所での義務的労働は，人権法上も強制労働として許される．これについて，ドイツではとりわけ1950年の**人権および基本的自由保護のためのヨーロッパ条約**（EMRK）が妥当する．この人権条約第4条第2項は，何人も強制または義務的労働を果たすよう強制されてはならない，と原則的に述べている．しかし，それは第4条第3項でこの原則の例外を設けている．

　ここでの関連で重要なのは，第3a号である．本号によってヨーロッパ人権条約第4条で言う強制または義務的労働に当たらないのが，「第5条の前提条件の下で自由を剥奪され，または，条件付で釈放された者に対して通常要求される労働」である．第5条は，ある人の自由が法律の定めに従って剥奪されてよい場合として，まず第1項第1a文で，「管轄を有する裁判所による有罪判決に基づく適法な自由剥奪」を挙げている．

　他の形態の労働は，刑罰と考えられ，または，刑罰に基づくものとしては，どんなものであっても憲法の文言からは正当化するのが非常に難しい．なぜなら，基本法第12条第3項は，まさに，強制労働は

「自由剥奪（Freiheitsentzug）」の場合にのみ許されると述べているからである．施設の外での義務的労働は，法律家の一般的見解では原則として自由剥奪には当たらず，せいぜい「**自由制限**（Freiheitsbeschränkung）」にすぎない．第12条第3項は目的論的に解釈すべきだと考えられてきた．以下のような考え方である．自由を制限する労働によってなんと言っても有罪被宣告者が収監されなければならないということを避けることができるのだから，このときこそ，刑罰として科される自由の下での労働は，やはり「なお一層」合憲的なものとして当然許されると言わなければならない，というのである．

この問題についての議論は，まだ最終的に決着がついていない．おそらくは，この議論に参加している多数がこのような処置が正当で合法的だという確信をもっているのであるから，結局立法者は，明確性と一義性を確保するために，憲法を改正しなければならないであろう．連邦憲法裁判所は，すでに特殊な問題に2，3度関わっているが，しかし抜本的な決定は下さずに済ますことができ，おそらくは意識的に下そうとせずに，理論と実務の今後の発展を待つのであろう（少年刑法については，連邦憲法裁判所の判決 BVerfGE 74, 102 以下参照．行刑を条件付で免除した上での労働については，新刑法雑誌 NStZ 1991, 181 以下参照）．

1　ドイツ少年法上の制裁としての労働

● 捜査手続段階における労働

少年に労働をさせるための**第一の可能性**は，**捜査手続**にある．少年検察官は，**少年裁判官**の下に赴いて，少年裁判官が少裁法第45条第3項に従って，少年に戒告または一定の指示または負担を与えるよう

1　ドイツ少年法上の制裁としての労働

促すことができる．いわゆる正規の手続を踏まない教育手続さらには迂回手続におけるこの処置の前提要件は，以下のことである．

　(1)　少年が単数または複数の犯罪を自白していること．
　(2)　公判を開くための正式の訴追は必要ないと思われること．
　(3)　しかし，その場合でも検察官は，少年の教育のために少なくとも裁判官の措置が必要だと考えていること，である．

　少年裁判官は，この関連で労働を行なうよう指示を与えることができる（少裁法第10条第1項第4号による）．いわゆる**労働指示**（Arbeitsweisung）は，若年の犯人に対し一般的な教育的影響を与えるのに役立つ．時として，労働の指示は特に少年の労働に対する態度に好ましい影響を与えるという意見も主張されている．

　労働の指示と比べると，**労働負担**（Arbeitsauflage）（少裁法第15条第1項第3号）は，1990年になってようやく法律に導入されたものであるが，それは法解釈学ではとりわけ不法の償いに役立つべきものとされている．労働負担は，法律が**懲戒手段**として挙げているものである．全ての懲戒手段について少裁法第13条第1項が述べるところによれば，少年裁判官がそれを課すのは，たしかに少年刑を科す必要はないが，しかしやはり若年の犯人に「自己が犯した不法に責任を負わねばならないことを切実に自覚させねばならない」場合である．労働の負担の期間は法律によって精確に定められてはおらず，法律は，少年には期待不可能な要求をしてはならないと述べるだけである．広く認められた見解によれば，100時間を大きく越えない期間の負担は，通常の場合期待可能なものである．

◦ 労働指示・負担の効果

　うまくいかない場合，つまり少年が正規の手続を踏まない教育手続

第4章　ドイツ刑法の公益労働

として彼に課された労働時間を勤め上げず，しかもそれについて彼に責任があるという場合には，裁判官は，正規の判決に基づいて科される制裁とは違って，不服従拘禁または法蔑視拘禁（4週間以下）を科すことができない（少裁法第45条第3項第3文）．少年裁判官は，少年検察官と協力して，この少年に対して別の措置を試みることができるかどうか，あるいは，そうしないで正規の訴追を提起し，ついで公判を行なった方がよいと通告するかどうかを，熟慮しなければならない．

しかし，うまくいって少年が決められた時間の労働を完全に果たした場合，または，完全ではないとしても不足は取るに足りないという場合には，少年検察官はその後の訴追を終極的に免除することができる．これによって，限定的確定力が生ずる．この結果，少年にとって（も）利益が生ずる．すなわち，当該少年に対して当該犯行を理由として後に再度処置が可能になるのは，免除の時点で少年自身以外の誰も知らず，また誰も知ることができなかった新たな事実または証拠方法が事後に明らかになる場合だけだからである（少裁法第45条第3項第4文）．

損害回復負担と労働

正規の手続を踏まない教育手続として課される**損害回復負担**（Wiedergutmachungsauflage）（少裁法第45条第3項，第15条第1項第1号）の一環として労働を課すことができる．これは損害賠償を行なう金銭を持ち合わせていない若年者にとって特に重要である．この場合犯人である若年者は，犯罪によって惹起された損害を全力を尽くして填補することができるが，そのために若年者は被害者のために労働を行い，または被害者との関連で何かを果たす．たとえば，若年者は，病人のために1ヶ月間買い物をし，ゴミ出しを行うことができる．さらに，

若年者を有償で仕事を提供するプロジェクトに送ることができる．この場合，稼いだ金銭は被害者に支払われ，または，被害者が何も望まない場合には，他の被害者を援助するために被害者基金に振り込まれる．

起訴後の労働：迂回手続

少年裁判官は，少年に対して労働指示または労働負担または損害回復負担を，**迂回手続によって自己のイニシアチブで**課すことができる．それは，彼のもとに**起訴が提起され**（少裁法第47条第1項第3号），少年検察官がそれまでに何も，または何も十分に彼に働きかけなかった場合である．これは，中間手続〔公訴提起と公判開始決定の間〕で認められ，さらに公判手続開始決定後にも，もっと言えば，公判中にも認められる．一般的にいって，少年裁判官は正規の手続を，少年検察官の同意を得て一時的に停止し，少年が仕事を実際にも行なうかどうかを見守ることになる．うまくいった場合には，手続は終極的に打切られ，限定的確定力が生ずる（少裁法第47条第3項）．うまくいかない場合には，すでに述べた第45条第3項にあるように，不服従拘禁または法蔑視拘禁はできず，他の迂回措置を取るか，または，まさに正規の手続を継続して，少年に対する終局の有罪判決を下すことになる．

正規の判決による労働

正規の判決によって少年裁判官が課すことができるのは，労働負担または労働指示だけではない．少年裁判官は，その他に少年に好ましい影響を与えるよう試み，少年に**職業訓練所**に入所するか，または**職

第4章　ドイツ刑法の公益労働

場に就職するように指示を出すこともできる（少裁法第10条第1項第3号）．少年が判決によって課された指示や負担を履行せず，そのことについて責任がある場合には，この少年に対して4週間以下の不服従拘禁または法蔑視拘禁が可能である（少裁法第11条第3項および第15条第3項）．

ドイツ少年刑法の最も厳しい懲戒手段が，4週間以下の短期間の自由剥奪，すなわち**少年拘禁**である（少裁法第16条）．少年拘禁の執行は，少年の名誉感情を覚醒し，彼が犯した不法について責任を負わなければならないことを切実に自覚させることを目的とする．執行は教育目的にかなうように企画され，犯罪実行に寄与した困難な事情を少年が克服できるよう助力するものとする（少裁法第90条第1項）．この枠内で，少年拘禁執行法（JAVollzO）は，とりわけ継続的拘禁に関して第11条第1項で以下のことを規定している．「<u>少年は，労働またはできる限りの授業もしくはその他の職業訓練行事に動員される．少年は勤勉かつ丹念に共同して労働する義務を負う．</u>」

少年裁判官は，2年以下の**少年刑**を科すとき，この少年刑を以下の場合に**保護観察**のために猶予する．すなわち，「<u>少年にとって有罪判決を受けるだけで警告として有益であること，および，行刑の働きがなくても保護観察期間の教育的働きかけによって将来立派な生活態度を取ることが期待できる</u>」場合である（少裁法第21条第1項）．この条項で言われている教育的働きかけは，指示または負担によって，とりわけ労働指示または労働負担によって強化することができ，もっと言えば強化すべきである（少裁法第23条第1項）．同様のことは，**保護観察のための残余刑の猶予**の場合にも認められる．すなわち，少年が少年刑の一部を少年刑務所で服役した後で，条件付で釈放される場合である（少裁法第88条第6項）．

準成年の労働

準成年，したがって18歳以上21歳未満で，**少年刑法によって取り扱われる若年者**の場合には，少年検察官および少年裁判官は，少なくとも労働に関する限り，迂回手続においても，また正規の手続においても，少年年の場合と同じリアクションをすることができる（少裁法第105条第1項，第108条および第109条第2項と合わせ読む）．

2　ドイツ一般刑法の行刑外の刑罰としての労働

これまでのところ，検察庁および刑事裁判所には，成年（21歳以上）および一般刑法によって取り扱われる準成年（少裁法第105条，第106条と合わせ読む）の場合に，**公益労働**またはその他の労働に関係する作業を独立の刑罰として課す**可能性はない**．

2.1　起訴前の手続その他の手続の停止の場合における代替的制裁としての労働

検察は，以下の条件が存在している場合には，捜査手続または起訴前の手続中に，**自立的**に被疑者に相応の**給付**（Leistung）を課すことができる（刑訴法（StPO）第153a条第1項第7文，第153条第1項第2文と合わせ読む）．

(1) 犯罪が軽罪にすぎないこと．
(2) この軽罪の法定刑の下限が〔1ヶ月より〕引上げられた刑罰によって威嚇されていないこと．
(3) 犯罪によって惹起された結果がわずかなものに過ぎないこと．
(4) 犯人の責任の重さが非公式の解決に反しないものであること．
(5) 給付は，訴追についての公共の利益を除去するのに相応しいも

第4章　ドイツ刑法の公益労働

のでなければならないこと．

犯罪の結果，したがって特に物的損害もしくは健康被害がより重大である場合，または，法律が当該軽罪を特別の性質をもつことを理由に下限を引上げた刑罰によって威嚇している場合に，上記に相応する処置ができるためには，検察は**裁判所の同意**を必要とする（刑訴法第153 a 条第1項第1文）．

検察が課す給付

この関連で課すことができる給付は，以下のものである．
(1) 犯罪によって惹起された損害の回復のために一定の給付を行なうこと（第1号），
(2) その他の公益的給付を行なうこと（第3号），または
(3) 加害者・被害者間の和解との関連で損害回復のための給付を行なうこと（第5号），である．

この給付を行なうために適切である場合には，被疑者に対して6ヵ月以下の猶予期間を与えることができる．被疑者が彼に課されたことを全て履行した場合には，検察官はその後の正規の犯罪訴追を免除する．このとき限定的確定力が生ずる．すなわち，同じ犯罪を理由として手続を再度進めることができるのは，実行された犯罪が単なる軽罪ではなく重罪であったということが事後的に明らかになる場合だけである．例を挙げる．被疑者に倉庫侵入を理由として200時間の公益的給付が課され，彼はこれを履行した．検察官が手続を終了した後に，当該倉庫の離れた地下室に，それまで行方不明とされていた警備員の死体が発見された．犯罪科学捜査に基づいて，かの侵入者がこの警備員を故意に殺害したこと，したがって，謀殺という重罪ではないとしても，少なくとも故殺という重罪を実行したことが一義的に明らかに

なった．この場合に手続は，公判のための正規の訴追を目標として直ちに再開し，継続することができる．

● 公訴提起後の代替的制裁

公訴が提起されると，**代替的制裁（alternative Sanktion）へのイニシアチブは刑事裁判所**に移る．かつては，これが利用されることは滅多になかった．今日では，裁判所は，当該の指示または負担を，とりわけ「刑事手続上の合意（Absprache im Strafverfahren）」［これについて，一般的には第8章参照］との関連で，すでにより頻繁に用いている．しかし，いずれにせよ，検察と被告人の同意は必要である．〔この処置が可能な〕訴追またはその他の公訴提起後の期間は，中間手続，第一審公判手続，それどころか控訴審手続にまで及ぶ（刑訴法第153a条第2項）．したがって，この期間は非常に長く，これによって裁判所には―他方では，当然のことながら被告人とその弁護人にも―，手続を正規の判決およびとりわけ正規の刑罰なしに終了させるための，注目すべきさまざまな解決手段が可能になった．

刑訴法第153a条による公益労働は，ドイツ全体の実務では，この間に制裁の中で重要な位置を占めるに至っている．公益労働は，刑事学から見れば刑罰としての性格をもつ，あるいは，処置としての性格をもつリアクションであるが，法的な格付けでは刑罰には当たらない．

2.2 保護観察刑の枠内で裁判所が課す負担としての労働

判決裁判所は，判決によって科した2年以下の自由刑を保護観察のために猶予できるが，それは「有罪被宣告者にとって有罪判決だけで警告として有益であること，および，行刑の働きかけがなくても将来もはや犯罪を実行しないことが期待できる」場合である（刑法典

(StGB)第56条第1項第1文).受刑者が彼に割り当てられた無条件の自由刑の刑期の2/3,特別の場合には1/2を終えた場合には,**執行裁判所**は残余の刑を保護観察のために猶予することができる.これは,受刑者が同意し,このいわゆる条件付釈放が「<u>社会全体の安全という利益を考慮して責任をもつことができる</u>」場合である(刑法典第57条第1項および第2項).

● 有罪被宣告者または受刑者の自発的提案

両方の場合とも,管轄を有するそれぞれの裁判所は,有罪被宣告者または受刑者に**彼が犯した不法を回復**するために役立つ**負担**を課すことができる(刑法典第56b条第1項).その期間およびその強度を法律は詳細に定めていないが,しかし,どんな負担であれ当事者に対して「期待できない要求」をしてはならないと述べている.当事者は自らのイニシアチブで裁判所に給付を提案し,これを全力で果たすと約束することができる.裁判所がこの提案に納得した場合には,裁判所は職権で科す負担を暫時免除し,最後に自発的な給付を完全に履行した場合には十分であると評価し,これによって,そのほかの点でも問題なく保護観察期間が経過していれば刑の免除の要件が充たされたことになる(刑法典第56b条第3項).

● 労働に関係する負担

刑法典第56条第2項第1文で課される負担で労働に関係するものは,以下のものである.
(1) 1号:犯罪によって惹起された損害を全力を尽くして回復すること,および

(2) 3号：その他の公益的給付を行なうこと．

その他の公益労働（第3号），その他にも可能な，公益的施設に対しある金額を支払う負担（第2号），または，国庫にある金額を支払う負担（第4号）を命じてよいのは，それによって犯人の被害者に対する損害回復が損なわれない場合だけである（刑法典第56b条第2項第2文）．したがって，被害者の利益が，不法の償いという負担の一般的機能に優先する．

刑事訴追統計から知られるところでは，裁判所が保護観察刑の場合に全体として非常に頻繁に負担を命じている．しかしながら，負担の具体的態様については，残念ながら区分して示されてはいない．

刑を留保した戒告

刑を留保した戒告（Verwarnung mit Strafvorbehalt）の場合（刑法典第59条），したがって，被告人に対して判決をもって有罪宣告をするが，しかし1年以上3年以下の保護観察期間内に新たな罪を犯す場合に，180日分以下の罰金を課す旨の留保を付した場合，労働の可能性は間接的にしかない．これが生ずる場合とは，裁判所が被戒告者に，被害者との和解を達成するように，または，その他犯罪によって惹起された損害を回復するように努力せよと命ずる場合である（刑法典第59a条第2項第1号）．損害の回復は，金銭ではなく，労働奉仕によって全部または一部代替することができる．

特に適切な場合には，損害回復のための労働奉仕の結果，一般的には**刑の緩和**，科された刑が一年以下の場合には，**刑の放棄**になる場合もある（刑法典第46a条）．

2.3 罰金刑と関連した労働

● 罰金刑の支払困難と支払容易化措置

ドイツで一般刑法に従って課される刑罰全体の約80％が，この数十年間まさに安定的に罰金刑であるのだから（第1章2参照），罰金の支払または執行の問題は量的に特別な意義を有する．このことは，現代のように，失業者の数が500万人以上に上り，その他に多くの人々が困窮してしまう危険がある時代においては，問題として一層深刻になる．

現在の法状態は，多くの理論家や実務家の考えでは最適ではないとしても，それでも現行法は罰金刑債務者に柔軟に対処する若干の手段をすでに与えている．

刑事裁判所は，有罪被宣告者にすでに**判決において**一定の**支払容易化措置**を認めることができる．この点について，刑法典第42条は次のように述べている．

「有罪被宣告者の個人的または経済的状態からして罰金を直ちに支払うことが期待できない場合には，裁判所は彼に支払猶予期間を認め，または，罰金を分割で支払うことを許すことができる．」

判決の確定後に**執行手続**において初めて困難な問題が浮上してきた場合には，**検察**は執行官庁としての資格で容易化措置を認めることができる．検察は，執行手続以前であれば裁判所ができたと同じこと，すなわち罰金刑受刑者に支払猶予期間を認め，または，罰金を分割で支払うことを許すことができる（刑訴法第459，459a条）．

法律がさらに罰金について支払容易化措置を認めることができると規定している場合として，これを認めなければ犯人が犯罪によって**被害者に生じた損害を回復**できない危険が生ずるとき，というものもあ

る（刑訴法第459a条第1項第2文）．

罰金刑の有罪判決を受けた者が**帰責事由なく困窮状態に陥り**，予測できる期間内ではもはや罰金を支払うことができない，または最低限の生存を危険にすることなしには支払うことができなくなり，加えてその**労働能力**も長期間限定されているという場合が生ずることがある．この場合には，検察にとって「最も抜本的な」解決手段は，その**恩赦権**を発動して罰金を恩赦により一部または全額免除することである（刑訴法第452条および各州の恩赦令）．

● 罰金不払いと代替自由刑の回避：「座っているより汗をかけ」

けれども，罰金刑の有罪判決を受けた者が支払うことができたが，**支払う意思がない**場合には，検察はまず**強制執行**によって罰金を徴収しようと試みる（刑訴法第459c条第1項）．とはいえ，徴収を試みてもうまくいかないということがはじめから明らかな場合，たとえば，犯人をよく知っている場合，または，犯人が自ら自分のところでは「何も取り立て（でき）ない」と宣言している場合には，この段階を省略して（刑訴法第459c条第2項），直ちに次の段階に移る．

この次の段階は，いわゆる罰金**未徴収**の場合の**代替自由刑**になる（刑訴法第459e条）．換算の基準は，罰金日額制導入以来非常に単純である．刑法典第43条は，これについて次のように規定している．「未徴収の罰金に自由刑が代替する．1日の日額に1日の自由刑が対応する．代替自由刑の下限は1日である．」

代替自由刑によって行刑施設は過剰負担になる．わずか数日または数週間施設で過ごす受刑者を受け入れる場合の管理費用は，もっと長期の受刑者の場合とほとんど変わらない．短期の留置期間では，さらにしっかりとした行刑計画が立てられない．受刑者自身にとっても，

第4章　ドイツ刑法の公益労働

圧倒的多数説によれば，短期の代替自由刑は，特別予防の観点から見れば，罰金刑がなければ科された主刑としての短期の自由刑と同様に役立たないか，あるいはそれに劣る．ところで，短期の自由刑は本来刑法典第47条によれば望ましくないものなのである．

したがって，連邦の立法者は，各州に対してすでに前から，各領域に**代替自由刑の回避**を可能にするプログラムを設ける権限を認めていた．その標語は，「自由な労働（Freie Arbeit）」であった．「公益労働」の意義をめぐる国際的議論もあって，当該のプログラムのための前提条件は改善された．基本的な規律は隠れた場所に，具体的には**刑法典施行法**（EGStGB）の中にある．

刑法典施行法第293条の表題は，「代替自由刑の執行回避と労働給付の履行」であり，第1項は次のように規律している．「州政府には，刑法典第43条に基づく代替自由刑の執行を自由な労働によって回避することを執行官庁が有罪被宣告者に認めることができる規律を，政令により定める権限が与えられる．有罪被宣告者が自由な労働を行なった場合には，代替自由刑は果たされたことになる．労働は無償でなければならない．労働は営利目的に資するものであってはならない．」

この間に全16州は，この権限を利用した．けれども，その具体化の形態はまさに多様である．さまざまなモデルがあって，ここで一つ一つ挙げることはできない．最も有益だと思われるモデルは，私的な公益団体，たとえば犯罪者援助団体が一方での労働意欲のある有罪被宣告者と他方での雇用者または労働現場との調整・組み合わせを引受ける場合である．このような職場は，特別に困難な問題が生じた場合に，国営の職場よりもより柔軟に対処できる．

一生懸命働くと汗をかくことができ，また，俗語では刑務所に入っているときに「座っている」という概念が定着しているので，代替自由刑服役の回避の結果をもたらすプログラムのために，具象的なスロ

ーガン「座っているより汗をかけ (Schwitzen statt Sitzen)」が作り出された．

この実際上の意義はまったく大きい．たとえば，まさに 2005 年 3 月 1 日にバーデン・ヴュルテンベルク州（チュービンゲンもこの州内）司法省によって以下の報告がなされている．すなわち，2004 年に 5,500 人の有罪被宣告者が公益労働によって代替自由刑を回避できた．これによって，州は延約 11 万 2 千日の刑務所での拘禁を節約できた．「座っているより汗をかけ」のプログラムなしに，この時間刑務所に収監していれば，行刑施設の追加的設置が必要となり，この運営経費として州は毎年 600 万ユーロ必要になっていたそうである．

3　ドイツ刑法の独立の主刑としての公益労働への道

未徴収の罰金刑の執行または代替執行に伴う困難な問題は，すでにずっと以前から，労働をやはりドイツにおいても独立の刑にしようという考えを促進した．さらに国際的議論，ならびに，さまざまな外国のモデル，たとえばヨーロッパではイギリス，オランダおよびフィンランドにおけるモデルも，議論に，刑法学および刑事学の当該分野の研究に，最後に立法作業にも拍車をかけた．この最後の状態は，2004 年 3 月 17 日の**連邦政府の法律案**によって代表される．

制裁法改革のための法律案

これは，**制裁法改革のための法律案**（BT-Dr 15/2725）である．連邦政府は，その序文で問題と目標を以下のようにあげている．

(1) 現行ドイツ制裁法は，罰金刑および自由刑を主刑と規定している．中小規模の犯罪において適当な方法で特別予防の目標をも

第4章　ドイツ刑法の公益労働

て犯人に働きかけるための手段は，裁判所にとっては少なすぎる．
(2)　立案された法律は，したがって，この中小犯罪について，「〔施設に入院させない〕外来的な（ambulant）」，すなわち自由剥奪を伴わない制裁手段の拡張を目的とする．
(3)　立案された法律は，とりわけ，短期の自由刑および代替自由刑の回避を目的とする．
(4)　このようにして，自由刑の望ましくない副作用を弱め，または，完全に除去することを目的とする．
(5)　このようにして，同時に制度としての行刑の負担軽減を目的とする．
(6)　立案された法律は，刑法の保護法益保護に有効に寄与することを目的とする．新たに提案された制裁に関するこれまで得られた知見は，この新しい制裁が，一般予防の観点からも，特別予防の観点からも，現行の制裁と同価値であるという見解を指示している．

特に**公益労働**に関しては，この連邦政府の法律案は，**その適用領域を3つの観点から拡張する**ことを提案している．すなわち，
(1)　第1に，罰金未徴収の場合の第一次的代替刑として公益労働を導入する．
(2)　第2に，自由刑の代替的解決策．
(3)　第3に，刑を留保した戒告の枠内で労働負担を可能にする．

これによって，この法律案が現在立案されている事実上そのままに，いつか有効な法律となったとしても，公益労働はやはり全体的には罰金刑と結びついたままであるが，しかし，著しく柔軟に適用することができる．

3 ドイツ刑法の独立の主刑としての公益労働への道

法律案の主要な規定

 将来の新規律の主要な規定は，次のようなものになるであろう．
・刑法典第43条の新規定：代替刑
第1項：有罪被宣告者の同意を得たときは，未徴収の罰金刑に公益労働が代替する．
第2項：有罪被宣告者が第1項により必要とされる同意を与えず，または，公益労働を相当期間もしくは規則通りに行わなかった場合には，未徴収の罰金刑に自由刑が代替する．罰金日額2日分が1日の自由刑に相当する．代替自由刑の下限は1日である．

・刑法典新第55a条：公益労働による自由刑の執行回避
　第1項：裁判所は有罪被宣告者に，6ヶ月未満の自由刑の執行を公益労働によって回避することを，許すことができる．裁判所は，以下の場合には有罪被宣告者にこれを許すべきである，
　　1．いったん自由刑の有罪判決を下されたが，その執行が保護観察のために猶予されていない場合，または
　　2．自由刑の執行が有罪被宣告者による犯罪によって惹起された損害の回復を著しく危険にする場合．このとき，有罪被宣告者に損害回復の証明を課すことができる．

 労働の量ならびに有罪被宣告者の能力および準備状態を考慮して，当該労働の履行が期待できないときは，この許可は与えられない．
第2項：1日の自由刑に6時間の公益労働が対応する．自由刑1ヶ月は30日で計算する．
第3項：［期間設定：ここでは省略］
第4項：［許可の撤回：ここでは省略］

第4章　ドイツ刑法の公益労働

刑法典新第55b条：公益労働による自由刑の執行回避の場合における残余刑の猶予

　第1項：有罪被宣告者が第55a条第3項第1文の期間内において，労働全体の3分の2を履行した場合には，裁判所は第57条第1項第1文第2号および第3号ならびに第2文の要件を充たした場合には，残余の刑を保護観察のために猶予する．第57条第3項乃至第6項は準用する．

　第2項：裁判所が残余刑の猶予を撤回するときは，許可も撤回することができる．

　刑法典第59条の新規定：表題が「戒告」に替えて，将来は「刑を留保しての有罪判決」となる．

　主刑として短期間の日額罰金が考慮される場合には，裁判所はこの判決形式を用いる義務を負うことになる．

　第59条第1項第1文は，以下の文言である．
「ある者が180日以下の日額罰金を科されるとき，以下の場合に，裁判所は彼に対して有罪宣告と共に戒告を行い，刑を定め，この刑を科すことを留保する．すなわち，

1. 犯人がこの科刑なしでももはや犯罪を実行しないことが期待でき，
2. 犯罪および犯人の人格を全体的に評価して，科刑を無しで済ます特別の事情が存在し，
3. 法秩序を防衛するために科刑は必要とされない，場合である．」

　刑法典第59a条第2項は，以下のような規定が提案されている．
「裁判所は有罪被宣告者に対して，<u>通常</u>，負担および指示を与える．第6号による負担として以下のものを挿入する．『60時間以下の公益労働を行なうこと』〔下線はここでは原文〕」．

特に刑事政策および被害者学の観点から興味深いものとして，さらに，刑法典新第40a条で刑事裁判所が罰金を科す場合，その**5%**を承認された被害者援助公益組織に割り当てるよう，裁判所に拘束力をもって命じようという考え方がある．当初の草案では10%とまで規定されていたのであるが，しかしながら，この提案は司法実務界（仕事の負担増の恐れと混乱が生ずる可能性を理由として）および各州の財務相（国庫の収入減の恐れを理由として）に憤激の嵐を巻き起こしていた．

◇ **参考文献**

Hönicke, Florian: Arbeitszwang als Kriminalrechtsreaktion: Gemeinnützige Arbeit in der Strafrechtspflege unter Artikel 12 Absatz 2,3 GG. München: Florentz Verlag 1999.

Kawamura, Gabriele: Gemeinnützige Arbeit zur Vermeidung der Vollstreckung von Ersatzfreiheitsstrafen. In: Handbuch der Resozialisierung. Hrsg. von Heinz Cornel u. a. : Baden-Baden: Nomos Verlag 2003, S. 291-306.

Köhne, Michael: Abschaffung der Ersatzfreiheitsstrafe? Juristische Rundschau 2004, Heft 11, S. 453-456.

Schneider, Ursula: Gemeinnützige Arbeit als „Zwischensanktion". Monatsschrift für Kriminologie und Strafrechtsreform 2001, Heft 4, S. 273-287.

第5章

危険な犯罪者の自由状態でのコントロール措置
—— 特に条件付釈放および行状監督の最近の厳格化

はじめに

　ドイツの「刑事政策の雰囲気」は，一般的にはますます重大化する犯罪についての住民の不安と連動して，また，実際に非常に非難すべき個別の重大犯罪（たとえば，幼い児童に対する性犯罪）についての憤激と連動して，最近厳しくなっている．その中で「危険な犯罪者のコントロール（Kontrolle gefährlicher Straftäter）」という思想が，遅くとも90年代中ほどから，20世紀70年代に社会復帰思想が全盛であった段階と対照的に，強化されて再登場してきた．このことは，一般世論の議論でも，マスメディアの犯罪記事の取り扱いでも，さらに一層強く政党政治家の議論においても，最後に専門家の法政策的議論においても認められる．

刑事法史における危険性思想

　危険性（Gefährlichkeit）の観点を，検察および刑事裁判所が行なう刑事訴追，有罪判決，刑執行および行刑の際に顧慮すべきだという思想そのものは，いわば古い伝統をもつものである．この思想は，刑法および刑事学の近代法史において，むしろ非専門的な議論（1876年のチェーザレ・ロンブローゾ（Cesare Lombroso）『生まれながらの犯罪者』参照）の後，ロンブローゾの弟子および後継者にその構想を遡る「**社**

会防衛」（**Sozialverteidigung**）**運動**となり，20世紀の20年代以降，程度の差こそあれ抜本的に練り直す**刑法改革**の指導理念として，全ヨーロッパ的に主張されるに至った（イタリア語 difensa sociale，中心人物は刑事政策家フィリッポ・グラマーティカ（Filippo Gramatica）である．フランス語 défence sociale，英語 social defense）．最もラディカルな構想，すなわち，責任原理に拘束された構成要件を指標とする刑法を完全に解体して，危険性の存在および程度の確認によって決定される「社会防衛法典」に置き換えようという構想が，法律となって多少とも長続きしたことは世界中見渡しても一度もない．中では，1917年革命後のソビエト連邦で数年試みられたことがあった程度である．しかし，穏健な構想は，当時のヨーロッパの多くの国々の法律に導入された．刑法典の修正もしくは拡張によって，あるいは，特別法の公布によって，さらには両者を合わせて．

ドイツでは，社会防衛運動は，国家社会主義の初期に絶頂に達した．この新しい構想は，1933年に公布された**危険な職業的および習慣的犯罪者撲滅法**（「習慣的犯罪者法（Gewohnheitsverbrechergesetz）」）によって刑法典に挿入され，実現された．国家社会主義に典型的な思想の産物も細かい点では数多くあったが，しかしながら，その原則は国家社会主義とは関係がなく，19世紀末のフランツ・フォン・リスト（Franz von Liszt）が展開した，特別予防を主眼とする近代的な犯罪者刑法理論に由来するものと当時は考えられ，現在も考えられている．

具体的な規定は，それ自体非常に興味深いものではあるが，ここでは立ち入ることはできない．いずれにせよ，**当時決定的に新しかった**ことは，やはり依然として行為を中心的指標としていた責任刑法を，いわゆる**ドイツ刑法の第二の路線**，犯人を中心的指標とする**改善・保安措置**によって補完したことである．

それ以来，ドイツ刑法の基礎には二元的なリアクションまたは制裁

はじめに

システムが基礎にある．刑罰（広狭どちらの意味でも）が刑法の法律効果の第一の基本類型となり，改善・保安措置が第二の基本類型となる．

第二次世界大戦後，改善・保安措置法も「非ナチ化」されたが，しかし，まさに基本構造はやはり維持された．この措置は，1969年の自由主義的な法政策意図をもった刑法改革において言葉を取り替えて，**「改善・保安措置（Maßregel der Besserung und Sicherung）」** と名称を変えた（現在の刑法典第61条以下）が，少年刑法においても維持され，または，新たに導入された（少裁法第7条）．従来に比べて決定的な改善は，刑法典第62条で，この規定は連邦憲法裁判所によって本当に額面どおりに受けとめられている**比例原則**を導入した．これによれば，犯人が実際に実行し，そして将来予測される犯罪の重要性，および，犯人から発する危険の程度と釣り合いが取れない改善・保安措置は，命じてはならない．

◯ 自由な状態にある犯人の監視

本章で簡単に紹介する措置の核心は，**自由な状態にある犯人の監視**，したがって「**監視された自由**（überwachte Freiheit）」，または，ある学者たちの言い方に従えば，「監視された自由時間（überwachte Freizeit）」である．これらの措置のうちのいくつかは，警察的危険防止またはある種の社会衛生学の要素をもつものもある．その主要な観点は，危険性のある犯人のコントロール，極端な場合には，危険性のある犯人を社会から排除し，これによって同じ被害者，または，これまで当該犯人とは関係のなかった不特定多数の被害者の新たな被害の回避であり，したがって，**効果的で持続的な社会保護が目標である．**

全ての改善・保安措置は，したがって，その適用のためには犯人の

責任の証明が問題にならないというように,一貫して構想されている.もちろん,これらの措置は責任を認定した上で行なわれる科刑と組み合わされることもある.このようにしてドイツ刑法は,刑事裁判所によって課される改善・保安措置に**2つの基本バリエーション**を有している.

第一の基本バリエーションは,標語的に言えば,**責任能力のない犯人の危険性に対する対抗策**である.

第二の基本バリエーションは,**部分的または完全に責任能力を有する犯人の過剰な危険性に対する対抗策**である.

● 自由刑の修正:保護観察刑および条件付釈放

とはいえ,これらのバリエーションを描く前に,**自由刑の修正**について立ち入って論ずる.すなわち,すでに第1章および第2章で言及した**保護観察刑**および**条件付釈放**,法律上のテクニックとしては自由刑および少年刑の保護観察のための残余刑期の執行猶予(刑法典第57条および57a条,少裁法88条)である.なぜなら,この条件付釈放は,第1にその許可要件が狭められていたこと,第2に行状監督措置(下記参照)と一定の仕方で結合されたからである.さらに,条件付釈放は,いわゆる有期自由刑受刑者(刑法典第57条)においては毎年何万件規模にのぼり,また終身自由刑(刑法典第57a条および第57b条)でも相対的にも絶対的にも少ない件数ではあるが存在するのであるから,これは特別な考察に値するのである.

1　行刑からの条件付釈放

● 有罪判決時の刑の猶予：肯定的予測

　いわゆる**第一次的刑猶予**，すなわち刑事裁判所が自由刑を科して直ちに猶予する場合には，法律は刑法典第 56 条第 1 項で昔から，いわゆる**肯定的予測**（positive Prognose）を規定している．他の要件を別にすれば，以下のことが妥当する．裁判所が科した刑の執行を猶予するのは，「有罪被宣告者にとって有罪判決を受けただけで警告として有益であり，行刑の作用がないとしても将来もはや犯罪を実行しないであろうと予測できる場合である．この場合，とりわけ，有罪被宣告者の人格，これまでの生活，犯罪の状況，犯罪後の態度，その生活関係，および，刑の猶予により彼に及ぼされると期待できる効果を顧慮しなければならない．」

● 刑事政策の雰囲気と再犯の危険

　理論と実務において基本的に明らかになったこととして，刑務所に入る有罪被宣告者にとって実際に取られる刑事政策と再犯の一般的危険との間には入り組んだ関連がある．単純化すれば，次のように言うことができる．刑事政策の雰囲気が厳しく，この雰囲気が裁判官たちも捉えているときは，比較的多くの法違反者が，危険が比較的小さくても行刑を指示される．したがって，比較的高い割合の受刑者について，再犯に関しては，比較的良い，肯定的傾向の予測が出てくる．しかし逆に，刑事政策の雰囲気が穏やかで，その雰囲気が裁判官をも捉えているときは，裁判官たちは無条件の自由刑を課すことに極めて慎重になる．この結果，割合から見て過剰に多くの「悪質な危険分子」

が刑務所に入ってくる．言い換えれば，平均すると受刑者たちには，再犯に関しては，肯定的というよりは，否定的な予測が出てくる．このように見ると，これらの再犯の危険のある受刑者の全てに，釈放後直ちに再度特別に重い犯罪を実行する危険がある必要はない．典型的には，刑務所に送り込まれた犯人たちは，(多くの国々で)「公共にとって有害な（gemeinschädlich）」犯人というよりも，むしろ「公共にとって煩わしい（gemeinlästig）」犯人なのである．そのことが意味することは，犯人はその犯罪の重大さによってよりも数によって注目されるということである．

● 60年代以降の変化：肯定的予測から否定的でない予測へ

20世紀の60年代以降，法および刑事政策においては，比較的自由な雰囲気が支配的であったが，これは政党政治の場では社民党（SPD）・自民党（F.D.P.）連立政権によって推進された．この結果，とりわけ，短期の自由刑がはっきりと減少し，それによって刑務所に送り込まれる人の数も急激に減少した．標語的に言えば，行刑からの条件付釈放（bedingte Entlassung），したがって，いわゆる第二次的保護観察に第一次的保護観察の公式〔肯定的予測〕と同様の古い公式を存続させたなら，受刑者に保護観察のための残余刑の猶予を認めることは，ほとんど不可能になってしまった．このようにして，結果的には，もちろん他の事情も考慮して，新しい公式が導入された．1969年の第二次刑法改革法によって次のように規律された．すなわち，この場合他の要件は別にして，裁判所が残余刑を保護観察のために猶予できるのは，「<u>有罪被宣告者が行刑を外してももはや犯罪を実行しないかどうかについて，責任をもって試行できる場合</u>」である（刑法典第57条第1項，当時の，そして1998年まで適用された規定）．この「**受刑者**

1　行刑からの条件付釈放

を自由な状態に置く試行に責任がもてる」という概念は，決してまったく一義的に規定できるものではない．これを「条件付の肯定的」予測という者もおり，また「否定的でない」予測という者もいた．刑事学的に考察すれば，これは結局「**リスク衡量による予測**（Prognose der Risikoabwägung）」であった．裁判所および状況により裁判所によって呼ばれる専門家は，以下のことを相互に衡量しなければならなかった．

(1)　一方で，社会にとってのリスク，つまり，犯人について誤って有利な予測をしたために彼を釈放し，その後彼が新たな損害を惹き起こすリスク．

(2)　他方で，犯人または受刑者自身の社会復帰または再統合にとってのリスク，つまり，犯人または受刑者について誤って不利な予測をしたために彼を拘束し続け，その結果彼に対して，その刑期を満了するまで，満了以前なら存在した現実的な改善の機会（たとえば，定期的に給与が支払われ，心理的にも報いられる職業に就く）を最終的に閉ざすリスク．

　非常に重大な犯罪（謀殺，強盗，強姦等）の可能性が予測できる場合には，わずかな再犯のリスクでも引き受けることは耐え難いということは，全ての学者および実務家にとって当たり前のことであった．いわばその反面，いずれにせよ軽微な犯罪しか予測できない場合には，むしろ「自由のリスクを冒す」のも許される，ということも当たり前であった．たとえば，家屋侵入罪の犯人は，それが重いものであっても，将来予測できるのは，せいぜい店舗窃盗程度であろう．しかし，判例や学説および鑑定人にとって大問題だったのは，そして，現在もなお問題であるのは，まさに，大量の受刑者を通常はいわゆるグレイ・ゾーンに入れなければならないということである．このグレイ・ゾーンでは，第一に，そもそも予測を立てることが非常に難しく，第

第5章　危険な犯罪者の自由状態でのコントロール措置

二に，新たに犯罪が予測できたとして，その重大さの程度はむしろ不確定な振幅範囲の中で変動するものだからである．

このようにして行なわれたリスク衡量の結果を統計的に観察すれば，1年間に釈放される受刑者全体の約1/3が条件付釈放であった．個別的な調査を基にすれば，比較的長期の自由刑に服役した受刑者の場合には，この数値は50％から2/3の間で振れていた，ということを前提にしなければならない．

90年代以降の変化：性犯罪撲滅法

1997年に起こった，ごくわずかではあるが，しかし実質的には，むしろ厚顔無恥なプロの観察者にとってさえも実におぞましい，**少女に対する強姦殺人**事件をマスメディアは大々的に報じた．その後では，連邦政府は，世論と政党政治家のリアクションの結果，事実上「壁の前に押し出され」，政府の延命のために法律を厳格にせよという叫び声に事実上従わざるをえなかった．この結果，1998年1月に「性犯罪その他危険犯罪撲滅法」が公布された（BGBl I, 1998, S. 160）．

この**性犯罪撲滅法**（Sexualtäterbekämpfungsgesetz）は，すでにこの法律より前から審議が行なわれ，しかし同日に公布された非常に大部の「第六次刑法改革法」（BGBl I, 1998, S.164）によって，部分的に同じ改革の「方向」で補われた．刑法典第57条については，**新しい予測の公式**があった．それ以降，すなわち1998年以降，他の要件を別にして，裁判所に残余刑の猶予が可能なのは，「これについて社会全体の安全の利益を顧慮して責任をもつことができる場合」である（刑法典第57条第1項第2号）．この予測の公式の変化が本当のところ精確に何を意味しているのか，今日まで完全に一義的に明らかにされていない．少なくとも言えるのは，リスク衡量による予測の考え方が，社

会に対して生ずる可能性のあるリスクをより重視する方向に変更されたということである．**社会全体の安全の利益**というこの予測公式は，他との首尾一貫性よりも，単独で捉えて，終身自由刑の「残余」刑の執行を猶予できるためにも適用可能だと明言された（刑法典第57a条第1項第3号）．

刑訴法による補完：専門家の鑑定

　立法者は，この新しい針路変更を**刑事訴訟法の改正**によって補完した．職権または受刑者もしくはその弁護人の申請による条件付釈放の際の手続に関する刑訴法第454条において，裁判所に対して，一定の条件の下で，**危険性鑑定の専門家への委託が原則的に義務付け**られた．

　刑訴法第454条第2項第1文によれば，裁判所は，以下のカテゴリーの刑の残余刑執行を猶予しようと考量する場合には，有罪被宣告者について専門家の鑑定を得ることになる．すなわち，

(1) 第1号：終身自由刑の残余刑，

(2) 第2号：刑法典第66条第3項第1文が挙げる犯罪を理由とする2年超の有期自由刑の残余刑，ただし，公共の安全から考慮される理由が当該有罪被宣告者の刑期満了前の釈放に妨げとなることが，否定できない場合に限られる．

刑法典第66条第3項第1文が挙げる犯罪は，以下のものである．

(1) その種類を問わず，**重罪**のカテゴリーに入る全ての犯罪，その他に以下の種類の**軽罪**．

(2) 保護責任者が犯す強制わいせつ（刑法典第174条）．

(3) 受刑者，当局の命による被監護者，または，施設にいる病人および要介護者に対する強制わいせつ（刑法典第174a条）．

(4) 公職務上の地位を利用した強制わいせつ（刑法典第174b条）．

第5章　危険な犯罪者の自由状態でのコントロール措置

(5)　カウンセリング，治療または看護の関係を利用した性的暴行，たとえば，心理療法士または麻薬療法士による強制わいせつ（刑法典第174c条）．
(6)　〔14歳未満の〕児童に対する強制わいせつ（刑法典第176条）．
(7)　〔精神的・肉体的障害による〕抗拒不能者に対する強制わいせつ（刑法典第179条）．
(8)　〔16歳未満の〕未成年者の性的行為の勧誘（刑法典第180条）．
(9)　〔16歳未満の〕少年・少女に対する強制わいせつ（刑法典第182条）．
(10)　危険な傷害（刑法典第224条）．
(11)　保護責任者の遺棄（刑法典第225条）．
(12)　刑法典第323a条による，故意または過失によって酩酊状態に陥って実行した犯罪であって，上記の犯罪に関係するもの．

見て分かるように，これはまさに広範な犯罪コレクションである．主たる狙いは，立法時でもまた現在でも，危険な性犯罪者およびその他の暴力犯である．

刑訴法第454条第2項第2文によれば，鑑定人は「とりわけ」，有罪被宣告者において犯罪によって表面化したその危険性が存続している「危険がもはやない」かどうかの問題に，意見を述べなければならない．文字通り受け取れば，法律はここで専門家に不可能な課題を課している．なぜなら，なんらかの人間についての学問が，およそ再犯の危険が，それも精確に観察して，したがって統計的にほんのわずかな再犯の危険でも「存在しない」とまったく一義的に推論できる経験的方法は，現在も存在しないし，方法論上の原則から見て将来とも存在しないからである．したがって，1998年以来，刑法典および刑訴法のこれらの新規律の「事実上の」意味，または，具体的効果の具体的射程について活発な議論がある．因果的に説得力をもつ刑事学の研

究は、まだ存在しない．出来事の「表面」上の統計から少なくとも確認できるのは、これ以降ドイツの刑務所の受刑者数は以前に比べてはっきりと増加したということである．

男性ホルモン抑制の薬物療法の指示

　刑法典第57条第3項では，条件付釈放の場合には第一次的な保護観察のために規定された第56a条乃至第56g条も準用されると規定されている．この背後には，1998年以来，（推定される）犯人の危険性を考慮して興味深い指示のバリエーションが隠されている．第56c条第3項第1号は，「有罪被宣告者の同意を得た上でのみ」与えることが許される，以下の新種の指示を規定している．すなわち，**身体への侵襲を伴う治療行為に服するという指示**である．この治療行為の一つが，たとえば，性犯罪者のいわゆる化学的去勢，すなわち，薬剤キプロテロンアセテート〔男性ホルモン分泌を抑える合成の坑アンドロゲン剤〕を用いた性衝動除去治療である．

　ところで，自発的に行為する者または承諾する者にはもちろん不法がなされることはありえないと言うことができ，また，そう言うであろう．そのことを争おうとは思わない．とはいえ，この筋書きの「繋ぎのポイント」は，より広いコンテクストでは，裁判所が有罪被宣告者を潜在的危険性があると評価したなら，「当然」行刑からの条件付釈放を認めず，そしてこのことを受刑者にあからさまにも，または，それと分かるように「示唆する」ことにある．そして最後に，2年以上の自由刑，さらには，一定の状況があれば，1年の自由刑でも，その刑期を満了した後に，その場合のいわゆる**刑期満了者**に**行状監督**が法律上当然に行なわれる（刑法典第68f条，下記参照）．このとき管轄を有する裁判所は，この行状監督の期間を定めなければならない．行

状監督の期間は,初めての場合であれば,2年から5年である.けれども,これからは裁判所は,条件付釈放が可能だった時点で身体への侵襲を伴う治療の提案に同意しなかった受刑者に対して,「重大な犯罪をさらに実行することによる社会全体の危険が懸念される」ときには,5年を超える**無期限の行状監督**を命ずることができる(刑法典第68 f 条,第68 c 条第2項第1号と合わせ読む).これによって,もっとも厳しい外来の改善・保安措置,まさに行状監督というテーマに取り掛かったことになる.

2 行状監督措置

行状監督(Führungsaufsicht)(刑法典第61条第4号)は,1933年に導入された,危険と見られた有罪被宣告者に対する純粋に抑圧的な警察監督の後継の制裁である.実質的に見れば,この行状監督は,**社会復帰のための援助提案**を伴う,**自由な状態においた強力な行動コントロール**である.その対象は,重度の再犯者または職業的犯罪者ではあるが,その潜在的危険が施設での保安監護(第6章3参照)の域には達していないと評価される者である.

● 第一次的行状監督:裁判所の裁量による実施

第一次的形態の行状監督は,**刑事裁判所の裁量**によって判決の中で,自由刑の宣告と並行して命ぜられる.それは,以下の要件が満たされた場合である.すなわち,

(1) 具体的事案において犯人に科せられた自由刑が六ヵ月以上に達していなければならない.
(2) 犯人が実行した犯罪構成要件が,行状監督の可能性を明示的に

予定していなければならない（例：強盗および恐喝罪，刑法典第256条）．

(3)　犯人が次の犯罪を実行する危険が存在していなければならない．

有罪被宣告者は，地方裁判所に置かれ，実務上は一人の刑事裁判官または検察官によって指導される**監督所**（Aufsichtsstelle）の監督下に入る（刑法典第68a条第1項，刑法典施行法第295条および刑訴法第463a条と合わせ読む）．この監督所は危険防止のための指示について監視する権限を有する．監督所は，被監視者が指示に頑固に従わず，それによって新たな犯罪を実行する危険が存在する場合には，刑法典第145a条によって，**1年以下の自由刑**，軽いときには，罰金刑の**科刑を申請**することができる．

実務上は，少年事件（少裁法第7条）だけでなく成年事件においても，裁判所は第一次的行状監督を命ずることについて非常に慎重であった．毎年平均して常に数百件しかない．さらに，行状監督所が自ら刑法典第145a条による申請を行なうのも，慎ましやかなものである．実務の印象からは，刑の申請の可能性をちらつかせることが，有罪被宣告者に指示を遵守させるための威嚇手段となっている．

刑法典第68a条第1項後段によって，裁判所は行状監督の期間について有罪被宣告者のために保護観察援助官（Bewährungshelfer）を任命する．この保護観察援助官は，助言と支援によって有罪被宣告者を保佐することになっている．第68a条第2項乃至6項において，実務上必ずしもそれほど容易ではない，行状監督所と保護監察援助官の協働の詳細が規律されている．

● 第二次的行状監督：法律上当然の実施

現在**ドイツ**全体で，根拠ある評価によれば**約3万人**が行状監督下

にある——これらの人々を行状監督被験者（Führungsaufsichtsproban-den）と呼んでいる——が，これはいわゆる**第二次的行状監督**，すなわち，一定の裁判または出来事の結果として法律上当然に実施される行状監督によるものである．

　実際に最も頻繁に実施されているバリエーションはすでに挙げた．すなわち，**原則として2年以上の自由刑**または少年刑の**刑期を満了**した場合，さらには，1998年の性犯罪法以降は，例外的に一定の性犯罪者またはその他の暴力犯が1年の自由刑を満了した場合である（刑法典第68f条第1項，刑法典第181b条と合わせ読む）．

　この他に行状監督が，法律により**自動的に取られる支援措置**としても実施されるのが，**精神病または中毒症の犯罪者**について**改善・保安措置または〔既に行なわれている〕改善・保安措置の執行が猶予**される場合である．しかし，具体的なことはここでは論じないことにする（刑法典第67b条第2項，第67c条，第67d条第2項，第4項，第5項）．

3　職業禁止措置

職業禁止措置の要件

　行状監督と対比すると，職業禁止（Berufsverbot）（刑法典第61条第6号）は実務上統計的には劣位の役割しか果たしていない．もっとも，精確な数値は知られていない．もちろん，内容的には職業禁止は重要である．職業禁止は職業および営業を危険から保全することを目的とする．ここで危険とは外部者に対するもの，さらには，内部関係における従属者，特に若い労働者および事務員に対するものでもある．刑法典第70条によって裁判所は，以下の要件がある場合に，職業禁止を課すことができる．

3 職業禁止措置

(1) 犯人は，何らかの犯罪を理由にして自由刑または罰金刑の有罪判決を宣告されていなければならない．
(2) 補充的に，犯人の責任無能力が証明され，そうでないとしても，状況から責任無能力の可能性が排除できないために有罪判決が宣告されない場合であっても，犯人に対し犯罪の違法性だけが証明されればよい．
(3) 犯人は，その職業または営業を犯罪のために（しかし一般的には一続きの，さらには一連の犯罪のために）濫用したのでなければならない．
(4) 補充的に，犯人がその職業または営業に伴う義務の重大な違反をし，それが可罰的であるという場合でも十分である．
(5) 犯人およびその犯罪を裁判所が全体的に評価した結果，犯人がその仕事を継続するならば，新たな重大，違法な濫用的犯罪を実行する危険が認められるのでなければならない．

職業禁止措置の効果

このような状況の下で，裁判所は，被措置者に主刑の他に1年以上5年以下の期間について職業を禁止する．この場合禁止の範囲は，ある職業全体，ある営業全体，さらには状況によって，該当者を特に犯罪へと刺激し，社会全体を危険にする，ある職業の中のまったく特定分野またはある営業の特定分野のこともある．極端に否定的場合には，**終身の職業禁止**を命ずることもできる．すなわちそれは，法定の最高期限である5年だけでは迫りくる犯人の危険を防止するには十分ではないと，予測できる場合である（刑法典第70条第1項第2文）．犯人が禁止にもかかわらず，職業もしくは営業を継続し，または，見せ掛けの名義人によって継続させる場合には，**職業禁止違反**を理由として，

1年以下の自由刑または罰金刑が科される可能性がある（刑法典第145c条）．職業禁止を課された後，犯人が落ち着いてきて，全体的に見て態度が好転した場合，裁判所は既に課した職業禁止を，**保護観察のために試験的に**猶予することができる（刑法典第70a条）．この保護観察期間が無事経過した後は，職業禁止措置は終了と宣告され，被措置者はその職業または営業を再度新たに始めることができる（刑法典第70b条第5項）．

4　運転免許剥奪措置

運転免許剥奪（Entziehung der Fahrerlaubnis）（刑法典第61条第5号）は，統計的には最も重要な，自由状態における改善・保安措置である．この措置が刑事裁判所によって課されるのは，年平均約16万から20万件である．その目的は，**運転者**の軽率，それどころか，故意の行動の結果生ずる**道路交通の危険**から**社会全体の安全**を保つことである．ここで問題となる運転者は，一時的または除去不能な性格的欠陥のため**道路上での自動車の運転に不適当**な者である．運転免許剥奪は，運転者の行動コントロールのための最重要な手段であり，特別予防および一般予防の要素をもつ．

● 免許剥奪の要件

裁判所には，真の意味の裁量権はない．反対に，裁判所は以下の要件が充たされれば，運転者から，この場合は14歳以上の若年者からも（少裁法第7条，実際にはとりわけ18歳以上の準成年，少裁法第105条第1項）免許を剥奪しなければならない．すなわち，この運転者が**自動車の運転と関連する可罰的な犯罪によって有罪判決を受け**，この犯

罪から，この運転者が自動車の運転に**不適当**であることが明らかになる場合である（刑法典第69条第1項第1バリエーション）．補充的に，犯人の責任無能力が証明され，または，この責任無能力の可能性が状況からは排除できないために有罪判決を下せない場合には，犯罪の違法性があれば十分である（刑法典第69条第1項第2バリエーション）．比例原則は，このような場合には，国民の健康の高い重要性と現代交通の大量的危険を考慮して，これ以上吟味する必要はない（刑法典第69条第1項第2文，第62条と合わせ読む）．

法律は，裁判所が容易に決定できるように，典型的に危険な場合を挙げている．犯人は，以下の犯罪を，とりわけアルコールの影響下で実行した場合には，**原則として運転に不適当**であると，**法律上当然に**評価されなければならない（刑法典第69条第2項）．

(1) 第1号：道路交通に対する具体的危険，すなわち，第三者の相当重要な人的または物的法益に対する危険（刑法典第315c条）．

(2) 第2号：道路交通に対する抽象的危険，すなわち，結果を伴わない飲酒運転（刑法典第316条）．

(3) 第3号：交通事故からの逃亡（刑法典第142条），すなわち，犯人が，自己が（あるいは共同で）惹き起こした交通事故で人が殺され，もしくは，相当の傷害を受け，または，他人の物に重大な損害が生じたということを知り，または，知ることができた場合に，逃亡した．

(4) 第4号：酩酊中の行為（刑法典第323a条）で，第1号乃至第3号に規定された行動様式に関係するもの．

免許剥奪の効果

判決確定と共に，運転免許は消滅する（刑法典第69条第3項）．判

第5章　危険な犯罪者の自由状態でのコントロール措置

決確定前で，まだ被疑者または被告人の段階であっても，この者による他の人または物に対する危険が明白に非常に現実的で差し迫ったものである場合には，裁判所は，**即時の安全**を確保するために**運転免許の仮剥奪**（vorläufige Entziehung der Fahrerlaubnis）を命ずることができる（刑訴法第111a条）．

　交通官庁が発行した**運転免許証は，判決によって没収される**（刑法典第69条第3項第2文）．運転禁止が付加刑として科せられる場合（第3章参照）とは違って，この意味は，運転免許証の基礎がなくなったのだから，免許証は消滅し，取り戻すことができないということである．

　状況がよければ，有罪被宣告者は，いわゆる**運転免許取得禁止**（刑法典第69a条）期間経過後に，新たに運転講習を受け，**新たな運転免許**を新しい免許証と共に与えられるよう目指す**チャンス**を利用することができる．状況によっては，とりわけ飲酒運転を繰り返した場合には，（国家から委託された民間事業者としての）運転技術監視団体の心理学部門で講習コースを終了し，続いて専門家がこのコースを成功裏に終了したという鑑定を出した後でなければ，免許を取得できない場合もある．具体的な重要点は，刑法典第69a条第2項乃至第7項から明らかになる．免許取得禁止期間は，通常の場合，6ヶ月以上5年以下である．極端に否定的な場合には，無期限に禁止することもできる．犯人が犯行までにそもそも運転免許を取得していなかった場合には，これはとりわけ少年事件では重要であるが，裁判所は**運転免許取得禁止を単独**で命ずることができる．

◇ **参考文献**
Arbeitsgemeinschaft Bayerischer Bewährungshelfer und Bewährungshelferinnen:

4 運転免許剥奪措置

7-Punkte-Programm zur Reform der Führungsaufsicht. September 2000 / Mai 2001. Elektronische Ressource: http://www.bewaehrungshilfe-bayern.de/

Best, Dominik: Das Rückwirkungsverbot nach Artikel 103 Absatz 2 GG und die Maßregeln der Besserung und Sicherung (§ 2 Absatz 6 StGB). Zeitschrift für die gesamte Strafrechtswissenschaft 114, 2002, Heft 1, S. 88-129.

Cornel, Heinz: Klarstellung oder Verschärfung der Bedingungen zur Strafaussetzung zur Bewährung. Eine Untersuchung zu den Konsequenzen der Gesetzesänderung von 1998 in der Praxis. Monatsschrift für Kriminologie und Strafrechtsreform 2002, Heft 6, S. 424-438.

Eser, Albin: Zur Entwicklung von Maßregeln der Besserung und Sicherung als zweite Spur im Strafrecht. In: Grundfragen staatlichen Strafens. Hrsg. von Guido Britz u.a. München: C. H. Beck Verlag 2001, S. 213-236.

Hentschel, Peter: Trunkenheit, Fahrerlaubnisentziehung, Fahrverbot im Straf- und Ordnungswidrigkeitenrecht. 9. Auflage. München: Werner Verlag 2003.

Lissner, Odilia: Strafrestaussetzung. In: Handbuch der Resozialisierung. 2. Auflage. Hrsg. von Heinz Cornel u.a.. München: Luchterhand Verlag 2003, S. 307-319.

Maelicke, Bernd: Gerichtshilfe, Bewährungshilfe, Führungsaufsicht und Soziale Hilfe im Strafvollzug. In: Handbuch der Resozialisierung. Hrsg. von Heinz Cornel u. a. 2. Auflage. Baden-Baden: Nomos Verlag 2003, S. 135-172.

Meier, Bernd-Dieter: Strafrechtliche Sanktionen. Berlin, Heidelberg, New York: Springer Verlag 2001.

Neubacher, Frank: Führungsaufsicht – quo vadis? Eine Maßregel zwischen Sozialkontrolle und Hilfsangebot. Bewährungshilfe 2004, Heft 1, S. 73-85.

Schöch, Heinz / Jörg-Martin Jehle (Hrsg.): Angewandte Kriminologie zwischen Freiheit und Sicherheit: Haftvermeidung, Kriminalprävention, Persönlichkeitsstörungen, Restorative Justice. Mönchengladbach: Forum Verlag Godesberg 2004.

Stiels-Glenn, Michael: Ist die Bewährungshilfe auf psychisch kranke Probanden gut vorbereitet? Eine kritische Bestandsaufnahme. Bewährungshilfe 2005, Heft 1, S. 41-51.

Streng, Franz: Strafrechtliche Sanktionen: Die Strafzumessung und ihre Grundlagen. 2. Auflage. Stuttgart: Kohlhammer Verlag 2002.

第6章

危険な犯人の自由剥奪によるコントロール措置
―― 特に保安監護のための収容措置の最近の厳格化について

はじめに

自由剥奪を伴う改善・保安措置には，第5章で自由状態におけるコントロール措置について行なった説明が，それ相応にあてはまる．

自由剥奪を伴う改善・保安措置は3つある．すなわち，

(1) 精神病院への収容（刑法典第61条第1号，少裁法第5条第3項および第7条），

(2) 禁断施設への収容（刑法典第61条第2号，少裁法第5条第3項および第7条），

(3) 成年刑法による有罪被宣告者の保安監護施設への収容（刑法典第61条第3号，少裁法第106条第3項乃至第6項）である．

1 精神病院への収容措置

精神病院への収容措置の要件

精神病院への収容（Unterbringung in einem psychiatrischen Krankenhaus）（刑法典第63条）は，いわゆる**状態的犯罪者**（Zustandstäter）を対象とする．この措置は単独で命ずることもできる（刑法典第71条）．それは，犯人の**責任無能力**が判明したために起訴すらできない，もしくは，無罪判決を下さなければならない場合（刑法典第20条），また

は、**口頭弁論能力**がないために犯人に対する刑事訴訟を遂行することができない場合である。このような単独の命令の1年間の数は、この間、約500件に上る。この措置は科刑と並行して命ぜられることもあり、それは、犯人が**責任能力に劣る**（刑法典第21条）ために減刑されて有罪判決を受けた場合である。このような収容は、現在年に約300件ある。

精神病院への収容命令を発する実質的要件は、裁判所が**犯罪（複数の場合もある）および犯人を全体的に評価**して、この結果、「犯人の状態から犯人に相当重大な違法な犯罪が予測でき、したがって社会全体に対して危険である」と評価せざるを得ないということである（刑法典第63条）。

精神病院への収容措置の効果

この措置は、たしかにその基本線については、行刑法で規定されているが（行刑法（StVollzG）第136条および第138条）、しかし、いわば古い伝統を維持して、その具体的執行については、連邦構成州の保健省または社会省が権限をもっている。各州は、このいわゆる**措置執行**（Maßregelvollzug）のために、この間、例外なく特別の州法を制定した。

精神病院への収容には、原則として、期限が付されない。それは、犯人が犯罪を惹き起こした病気または人格的障害から回復するまで続き、回復の希望がない場合にはまさに終身となる。一般的に言えば、これは特定の精神病院のいわゆる法医学部門での保安収容である。しかしながら、治療スタッフは、時が経過して状態がよい場合には、緩和措置を試みることができる。

管轄を有する執行裁判所は、いつでも、**保護観察のための収容猶予の可能性**を、職権または申請により審査することができる。それ以外

にも，執行裁判所はこのような審査を，年に1回病院の現地で，（可能であれば）被収容者および治療担当医師を聴聞した上で行なわなければならない（刑法典第76e条第2項）．この審査により被収容者に有利な結果が出たときには，裁判所は保護観察のため収容を猶予する．それは，被収容者が退院後も将来もはや犯罪を実行しないであろうということが期待できる場合である．収容猶予と共に，行状監督が開始する（刑法典第67d条第2項）．試験的に退院した者の行状が良好で，とりわけこれ以上新たな犯罪を実行しない場合には，裁判所は，行状監督期間経過後に収容措置が終了したと宣告し（刑法典第67g条第2項），被措置者は自由な状態でまったく普通に活動することができる．

2　禁断施設への収容措置

　禁断施設（Entziehungsanstalt），これはかつて治療・看護施設と呼ばれていたが，この施設への収容（刑法典第64条，少裁法第5条第3項，第7条および第93a条）は，刑法典第63条が状態的犯罪者を対象とするのに対して，いわゆる**性癖的犯罪者**(Hangtäter)を対象とする．性癖的犯罪者とは，**アルコール飲料**または**他の麻酔剤**（したがって，主として違法な薬物）を過度に摂取し，合法または違法な薬物の影響下で**犯罪**を実行する，文字通り「性癖（Hang）」（すなわち，強く刻印され，さらには肉と化すほどの性向）をもっている犯罪者である．このような犯罪者が責任能力を有した上で行動した場合，または，責任能力が減退したにすぎない状態であった場合には，科刑と並行して収容が行われる．これは，現在実務では，年に約600乃至700件行われている．犯人が，責任無能力になる（刑法典第20条）ほどの，または，責任無能力である可能性が排除できないほどの，はっきりとした酩酊状態にあった場合には，収容措置は単独でも命ずることができる（刑法典64

第6章　危険な犯人の自由剥奪によるコントロール措置

条第1項, 第71条と合わせ読む). この命令は, 現在実務では, 年に約50件出されている.

収容の要件

収容のための**予測の公式**として, 刑事裁判所は, 障害の治療を目的とする収容が行われなければ, 犯人が将来, その性癖の結果相当重大な犯罪を実行するというように, 全体社会にとって危険となることを, 認定しなければならない（刑法典第64条）.
連邦憲法裁判所は, 法律の効力をもつ決定において, 刑法典第64条が限定的に解釈されなければならないことを確認した. すなわち, この決定によれば, 医学的知見の現状から判断して, **治療が成功する十分な見通しが一般的に存在しない場合には, 禁断施設への収容ははじめから命ぜられてはならない**（BVerfG, BGBl. I, 1994, S. 3012）.

収容の効果

禁断施設への収容が認められる場合には, その期間は2年を超えてはならない（刑法典第67条）. 最高限度期間が経過した場合には, 措置は終了となり, 被収容者は退院させられる（刑法典第67d条第4項）. 収容が試験的保護観察のために猶予できないかどうかについての執行裁判所の審査は, この場合には特に短い期間を置いて行われる. すなわち, 6ヶ月毎である（刑法典第67e条第2項）. 行状監督期間が無事経過した場合には, 措置は終了したものとされ（刑法典第67g条第5項）, 行状監督被験者は再び社会でまったく自由に活動することが許される.

精神病院への収容および禁断施設への収容のための各州の施設（行

刑法第137条および第138条，ならびに各州の特別法．この両者はしばしば同一の施設で，部門が異なるだけである）には，現在約6千人が収容されている．

3　保安監護の収容措置

保安監護の歴史

　保安監護（Sicherungsverwahrung）（基本原則，刑法典第66条）は，**被宣告者の生活に最も厳しく介入する改善・保安措置**である．それが最も広く用いられたのは第三帝国時代で，約1万6千人の被保安監護者がいた．第2次大戦後，刑事裁判所は保安監護の命令を出すのに非常に慎重になり，その後もその態度を継続し，ドイツ全体で当該施設に収容されている人数は，どの時点でも300人を超えることはほとんどない．これまでのところこの状態は，最近の法律改正によって実現された保安監護法の拡張および厳格化を経ても，利用できる統計から読み取れる限りでは，なお定性的に変化していない．昨2004年の見積もりでは，保安監護が命ぜられたのは約100件であろう．保安監護の収容は，各州の司法省の管轄下にある通常の行刑システムによって執行される（行刑法第129条乃至第135条）．収容の目標について第129条はまさに素気ない言葉で次のように規定している．「<u>被保安監護者は，社会全体の保護のために，安全に収容される．彼には，自由</u>な状態における生活に参加できるよう，援助が与えられる．」自由な状態における生活がそもそも考えられるのかどうかについて，2年置きに繰り返し管轄の裁判所によって審査されなければならない（刑法典第67e条第2項）．

　1960年代までは，1933年に導入された保安監護は，原則として期

第 6 章　危険な犯人の自由剥奪によるコントロール措置

限が付せられず，事実上終身となることもしばしばであった．立法者は，1969年の刑法改革法によってこれを緩和した．すなわち，保安監護を1回目に課すときは，被収容者の態度とは無関係に，執行は10年間だけ継続してよいということになった．この規律は，1998年に性犯罪その他の危険な暴力行為撲滅法によって，再び一部撤回された．たしかに10年の期間制限は維持されたが，しかしこれはもはや絶対的な限界ではない．今や，管轄を有する裁判所（刑訴法第463条）に，10年の期限経過前に事案を精査することが委託された．裁判所は，危険が存続することを認定したときは，保安監護が引き続き効力をもつことを宣言する．これに対して，危険が以後なくなった，または，少なくとも決定的に減少して将来は自由な状態における精力的な監視に委ねることができるという見解に裁判所が至ったときには，保安監護が終了したと宣言する．法律は，この関連を刑法典第67d条第3項で次のように表現している．「<u>10年の保安監護の収容が執行された場合に，被収容者がその性癖の結果として相当重大な犯罪を実行する危険が存在しないときは，裁判所は措置が終了したと宣言する．終了とともに，行状監督が開始する．</u>」

🌑 新しい動向：受刑中に発見された危険による保安監護の可能性

その後ドイツでは，有罪被宣告者が刑務所収監中になって始めて明示的な言動から社会全体にとって危険であると認識される場合にも，保安監護を可能にする必要があるのかないのかについて，激しい議論が生じた．連邦政府は，このような規律の必要を執拗に否定した．これに対して各連邦構成州は，行刑の実務によって判明した，非常に差し迫った必要があるのだと，次のように主張した．たしかにいつも問題になるのは，ほんのわずかな個人だけである．しかし，状況によっ

ては，刑事裁判所によって判決を下されたときには犯罪的性癖を隠すことができた犯人こそが，本当に危険なのである．重要な法益に対する非常に明白な危険がある場合に，効率的かつ効果的に対応できる手段を司法に与えることが重要である．国家は，「みすみす」新しい犠牲者を甘受してはならない．受刑者が自由刑の刑期を満了して釈放された後に予測できた新たな重大犯罪を実際に実行するまで待ち，実行されて始めて新しい自由刑を付加的な保安監護とともに科すことができるというのは，耐え難いことである，と．

事後的保安監護：州法による立法と憲法上の問題

これに応じた各連邦構成州の立法提案が連邦参議院を経て出されたが，成功しなかった．それゆえ，バーデン・ヴュルテンベルク州が先駆的役割を引き受け，州法によって，刑務所指導部の申請により，その危険性が行刑中に始めて明らかになった犯人に保安監護の収容を命ずることができる権限を，州の裁判所のために導入した．いわゆる**「事後的保安監護（nachträgliche Sicherungsverwahrung）」**のこの解決に，直ちにバイエルン，チューリンゲンおよびザクセン州が続いた．この新しい方策に対して，学界，政界および実務界から，とりわけ他の州から，しかし連邦政府からはより少なかったが，重大で多面的な疑義が出された．特に争われたのは，なんと言っても明らかに刑法に属し，したがって全体的にはこの間連邦法によって規律されてきた素材について，各州はそもそも固有の立法を制定する憲法上の管轄権限をもつのかということであった．しかし，連邦政府の対応の仕方は，別であった．連邦政府は，いわゆる**「留保された保安監護（vorbehaltene Sicherungsverwahrung）」**についての法律案を提出し，これは結局刑法典第66 a 条として法律になった（詳細については下記参照）．州法によ

第6章　危険な犯人の自由剥奪によるコントロール措置

って事後的保安監護を命ぜられた各受刑者は憲法裁判所に憲法異議を提出することができた．連邦憲法裁判所は，これについて2004年に公開の口頭弁論で審理し，引き続いてその偉大な名声を高める決定において，これらの州法が憲法違反であると宣告した（BVerfG; NJW 2004, S. 750）．その認定したところでは，高度に危険な犯人を収容するという素材は被申立州の主張とは反対に予防的警察法（＝州の管轄権限）に属するものではなく，刑法（連邦の管轄権限）に属するものである．しかしながら，憲法異議を提出した被収容者の弁護人の主張とは反対に，そして多くの専門家の意見とは反対に，連邦憲法裁判所は同時に，当該州がその州法で実現しようとした願望によって実質的にはまったく正当なことを主張していた，とも説いた．すなわち，犯人の中には，その危険性が刑務所収監中におよそ初めて明らかになる者もおり，そうでなくても，少なくても非常にはっきりするのが収監中だという場合もある．そうであれば，連邦の立法者は，社会の保護のために，事後的保安監護の命令を連邦全体で可能にする新しい法律を直ちに制定する義務を負っている．連邦憲法裁判所は新立法のための期限を非常に短期間に設定していたので，連邦政府は直ちに行動に移らなければならなかった．これに対応する新規律は，2004年7月23日の「事後的保安監護を導入するための法律」によって行なわれた（BGBl. I, 2004, S. 1838）．

保安監護命令の具体的要件

危険な性癖的犯罪者に対する保安監護**命令**については，これ以後以下のことが適用になる．
(1) 「**標準的事案**」—前科2犯後の義務的に与えられる保安監護命令．これはさらに1989年前に適用されていた法に対応する（刑法典第

66条第1項第1号,第2号).

(a) **直接契機となる犯罪**:犯人は,現在裁判所の審理を受けている犯罪に関して2年以上の自由刑を科せられた.補充的に,同時に判決が下される複数の犯罪を理由として合一刑が科される場合には,合一刑に算入される個別刑の少なくても1つが1年以上に及ぶのでなければならない.

(b) **犯罪または有罪判決歴**:犯人は,すでに少なくとも2度の有罪判決を受け,各判決が1年以上の自由刑に処したものでなければならない.これらの犯罪の1または複数によって2年以上刑務所に服役し,または,自由を剥奪する改善・保安措置により収容されたのでなければならない.

(c) **全体的評価**:犯人および犯罪の全体的評価から,相当重大な犯罪に対する性癖があることが導き出されなければならない.ここで相当重大な犯罪とは,将来の被害者に精神的もしくは身体的損害を招き,または,重大な経済的損害を惹き起こす恐れがあり,その結果犯人が社会全体にとって危険であると判明する,そういう犯罪である.単純化して言えば,性癖的犯罪者とは,社会全体にとってわずらわしいだけでなく,社会全体にとって危険なものである(保安監護の場合にも遵守されなければならない,刑法典第62条の比例原則参照).

(2) **特別の事案―前科1犯で,重罪またはカタログ犯罪にあたる軽罪に基づき,裁判所の裁量により与えられる保安監護命令**(刑法典第66条第3項第1文)

(a) **直接契機となる犯罪**:犯人は,(任意の)重罪または個別的に列挙された軽罪(したがって,カタログ犯罪という)の実行によって,2年以上の自由刑を科せられた.カタログ犯罪は,以下の通

第6章　危険な犯人の自由剥奪によるコントロール措置

りである．
① 保護責任者が犯す強制わいせつ（刑法典第174条）
② 受刑者，当局の命による被監護者，または，施設にいる病人および要介護者に対する強制わいせつ（刑法典第174a条）
③ 公職務上の地位を利用した強制わいせつ（刑法典第174b条）
④ カウンセリング，治療または看護の関係を利用した性的暴行，たとえば，心理療法士または麻薬療法士による強制わいせつ（刑法典第174c条）
⑤ 〔14歳未満の〕児童に対する強制わいせつ（刑法典第176条）
⑥ 〔精神的・肉体的障害による〕抗拒不能者に対する強制わいせつ（刑法典第179条）
⑦ 〔16歳未満の〕未成年者の性的行為の勧誘（刑法典第180条）
⑧ 〔16歳未満の〕少年・少女に対する強制わいせつ（刑法典第182条）
⑨ 危険な傷害（刑法典第224条）
⑩ 保護責任者の遺棄（刑法典第225条）
⑪ 酩酊状態に陥って実行した犯罪であって，上記の犯罪に関係するもの（刑法典第323a条）．

(b) **有罪判決歴**：何らかの重罪またはカタログ犯罪に当たる軽罪に基づき3年以上の自由刑の有罪判決を既に1度受けていれば十分である．これらの犯罪の1または複数の犯罪によって2年以上刑務所に服役したのでなければならない．

(c) **全体的評価**：犯人および犯罪の全体的評価から，相当重大な犯罪に対する性癖があることが導き出されなければならない．ここで相当重大な犯罪とは，将来の被害者に精神的もしくは身体的損害を招き，または，重大な経済的損害を惹き起こす恐れがあり，その結果犯人が社会全体にとって危険であると判明する，そうい

う犯罪である．単純化して言えば，性癖的犯罪者とは，社会全体にとってわずらわしいだけでなく，社会全体にとって危険なものである（保安監護の場合にも遵守されなければならない，刑法典第62条の比例原則参照）．

(3) **特別の事案―犯人にいかなる前科もなく，3件以上の現在判決の対象となっている故意犯罪に基づき，裁判所の裁量により与えられる保安監護命令**（刑法典第66条第2項）．

(a) **直接契機となる犯罪**：現在判決の対象となっている故意犯罪が3件以上ある．重罪か軽罪かは問わない．しかしながら，犯人は，3件の犯罪それぞれに基づき1年以上の自由刑を科せられたのでなければならない．最終的に実際に科される刑は，合計して3年以上になっていなければならない．

(b) **有罪判決歴**：必要ない．しかし事実上は常に存在する可能性がある．

(c) **全体的評価**：犯人および犯罪の全体的評価から，相当重大な犯罪に対する性癖があることが導き出されなければならない．ここで相当重大な犯罪とは，将来の被害者に精神的もしくは身体的損害を招き，または，重大な経済的損害を惹き起こす恐れがあり，その結果犯人が社会全体にとって危険であると判明する，そういう犯罪である．単純化して言えば，性癖的犯罪者とは，社会全体にとってわずらわしいだけでなく，社会全体にとって危険なものである（保安監護の場合にも遵守されなければならない，刑法典第62条の比例原則参照）．

(4) **特に深刻な事案―犯人に前科がなく，2件の現在判決の対象となっている故意犯罪に基づき，裁判所の裁量により与えられる保安監**

護命令（刑法典第66条第3項第2文）．

(a) **直接契機となる犯罪**：2件の犯罪，ただし，任意の種類の重罪またはカタログ犯罪となる軽罪．しかしながら，犯人は，2件の犯罪それぞれに基づき2年以上の自由刑を科せられたのでなければならず，最終的に実際に科された刑は，合計して3年以上になっていなければならない．

(b) **有罪判決歴**：必要ない．しかし事実上は常に存在する可能性がある．

(c) **全体的評価**：犯人および犯罪の全体的評価から，相当重大な犯罪に対する性癖があることが導き出されなければならない．ここで相当重大な犯罪とは，将来の被害者に精神的もしくは身体的損害を招き，または，重大な経済的損害を惹き起こす恐れがあり，その結果犯人が社会全体にとって危険であると判明する，そういう犯罪である．単純化して言えば，性癖的犯罪者とは，社会全体にとってわずらわしいだけでなく，社会全体にとって危険なものである（保安監護の場合にも遵守されなければならない，刑法典第62条の比例原則参照）．

(5) **保安監護の収容の留保**（刑法典第66 a 条）

(a) **判決中で行う将来の保安監護の留保宣言**

裁判所は，刑法典第66条第3項第1文の定める状態に対応する犯罪（上記(2)参照）の場合で，**犯人が社会全体にとって危険であることを，十分な確実さをもって認定できない**ときは，犯人に自由刑が科される旨の有罪判決を下し，補充的に，刑法典第66条第3項のその他の要件が満たされている限りで，保安監護命令を留保することができる．

(b) **事実上義務的な保安監護命令**

有罪判決を下された犯人が刑務所に服役すると直ちに，観察に付される．この観察の結果，受刑者が危険な性癖的犯罪者であることが，裁判所に完全な心証を形成するまでに明らかになるときは，裁判所は保安監護を命ずる．危険だという判断は，犯人，その犯罪歴，および，これまでの行刑中の変化の全体的評価に基づかなければならない．とりわけ，（潜在的に可能な）行刑からの条件付釈放，すなわち，保護観察のための残余刑期の執行猶予の後で，犯人に相当重大な犯罪が憂慮され，この犯罪によって犠牲者に精神的または肉体的な重大な損害が生ずることがないのかが，評価されなければならない．この場合には，したがって，重大な経済的損害が生ずる可能性があると予測されても，それだけでは保安監護には十分でない．裁判所は，受刑者が条件付で釈放される可能性がある時点の遅くとも6ヶ月前までに，その判断を下さなければならない（刑法典第57条および第57a条，刑訴法第454b条第3項と合わせ読む）．

(6) **裁判所の裁量による保安監護の事後的命令**（刑法典第66b条）

保安監護は，3つの異なった状況において，事後的に命ずることができる．

(a) **第1の状況**（刑法典第66b条第1項）

(i) **犯人が，以下の単数または複数の犯罪を理由として原則として1年以上の自由刑の有罪判決を受けた．**

① 生命に対する重罪（たとえば，刑法典第211条の謀殺または刑法典第212条の故殺）

② 身体の不可侵に対する重罪（たとえば，刑法典第226条の強度の傷害〔視覚を失う，四肢を失う等の不可逆的傷害など〕）

③ 人身の自由に対する重罪（たとえば刑法典第239条の監禁）

第6章 危険な犯人の自由剥奪によるコントロール措置

④ 性的自己決定に対する重罪(たとえば,刑法典第177条の強姦)
⑤ 凶悪強盗〔武器などを用いた強盗〕(刑法典第250条)または強盗致死(刑法典第251条)といった重罪,場合によっては,事後強盗(刑法典第252条)または強盗的脅迫〔人身に対する暴行または生命・身体に対する危害を加える旨を告げた脅迫〕(刑法典第255条)の結果の致死.
⑥ 刑法典第66条第3項第1文のカタログ犯罪に当たる軽罪.

(ii) **刑務所での刑期満了前に,社会全体に対し受刑者が相当危険**であることを示唆する**事実**が確認できる.

(iii) 受刑者,その犯罪歴,および,**補充的に**受刑者が行刑中に示した変化を**全体的に評価**した結果,受刑者が刑期満了後高い蓋然性をもって相当重大な犯罪を実行し,それによって被害者の精神または身体に重大な損害が加えられるという判断が導かれる.

(iv) 刑法典第66条の他の要件が満たされている.

(b) **第2の状況**(刑法典第66b条第2項)

(i) **犯人が,以下の単数または複数の重罪を理由として5年以上の自由刑の有罪判決を受けた**.
① 生命に対する重罪.
② 身体の不可侵に対する重罪.
③ 性的自己決定に対する重罪.
④ 凶悪強盗または強盗致死,場合によっては,事後強盗または強盗的脅迫の結果の致死.

(ii) 刑務所での**刑期満了前に**,社会全体に対し**受刑者が相当危険**であることを示唆する**事実**が確認できる.

(iii) 受刑者，その犯罪歴，および，**補充的に**受刑者が行刑中に示した変化を**全体的に**評価した結果，受刑者が刑期満了後高い蓋然性をもって相当重大な犯罪を実行し，それによって被害者の精神または身体に重大な損害が加えられるであろうという判断が導かれる．

(c) **第3の状況**（刑法典第66b条第3項）
 (i) **犯人**は，当初，裁判所の判決によって**精神病院**に収容された．それは，犯人が彼に対して非難がなされ，また証明もされた犯罪の時点で，責任無能力であった（刑法典第20条）か，または，その責任能力が減退していた（刑法典第21条）ためである．
 (ii) 法律によって義務付けられている後の審査において，精神病院への送致の原因となった状況が（もはや存在してい）ない．
 (iii) 裁判所は，したがって，当然の結果として，精神病院への収容措置が終了したと宣告する（刑法典第67d条第6項）．
 (iv) 裁判所は，これが完全にはっきりしていなかった場合には，終了宣告の準備中に，何度か実行され，そのために犯人が精神病院に収容された犯罪が刑法典第66条第3項第1文の犯罪（したがって重罪またはカタログ犯罪に当たる軽罪）であることを確認する．
 (v) 裁判所は，犯人がこれらの単数または複数の犯罪を理由として既に1度3年以上の自由刑の有罪判決を受けていたこと，または，
 (vi) 犯人が同じ理由から既に精神病院に収容されていたこと，を確認する．
 (viii) 最後に，犯人およびその犯罪，さらに**補充的**に，たった今終了宣告された措置の執行中に犯人が示した変化を全体的に評価

した結果，犯人が高い蓋然性をもって相当重大な犯罪を実行し，それによって被害者の精神または身体に重大な損害が加えられるであろうことが明らかになる．

● 補足的指摘：社会的治療施設への収容

犯人に**人格的障害**があり，責任無能力とまでは評価できないが，しかし，治療が必要で，治療が可能だと思われる場合について，立法者は1960年代のデンマークとスウェーデンのモデルに従って，**社会的治療施設（Sozialtherapeutische Anstalt）への収容**措置を定めた（刑法典第65条旧規定）．

しかし，この法条は一度も施行されなかった．それは1984年に廃止され，刑法典から除かれた．その理由は，連邦政府と各州政府との間に架橋できない対立があったことであり，すなわち，この措置を本当に忠実に実施に移すことに関して，とりわけ高度の資格をもったスタッフを備えた複数の新しい施設を建設することについて，対立があった．

しかし，実際のところ，学界の専門家たちとの間で意見の一致を見たのは，特に性格に障害のある犯人は，極端な場合にはサイコパスまたはソシオパス（反社会的精神病質者）と呼ばれるが，刑務所の中で特別の治療を受けさせるべきだということであった．ジレンマからの「脱出口」は，行刑法の内部に解決を求めることにあった．したがって，この解決は一般的に，約めて，**行刑解決（Vollzugslösung）**と呼ばれる．すなわち，人格に障害がある犯人が自由刑に服役中に，彼に対するコントロールおよび治療という行刑の枠内での措置を取るのである．この規律は，とりわけ，既に何度も言及した1998年1月26日の性犯罪その他の危険な犯罪撲滅法によって拡張され，強化された（原

3 保安監護の収容措置

則規律は行刑法第9条に,詳細な規律は行刑法第123条乃至第126条にある).

◇ **参考文献**

Boor, Wolfgang de (Hrsg.): Der Krankheitsbegriff und seine strafrechtlichen Folgen. Neue Diskussion um die „schwere seelische Abartigkeit", §20 StGB. Münster: LIT-Verlag 2003.

Gorba-Klee, Susanne: Grenzen der Behandelbarkeit? Die Behandlung von sicherungsverwahrten Straftätern in sozialtherapeutischen Einrichtungen. In: Sozialtherapie im Justizvollzug. Aktuelle Konzepte, Erfahrungen und Kooperationsmodelle. Hrsg. von Bernd Wischka u.a. Lingen: Kriminalpädagogischer Verlag 2005, S. 307-322.

Calliess, Rolf-Peter: Die „Entwicklung des Verurteilten im Strafvollzug" und die Anordnung der nachträglichen Sicherungsverwahrung ohne Vorbehalt. Zeitschrift für Strafvollzug und Straffälligenhilfe 2004, Heft 3, S. 134-138.

Calliess, Rolf-Peter / Heinz Müller-Dietz: Strafvollzugsgesetz: Gesetz über den Vollzug der Freiheitsstrafe und der freiheitsentziehenden Maßregeln der Besserung und Sicherung mit ergänzenden Bestimmungen. Kommentar. 10. Auflage. München: C. H. Beck Verlag 2005.

Egg, Rudolf (Hrsg.): Ambulante Nachsorge nach Straf- und Maßregelvollzug: Konzepte und Erfahrungen. Wiesbaden: Kriminologische Zentralstelle 2004.

Grünebaum, Rolf: Maßregelvollzug. Das Recht des Vollzugs der Unterbringung nach §§63,64 StGB in einem psychiatrischen Krankenhaus und in einer Entziehungsanstalt; mit den Gesetzen der Bundesländer im Anhang. 6. Auflage des von Bernd Volckart begründeten Werkes. München: Luchterhand Verlag 2003.

Heimerdinger, Astrid: „Gefährliche Straftäter": eine Problemgruppe der Kriminalpolitik? Bewährungshilfe 2005, Heft 1, S. 52-56.

Jansing, Jan-David: Nachträgliche Sicherungsverwahrung: Entwicklungslinien in der Dogmatik der Sicherungsverwahrung. Münster: LIT-Verlag 2004.

Jehle, Jörg-Martin: Strafrechtliche Unterbringung in einem psychiatrischen Krankenhaus. Rechtswirklichkeit und aktuelle Probleme. Bewährungshilfe 2005, Heft 1, S. 3-14.

Kinzig, Jörg: Umfassender Schutz vor dem gefährlichen Straftäter? Das Gesetz zur Einführung der nachträglichen Sicherungsverwahrung. Neue Zeitschrift für Strafrecht 2004, Heft 12, S. 655-660.

Krause, Ulrike: Straf- und Maßregelvollzug bei Sexualtätern in Deutschland. Taunusstein: Driesen Verlag 2003.

Laubenthal, Klaus: Die Renaissance der Sicherungsverwahrung. Zeitschrift für die gesamte Strafrechtswissenschaft 116, 2004, Heft 3, S. 703-750.

Mushoff, Tobias: Sicherungsverwahrung und Rückwirkungsverbot – gesetzesdefinitorische oder wirkungsorientierte Betrachtung? Plädoyer für eine wirkungsorientierte Interpretation grundrechtsgleicher Rechte im Bereich des Strafrechts. Kritische Vierteljahresschrift für Gesetzgebung und Rechtswissenschaft 2004, Heft 2, S. 137-149.

Passek, Iris Kristina: Sicherungsverwahrung im Wandel: Neuregelungen der §§66, 66a und 66b StGB. Goltdammer's Archiv für Strafrecht 152, 2005, Heft 2, S. 96-112.

Rau, Philipp: Verminderte Schuldfähigkeit (§21 StGB) und selbstverschuldete Trunkenheit. Juristische Rundschau 2004, Heft 10, S. 401-406.

Rehn, Gerhard (Hrsg.): Behandlung „gefährlicher Straftäter": Grundlagen, Konzepte, Ergebnisse. Herbolzheim: Centaurus Verlag 2001.

Renzikowski, Joachim: Die nachträgliche Sicherungsverwahrung und die Europäische Menschenrechtskonvention. Juristische Rundschau 2004, Heft 7, S. 271-275.

Rode, Irmgard (Hrsg.): Prognosen im Strafverfahren und bei der Vollstreckung. Münster: LIT-Verlag 2004.

Schalast, Norbert / Sylvia Mushoff / Rita Demmerling: Wie sind Patienten des §64-Maßregelvollzugs kriminologisch einzuordnen. Bewährungshilfe 2005, Heft 1, S. 15-29.

Schwind, Hans-Dieter / Alexander Böhm (Hrsg.): Strafvollzugsgesetz (StVollzG): Gesetz über den Vollzug der Freiheitsstrafe und der freiheitsentziehenden

3 保安監護の収容措置

Maßregeln der Besserung und Sicherung vom 16. März 1976. Kommentar. 4. Auflage. Berlin: Walter de Gruyter Verlag 2005.

Übler, Heiko: Neue Entwicklungen im Bereich der actio libera in causa: Ende einer überkommenen Rechtsfigur? Diss. jur. Regensburg 2002.

Venzlaff, Ulrich / Klaus Foerster (Hrsg.): Psychiatrische Begutachtung. Ein praktisches Handbuch für Ärzte und Juristen. 4. Auflage. München: Urban & Fischer Verlag 2004.

Wischka, Bernd / Ulrich Rehder / Friedrich Specht / Elisabeth Foppe / Ralf Willems (Hrsg.): Sozialtherapie im Justizvollzug. Aktuelle Konzepte, Erfahrungen und Kooperationsmodelle. Lingen: Kriminalpädagogischer Verlag 2005.

Zierep, Albrecht: Grenzen der Behandelbarkeit? Die Behandlung von Sicherungsverwahrten in sozialtherapeutischen Einrichtungen. In: Sozialtherapie im Justizvollzug. Hrsg. von Bernd Wischka u.a. Lingen: Kriminalpädagogischer Verlag 2005, S. 283-306.

第7章

一般刑事手続の最近の発展
── 基本傾向：起訴法定主義から起訴便宜主義へ

はじめに

ドイツ刑事手続の中心にあるのは，1877年の**刑事訴訟法**（StPO）である．その後の最も重要な規律は，たとえば検察および刑事裁判所の組織についての**裁判所構成法**（GVG）である．補充的規範および行政規定の中では，特に，捜査のための勾留・行刑法（UVollzO）および刑執行法（StrafVollstrO）が挙げられなければならない．

1877年刑訴法とその後の改正

刑訴法の法律としての**基本構造**は，法律の編別構成や条文の外形から見れば，1877年から現在まで**手付かず**であった．けれども，何十年か経過する内に，**改正特別法が数多く挿入され**，これらの法律の一部は19世紀末に支配的であった方針とは別の方針に基づいていた．1877年以降のさまざまな改正は，国家，経済および社会におよぶ全社会的変動と密接に関係している．したがって，これらの改正は，大抵はいわば「恣意的に」行われたのではなく，それぞれが，その時代やそれに対応する時代精神の根本的な要請や切羽詰った現実の必要から生じたものであった．

これらの改正は，主として刑事手続の「事実上の外形」に影響を与え，さらには検察および刑事裁判所の決定行動の「方針」をも変更し

第7章 一般刑事手続の最近の発展

た．この矛盾，すなわち，一方で刑訴法の法律上の基本構造が維持されていること，他方でさまざまな改正法が挿入されて，実務に影響を与えたということから，ドイツの刑事手続には根の深い困難な問題が生じている．この矛盾は，組織社会学の観点から，さらには刑事学の制度分析の観点から，「構造上の緊張」と解釈することができる．最新の広範な改正は，2004年6月の，刑事手続における被害者の権利を改善するための法律，略して「被害者権改革法（OpferRRG）」，および，2004年8月の，司法を現代化するための第1次法律，略して「第一次司法現代化法（1. Justizmodernisierungsgesetz）」である．

伝統的刑事手続の2つの基本前提とその動揺

ドイツの伝統的刑事手続は，**2つの基本前提**に基づいており，この基本前提は今日まで公式には完全に時代遅れになったと言われてもいないし，また，もちろん明示的に廃棄されてもいない．第一の基本前提は，犯罪のあらゆる嫌疑はできるだけ完全に解明されなければならないということであり，その目的は，全ての犯罪が償われ，全ての犯罪者に対してその犯罪に相応しい刑が付されることを可能にすることである．第2の基本前提は，刑事手続では実体的真実，すなわち「現実に起こったこと」が問われなければならず，そして，この実体的真実は，独立の裁判所が，公開の公判手続を通じて，すなわち全ての必要な当事者が立会い，そこですべての事実と証拠を提出し，徹底的に吟味することで，最もよく発見することができるのだ，ということである．

したがって，イメージ化すれば，**刑事司法の伝統的な寺院には2本の大黒柱**があり，1本は起訴法定主義（Legalitätsprinzip）であり，他の1本は公判を核とする公判手続（Hauptverfahren）である．イメ

ージにこだわれば，両方の柱は何十年と経つうちにボロボロになり，それがなお寺院の屋根を支えていられるのは，ただただ，「司法の職人たち」がこの大黒柱の周りにたくさんの支柱をあてがったためである．言い換えて，はっきりさせよう．ドイツの現在の刑事手続実務は，刑訴法のオリジナルな基本構造とはもはや大幅にずれている．無論，具体的事案で下される裁判は大抵いずれかの規範に基礎付けられるている，とはいえ，これらの規範は立法者がいずれかの箇所に後から挿入したものなのである．

　刑訴法が適用になってから130年弱の期間が経過して，起訴法定主義はますます背後に押しやられ，公判ははっきりとその中心的重要性を失い，それによって結果的には実体的真実発見の原則も「縮減」に屈してしまった．つまり起訴法定主義と公判を補充し，さらには代替するまでになった手続の形式や裁判のバリエーションが，真実を吟味するにしてもただ略式で済ますか，それとも，真実を交渉の対象とまでは言わないとしても，対話の対象にしているからである．

　以上のことを，以下の説明で簡単に示すことにしよう．

1　起訴法定主義および実体的真実発見の諸前提および原則規範

　刑事手続に**特殊な起訴法定主義**は，憲法から見れば，**一般原則である罪刑法定主義**（Legalitätsprinzip）〔Legalitätsprinzip は，本来ある行為が現行法に合致していることを要請する適法性の原理である．刑罰権の発動が法律に適合しなければならないという意味で，一般的な原理として罪刑法定主義があり，さらに特殊的に手続法のレベルで起訴法定主義がある〕に基づくものであり，この原理は刑法および刑事手続の不可欠の構成要素である．

第7章　一般刑事手続の最近の発展

◐ 一般原則としての罪刑法定主義

　この一般原則としての罪刑法定主義は，次のように言う．**法律なければ犯罪無し，法律なければ刑罰無し**．そして，ここから論理必然的に次のことがでてくる．このような法律がなければ刑事訴追も無い！国家がある市民を「被告人」にすることができるのは，この起訴事実を解明するための手続の最後に，刑罰で威嚇された**禁止規範**（この場合は作為が可罰的）または同様の**命令規範**（この場合は不作為が可罰的）に違反が**あったかどうか，拘束力をもって確認できる**場合だけである．違反があったと確認できるのは，被告人に対する非難の対象となった行動によって，刑罰法規で外延を精確に規定された「構成要件」が満たされた場合だけである．かの有名な法律家フォイエルバッハ（Feuerbach）こそ，19世紀にこの全体を国際的に有名なラテン語の概念にした人である．すなわち，Nullum crimen sine lege, nulla poena sine lege!〔法律なければ犯罪無し，法律なければ刑罰無し〕．

　このように理解されたこの罪刑法定主義の具体的内容として，犯罪およびこの犯罪の応報として予期されなければならない刑罰は，
(1) 行為の前に確定されていなければならない（「遡及効の禁止」），
(2) 明確な手続を踏んで文書によって確定されなければならない（「固定化の要請」），
(3) 要件が誰にとっても明確でなければならない（「確定性の要請」），そして，
(4) 効果が誰にとっても平等に計算できるのでなければならない（「平等の要請」）．

　一般的な罪刑法定主義は，同時に国家権力を制限し恣意的司法を防止する．罪刑法定主義を補充するのが**無罪の推定原則**（Grundsatz der Unschuldvermutung）であり，これも近代刑法学の大いなる成果の一

つである．無罪の推定は，ドイツ刑事訴訟法では直接に規定されていない．それは，「人権と基本的自由を保障するためのヨーロッパ条約」（EMRK〔ヨーロッパ人権条約〕）第6条第2項に見出される．ストラスブールのヨーロッパ評議会で決められたこの人権条約は，ドイツによって（も）署名され，批准法律によって国内法秩序の中に受け容れられた．ヨーロッパ人権条約は，法技術的に見れば，憲法の下にあって，単純な法律と同列の効力をもつにすぎない．しかしながら，連邦憲法裁判所の確定判例は，ヨーロッパ人権条約の準則は憲法の法治国原理に合致するものであり，したがって，憲法内に規定されたものとしての効力をもつという原則から出発している．

起訴法定主義：前提としての訴追権の国家独占

刑事手続に特殊な原理としての起訴法定主義は，国家をいわゆる犯罪の解明と訴追に「強制する」．したがって，この原則は「訴追強制」または「**刑事訴追強制（Strafverfolgungszwang）**」という名称ももっている．この刑事訴追強制という考え方は，国家と刑罰の理論に密接に関連している．

歴史上近代国家の登場とともに，市民には「司法」を自らの手に取ることが，いよいよもって禁止されることになった．近代国家は，私刑罰を公刑罰に置き換えた．私的復讐（まとまった集団的血讐も含めて）およびフェーデ〔中世法史上の概念：法的に許された自力救済〕は禁止される．自力救済権は厳しく制限され，市民にはほんのわずかな「残滓」しか残されていない．ドイツの（ドイツだけではないが）実体法では，これは特に正当防衛（刑法典第32条）と緊急避難（刑法典第34条）である．ドイツの（同様にドイツだけではないが）手続法では，これは現行犯または犯罪に直結する追跡後〔準現行犯〕の犯人の

第7章　一般刑事手続の最近の発展

一時的逮捕権（刑訴法第127条第1項），告訴（刑法典第77条，刑訴法第158条と合わせ読む）と私訴（刑訴法第374条以下）である．

訴追への市民の関与：親告罪

数の上では少ないが，いわゆる**絶対的親告罪**（absolutes Antragsdelikt）の場合には，刑事手続を開始できるかどうか，および，開始した手続を場合により告訴の取り下げによって実体判決なしに終結しなければならないかどうかの決定を，犯罪被害者が一手に握る．このような絶対的親告罪の典型的定式は以下のように言う．すなわち，「犯罪は告訴を受けてのみ訴追される．」例としては，日常的な単純侮辱（刑法典第185条および第194条第1項第1文），あるいは，信書の秘密の侵害（刑法典第202条および第205条第1項）のような私的秘密の侵害である．

ドイツでは親告罪の数は，何十年かの間に徐々に減ってきて，刑事訴追を職権で開始することができる**非親告罪**（Offizialdelikt）が増えている．さらに，絶対的親告罪が多くの場合に**相対的親告罪**（relatives Antragsdelikt）に転換され，とうとう1998年には，たとえば単純傷害までもそうなっている（刑法典第223条および第230条第1項）。相対的親告罪の典型的定式は以下のように言う．すなわち，「犯罪は告訴を受けてのみ訴追される，ただし，訴追官庁が刑事訴追に特別の公益があることを理由に職権による開始を必要と認める場合はこの限りではない．」

訴追への市民の関与：私訴手続

ドイツの**私訴**（**Privatklage**）**手続**は，時の経過とともに何度か修正

1 起訴法定主義および実体的真実発見の諸前提および原則規範

され，とりわけ付帯私訴（Nebenklage）（刑訴法第395条以下）との，かつて存在した結びつきから分離された．いわゆる私訴罪となる場合には，被害者は警察または検察に告発する必要はない．この私訴罪が同時に親告罪となるときでも，告訴する必要もない（刑訴法第158条）．被害者は犯人を自ら私訴追人（Privat-Ankläger）として区裁判所に直接に訴追することができる．

私訴罪に数えいれられるのは，今日では特に，

(1) 家の平和破壊〔家屋侵入罪〕，
(2) 侮辱および名誉毀損．
(3) 故意の単純傷害，
(4) 過失傷害，
(5) 器物損壊，
(6) 他人を犯罪の実行で脅す〔脅迫〕，
(7) 信書の秘密侵害，
(8) ビジネスにおける贈収賄，
(9) 不正競争の各別に可罰的とされた形態，である．

私訴が区裁判所に提起された場合には，区裁判所から検察にこれについて通知される．このとき検察は，私訴手続をそのまま単純に進行させるべきか，それとも，国家と社会の観点から，被告人に対する措置を職権で行なうべきとする重要な理由があるかを熟慮することになる．検察は，結局このような理由があると認めるときは，開始された私訴手続を，「公益」があるからという理由で，いつでも引継ぐ（Übernahme）ことができる（刑訴法第376条および第377条第2項）．裁判所に対するこの**引継ぎ宣告**によって，検察は**手続の完全な主導権**を確保できる．したがって，市民／被害者の，一定分野の犯罪について事柄を単独で決めることができるという権利は，結果的にはやはり国家のコントロールの利益によって，非常に制限されている．

第7章　一般刑事手続の最近の発展

国家の権利保障義務と起訴法定主義

　自力救済を禁止し，犯罪に対して私的に有効に対処することを制限した結果として，国家と刑罰の古い学説によれば，いわゆる**国家の権利保障義務**（Rechtsgewährleistungspflicht）が生ずる．煎じ詰めて定式化すると，権利保障義務の観念は以下のことを意味する．すなわち，国家が市民に対して，わずかな例外を除き，犯罪に対して自ら戦い，犯人を訴追または処罰することを禁止している以上，国家は，被害者となった市民に代わって，まさにいつでも職権によって戦わなければならず，公務としての訴追と処罰のために配慮しなければならない．このように見れば，起訴法定主義，すなわち国家の訴追強制のあらゆる制限は，国家と市民の間のこのバランスを危険にするものである．この問題をここでこれ以上深めることはできないが，しかし，少なくとも次のことは確認しておかなければならない．すなわち，国家と刑罰に関するドイツの理論は，この問題を最近数十年間，適切に処理してきたとは到底いえないし，まして解決などしなかった，と．

遡及処罰の禁止と改善・保安措置

　罪刑法定主義の基本原則は，ドイツでは憲法によって保障されている．それは，基本法（GG）第102条第2項に認められる．すなわちこの条文は，「ある行為を罰することができるのは，その行為が実行される前に，その可罰性が法律によって定められていたときである」と規定している．（同じ文言の規定は刑訴法第1条に認められ，その限りでこの刑訴法の条文は宣言的意味しかもたない）．責任主義（刑法典第46条第1項）に基づく刑罰および付加的効果に関しては，罪刑法定主義の一内容である遡及禁止が明確に規定されている（刑法典第2条第1

項）のに対して，ドイツ刑法は，犯人の危険性に基づく改善・保安措置（刑法典第61条以下）に関して，これまでのところまだ実際には利用されていない可能性を認めている．すなわち，行為の後で既存の措置を事後的に修正し，または，新種の危険な犯人のために，それまで知られていなかった「適当な」新しい措置を導入する可能性を認めているのである．すなわち，「<u>改善・保安措置については，他に法律の定めがない場合には，決定［すなわち裁判所の決定］の時点で適用されている法律に従って決定することができる</u>．」（刑法典第2条第6項）この規範が本当に合憲なのか，まだ決着をつける形で解明されていない．新しい改善・保安措置の事後的導入が，おざなりではない形で始めて議論されたのは，1977年のいわゆる暑い秋のことであった．当時バーダー・マインホフ（Bader-Mainhof）・グループ〔ドイツ赤軍派を名乗る左翼過激派グループ〕の周辺にいた左翼過激派テロリストたちが，憎むべき国家に反抗する「のろし」を上げるために，多くの公人たちを殺害した．殺された公人たちの中には，連邦検事総長ブーバック（Buback）および使用者団体連合会〔使用者団体は，産業別に組織された労働組合と交渉する使用者の産業別の団体で，その使用者団体の産業横断的な連合が使用者団体連合会〕会長シュライアー（Schleyer）もいた．

訴追の要件

訴追強制は，今日では，その出発点となる法律の文言からして，まったく無条件に妥当しているわけではない．現行の規律は，刑訴法第152条，第160条および第170条を一緒にして見ることから読み取れる．刑訴法第152条第2項に従って，検察があらゆる犯罪を理由に訴追する義務を負うのは，

第7章　一般刑事手続の最近の発展

(1)　「事実の十分な手がかりが存在」し，
(2)　犯罪になる可能性のある行為が「訴追可能」で，そして，
(3)　「法律に別段の定めがない限り」，である．

　第160条第1項にによれば検察は，「刑事告発または他の方法で犯罪の嫌疑を了知した」ときは直ちに，「事情調査」しなければならず，この結果に基づいて公訴が提起されなければならないかどうかについて「決定」を下さなければならない．公訴の主要な形式は，刑事裁判所における公判のための**正式の訴追**（förmliche Anklage）である．したがって，刑訴法第170条第1項は，第152条および第160条を以下の規律によって補足する．すなわち，「捜査が公訴提起のための十分な手がかりを提供する場合には，検察は起訴状を管轄の裁判所に提出することによって公訴（öffentliche Klage）を提起する．」

　警察は，犯罪の解明と訴追に関してその事実上の重要性が高まっているにもかかわらず，ドイツでは依然として，刑事手続の続行または終結について独自に決定する権能をまったくもっていない．そのことは，刑訴法第163条から明らかになる．言われているところでは，警察は，「最初に摑む」権利，さらには義務を有するが，その先のことは検察に任せなければならない．これに対応して言われているところでは，検察は「捜査手続の主」または事前手続の主である．この規律については，繰り返し批判的な議論がなされており，それはとりわけ警察の側からであり，さらに，ヨーロッパ統合と国境を越える訴追の考慮からも，批判がなされている．というのは，EU構成国の中には，当該国の警察がはるかに大きな固有の権利をもっている国もあるからである．

1 起訴法定主義および実体的真実発見の諸前提および原則規範

中間手続および公判開始決定

検察の訴追提起を受けて裁判所は，可罰性および訴追可能性のすべての要件を，いわゆる「**中間手続（Zwischenverfahren）**」（刑訴法第199条以下）において独自にもう一度詳細に吟味する．この手続は，事実関係がまったく単純であれば，数分で済むこともあり，しかし難しいときは，極端な場合，数ヶ月も要することがある．状況によっては，裁判所は追加の証拠提出を命ずることもある（刑訴法第202条）．吟味・調査の結果，被疑者に対するその後の手続を行うための要件がすべて存在している場合には，裁判所はいわゆる「**公判開始決定（Eröffnungsbeschluss）**」を下す．すなわち，「裁判所は，準備手続の結果から被疑者に十分な犯罪の嫌疑があると思われるときは，公判手続の開始を決定する」（刑訴法第203条）．訴追が許され，公判が行なわれるべき裁判所が決定される（刑訴法第207条）．

公判は公判手続の中心となるものであり，そこでは管轄裁判所は，完全な**実体的真実**を発見すべく努めなければならない．この義務は，一般的には，刑訴法第244条第2項から導き出される，すなわち，「裁判所は真実を探求するために，職権により，裁判を行なうために意味のある，あらゆる事実及び証拠に渡って証拠調べを行わなければならない．」

略式命令手続

精確な真実発見のために定められた，さまざまな準則（主要なもの，刑訴法第244条乃至第257条），とりわけ直接主義と口頭主義は，1924年のライヒ司法大臣エミンガー（Emminger）の緊急命令によって導入された**略式命令手続（Strafbefehlverfahren）**において，法的にも事

第7章 一般刑事手続の最近の発展

実上も制限を受けている．この略式命令手続（刑訴法第407条以下）は，すべての当事者が相応に協働し，あるいは，同意している場合には，まったく**文書だけの手続**であり，そこでは文書にだけ基づいて裁判が行なわれる．

略式命令の申立は，検察から，通常は**区裁判所の刑事裁判官**に対して行なわれる．この申立は，正規の訴追という主要形式と並ぶもう一つの種類の「公訴」にあたるが，今日では，この申立に検察が完全に準備した管轄裁判官の略式命令の書式が，科されるべき刑も書き込まれて，常に添付される．それどころか，たいていの場合，裁判官の名前までテクストの最後に既に書かれている．裁判官が略式命令「提案」を通読し，適当だと思えば，適用されている実体法および手続法を審査した上でなお残された仕事は，手書きの署名をすることだけである．

略式命令手続は，ドイツの刑事手続において，非常に高い実務上の重要性を獲得した．今日ドイツで刑事裁判所に提起される公訴の過半は略式命令の申立である．さらに，比較的単純な事案が問題となる，単独裁判官に提起される公訴事件では，この比率は約3/4にまでなる．検察の提案はほとんど100%裁判官によって受け容れられる．裁判官が署名し，これによって有効になった略式命令に対しては，およそ2/3の被疑者が異議申立をせず，したがって遅くとも14日後には確定し，したがって，公判に基づく確定判決と原則として同等のものになる（刑訴法第410条第3項）．しかし，後に瑕疵が発見された場合には，再審手続の遂行は，〔判決の場合よりも〕幾分容易である（刑訴法第373a条）．

いずれにせよ略式命令手続は，たとえ全体としては略式で進められるとしても，なお完全な刑事手続としての特徴をもっている．次の一歩は，ドイツの刑事手続の性格を作り変える点では，管見では略式命

令よりもなおずっと効果の大きい一歩であり，その核心部分は同様に1924年の緊急命令によって導入されたものである．その一歩とは，**起訴法定主義を起訴便宜主義（Opportunitätsprinzip）が徐々に圧倒している**という事態である．現在の状況を以下で簡単にスケッチする．

2 現在のドイツ刑事手続における起訴便宜主義の諸次元

起訴便宜主義には隠れた形のものがあり，それが刑事訴訟法解釈論で詳しく議論されることはほとんど，あるいは，まったく無く，そうでないとしても，少なくともこの起訴便宜主義の観点から議論のテーマとされることはない．しかし，それは，実務が起訴法定主義を根拠とする手続打切りの拡張を発展させている点に認められる．この発展は至るところでたどることができるが，その出発点となったのは既に挙げた刑訴法第170条である．

◉ 起訴便宜主義の法律上の根拠：手続の打切り

刑訴法第170条第2項第1文は次のように規律する．「<u>それ以外の場合には，検察は手続を打ち切る</u>．」「それ以外の場合」の意味は，第170条第1項を見れば，問題の事案の捜査が，すべての解明手段を尽くしても公訴提起の「十分な手がかり（genügender Anlass）」をもたらさなかった場合である．この「十分な手がかり」は，ドイツで一般的に認められている見解によって，中間手続おいて裁判所にとって重要となる，犯罪の「十分な嫌疑（hinreichender Verdacht）」（刑訴法第203条）と内容的には同視されている．

一般的見方によれば，可罰性または訴追可能性のメルクマールがたった一つ欠如しただけでも，その後の**手続を止める**，つまり「打ち切

る (einstellen)」ためには十分であり，打ち切ら**なければならない**．
  (1) 欠如が事実に関してある場合．すなわち，犯罪行為がない，または，行為は確認できるが，被疑者または被告発者が明白・明確に行為に関わっていない，もしくは，反証不能なアリバイがある．
  (2) 欠如が実体法にある場合．すなわち，当該行為が精確に分析すると犯罪構成要件を充たしていない．
  (3) ある犯罪構成要件が考慮されるが，この犯罪の一つまたは複数のメルクマールが欠けている，または，抜け落ちている場合．すなわち，客観的構成要件，主観的構成要件，違法性または責任といったメルクマールが欠けている．
  (4) あるいは，構成要件該当性，違法性，責任はあったが，なお，いわゆる客観的可罰性要件が欠けている場合．
  (5) 欠如が形式法または手続法にある場合．これは，手続要件を欠く場合，たとえば刑の申立を欠く場合など，または，事後的に手続障害が生じた場合，たとえば大赦令の公布がある場合などである．

手続打切りの拡張：克服困難な証明問題

　実務による手続打切りの拡張として，**証明に克服困難だと予想される，重大な問題がある場合**がこれに組み込まれている．具体的には，これは複雑である．けれども，基本的方向は，次の場合には検察は公訴の提起を強制されるべきではないということである．その場合とは，すなわち，被疑者に対して訴追がなされて裁判所で正規の手続がなされたときに，確実性に境を接するほどの〔確実性とほぼ同然の〕蓋然性をもって有罪が証明され，判決が下されることは不可能だ，そうはならないであろうと予想される場合である．

2 現在のドイツ刑事手続における起訴便宜主義の諸相

このような場合としては，たとえば，被疑者に不利な証言を警察で行った主要な証人が外国に引っ越し，彼が裁判所で証言する用意がないことが認められるときである．あるいは，ある刑事の秘密の協力者であって，公判には出て来るべきではない私人である信頼の置ける人物を，検事は信頼できると考えたとしても，これまでの経験からは，裁判所はこのような人物を信用できない，それどころか「買収されたうそつき」とまで考える傾向があると知ることができる場合である．

この最後の例だけでも明らかなように，検察がその後の手続の流れや結果をたしかに一見したところは相当良いと思ったが，しかしやはり詳細に見るとあまり十分ではないとしか「評価」できず，またそう評価せざるを得ない，そういう状況はさまざまにある．多くの手続を迅速に進め，終結させなければならないという圧力が大きくなればなるほど，そして，「古典的な」真実発見の保障という建前が批判的な評価を受ければ受けるほど（たとえば，弁護人は手続上できることをアグレッシブに使い尽くそうとするのが常であるので，この点からも批判を受ける），あるいは無意識に，しかし結局は意識的になるまでに，結果の見通しが疑わしい事案は予め排除する傾向が，それだけ一層幅を利かしてくる．

刑訴法第170条第1項の「十分な手がかり」という審査基準は，このようにして，結果的には「十分な証明力をもった手がかり」になる．この経験に基づいて愛好されている手段が，実際にどの程度頻繁に用いられているか，経験的には端緒的にすら明らかにされていない．けれども，この手段が便宜主義の要素をもつということは，解釈学上正面から争われたことはない．

第7章　一般刑事手続の最近の発展

🔘 「真正の」起訴便宜主義の法律規定：軽罪の不訴追

　「真正の」便宜主義の最古の規定は，1924年の原始規定から何度も作り変えられ，拡張がなされてきた，**刑訴法第153条の軽罪の不訴追**である．この点から見ると，手続における最初の決定を行い，そして今日では量的に見ればすべての決定の獅子の分け前状態〔独占状態〕となっているのが，検察である（刑訴法第153条第1項）．検察が公訴を提起した場合には，裁判所は，公訴提起前に検察が行使できたと同じ手段を用いることができるが，しかし検察の同意が必要である（刑訴法第153条第2項）．このルールは，刑訴法のその他の便宜主義の規定の多くにも適用になるが，それについての詳細は触れないでよかろう．

🔘 「不真正の」便宜主義の規定：私訴手続への送致

　「不真正の」便宜主義の最古の規定は，**私訴手続**に関連する．これは，公訴の「提起」に関する刑訴法第376条である．この条文の文言よれば，第一に重要なのは，検察が刑訴法第374条の私訴犯罪のカタログに入り，かつ，これについて誰も私訴を提起しなかった犯罪を理由に公訴を提起するのは，これが「公共の利益に関わる」ときだけだ，ということである．公共の利益（öffentliches Interesse）という概念は，不確定法概念であり，一定の解釈の余地を残している．多くの被害者は私訴を提起できるということを知らない．他の被害者は，たしかに私訴ができるということは知っているが，しかし自分で刑事裁判所への道を進むことをためらう．たとえば，自己が訴追した者に無罪判決が下された場合のコストの危険を負担したくない，あるいは，できないという理由からである．

2 現在のドイツ刑事手続における起訴便宜主義の諸相

　この場合被害者は，簡単には警察に行き，そこで犯罪を告発する．あるいは必要な場合には，刑事告訴も行う（刑訴法第158条）．これは通常は，警察に対して行い，そして警察は事件をその後検察に送付する．

　仮に，検察官が，報告を受けた犯罪行為には１個の非親告罪と１個の私訴罪があること，そして両方の犯罪とも重大ではないということを発見したとする．この検察官は，したがって，この事件を訴追したくないと思っている．非親告罪については，検察官は直ちに事件が些細だという観点をもち出し，手続を刑訴法第153条に従って終結させる．私訴犯罪については，そんなに直接には進まない．なぜなら，直接に進めようとすれば，被害者／告発者に対して，さしあたりの法的評価として，今までわかった限りでは，犯罪構成要件が充たされていないのだということを，あるいは，犯罪構成要件は充たされるかもしれないが，しかし犯罪の影響は，たとえば，関係者の私的圏内を出るものではなく，したがって，公共の利益に関係しないということを，説明しなければならなくなるからである．検察官は，このような場合に，被害者に手紙を書いて，自ら犯人に立ち向かい，裁判所に私訴を提起することを勧める．これは，「**私訴手続への送致**（Verweis auf den Privatklageweg)」と呼ばれているものである．この方法は，毎年数万件で用いられている．刑訴法153条でも刑訴法376条でも「公共の利益」という文言がある．実質的に見れば，検察官はこの２つのバリエーションにおいて，この公共の利益という文言を利用しない〔したがって，公訴を提起しない〕のであり，そのやり方は似たようなものである．

　その他の多様な便宜主義の規定は，さまざまに異なる観念あるいは立法理由に基づいている．これらは，第８章で説明することにする．

第 7 章　一般刑事手続の最近の発展

◇ **参考文献**

Albrecht, Hans-Jörg: Rechtstatsachenforschung zum Strafverfahren. Empirische Untersuchungen zu Fragestellungen des Strafverfahrens zwischen 1990 und 2003. München: Luchterhand Verlag 2005.

Appel, Ivo: Verfassung und Strafe. Zu den verfassungsrechtlichen Grenzen staatlichen Strafens. Berlin: Duncker & Humblot Verlag 1998.

Bergalli, Roberto: Das Legalitätsprinzip: Fundament der Moderne. In: Internationale Perspektiven in Kriminologie und Strafrecht. Hrsg. von Hans-Jörg Albrecht u.a. Heidelberg: C F. Müller Verlag 1998, 2. Halbband, S. 1325-1336.

Beulke, Werner: Strafprozessrecht. 7. Auflage. Heidelberg: C. F. Müller Verlag 2004.

Döhring, Silke: Ist das Strafverfahren vom Legalitätsprinzip beherrscht? Frankfurt am Main u. a.: Peter Lang Verlag 1999.

Erb, Volker: Legalität und Opportunität: Gegensätzliche Prinzipien der Anwendung von Strafrechtsnormen im Spiegel rechtstheoretischer, rechtsstaatlicher und rechtspolitischer Überlegungen. Berlin: Duncker & Humblot Verlag 1999.

Hamm, Rainer: Leitlinien für „Bagatellstrafsachen". Kritische Vierteljahresschrift für Gesetzgebung und Rechtsprechung 1996, Heft 4, S. 325-329.

Hassemer, Winfried: Einführung in die Grundlagen des Strafrechts. 2. Auflage. München: C. H. Beck Verlag 1990.

Hassemer, Winfried: Strafen im Rechtsstaat. Baden-Baden: Nomos Verlag 1999.

Hassemer, Winfried: Freiheitliches Strafrecht. Berlin: Philo Verlags Gesellschaft 2001.

Kausch, Eberhard: Der Staatsanwalt, ein Richter vor dem Richter? Untersuchungen zu § 153a StPO. Berlin: Duncker & Humblot Verlag 1980.

Kunz, Karl-Ludwig: Das strafrechtliche Bagatellprinzip. Eine strafrechtsdogmatische und kriminalpolitische Untersuchung. Berlin: Duncker & Humblot Verlag 1984.

Kuschel, Annette /Axel Kunze: Minima (non) curat praetor – das Bagatellverfahren in der amtsgerichtlichen Praxis. Deutsche Richterzeitung 1996, Heft 5, S. 193-195.

Lüderssen, Klaus: Die Krise des öffentlichen Strafanspruchs. Frankfurt am Main: Metzner Verlag 1989.

Lüderssen, Klaus: Abschaffen des Strafens? Frankfurt am Main: Suhrkamp Verlag

1995.

Ministerium für Justiz, Bundes- und Europaangelegenheiten Baden-Württemberg (Hrsg.): Ist das Legalitätsprinzip noch zeitgemäß? Stuttgart: Eigenverlag des Ministeriums 1990.

Naucke, Wolfgang: Strafrecht. Eine Einführung. 7. Auflage. Neuwied, Kriftel, Berlin: Luchterhand Verlag 1995.

Nugel, Michael: Ladendiebstahl und Bagatellprinzip: eine materiell-rechtliche Abgrenzung. Berlin: Duncker & Humblot Verlag 2004.

Roxin, Claus /Gunther Arzt /Klaus Tiedemann: Einführung in das Strafrecht und Strafprozessrecht. 2. Auflage. Heidelberg: C. F. Müller und UTB Verlag 1988.

Strafverteidigervereinigungen (Hrsg.): Sicherheit durch Strafe? Strafanspruch zwischen Legalitätsprinzip und Opferinteresse. Berlin: Organisationsbüro der Strafverteidigervereinigungen 2003.

Trüg, Gerson: Lösungskonvergenzen trotz Systemdivergenzen im deutschen und US-amerikanischen Strafverfahren. Ein strukturanalytischer Vergleich am Beispiel der Wahrheitserforschung. Tübingen: Mohr Siebeck Verlag 2003.

Ulrich, Hans-Joachim: Die Durchsetzung des Legalitätsprinzips und des Grundrechts der Gleichheit aller vor dem Gesetz in der Praxis der Staatsanwaltschaften. Zeitschrift für Rechtspolitik 1982, Heft 7, S. 169-172.

Vogel, Joachim /Michael Grotz: Perspektiven des internationalen Strafprozessrechts. [Vorträge vor der Karlsruher Juristischen Studiengesellschaft]. Heidelberg: C. F. Müller Verlag 2004.

Volk, Klaus: Grundkurs StPO. 4. Auflage. München: C. H. Beck Verlag 2005

Vormbaum, Thomas (Hrsg.): Strafrechtsdenker der Neuzeit. Baden-Baden: Nomos Verlag 1998.

Weigend, Thomas: Anklagepflicht und Ermessen. Die Stellung des Staatsanwalts zwischen Legalitätsprinzip und Opportunitätsprinzip nach deutschem und amerikanischem Recht. Baden-Baden: Nomos Verlag 1978.

第8章

一般刑事手続の最近の発展
── 特殊問題：起訴便宜主義から国家の刑罰請求権をめぐる交渉へ

はじめに

1924年エミンガー改革

　ヴァイマール共和国時代の1924年に，議会の立法を回避してヴァイマール憲法第48条の緊急命令によって導入されたライヒ司法大臣エミンガーの改革は，国家危機の表現であった．実際的に見れば，この危機は，とりわけ検察と裁判所のひどい過剰負担に関連していた．すなわち，降りかかってくる大量の刑事手続は，訴追と公判という古典的な手段ではもはや適当な期間内にきちんと処理することができなくなっていたのである．「エミンガー改革」によって実現しようとしたのは，負担軽減であり，不穏な時代の大量の事件によって切迫していると評価された「過剰圧力」に対して，いわば安全弁を作ることであった．

　検察による訴追の免除，あるいは，裁判所による手続の打切りは，新設の刑訴法第153条に初めて規定されたが，以上の事情から，原則である訴追の例外であり，それもあるいは一時的なものとして済ますことができるかもしれないと考えられた．「微罪事件（Bagatellsachen）」，すなわち，**違法性もわずか，損害もわずかという犯罪**は，法的要件がすべて充たされていても，もはや刑法の手段をもって訴追する必要はない，という趣旨であった．この新規律を内容的に正当化する考え方

は，以下のことであった．すなわち，このような微罪は，公共の利益にまったく触れないか，または，いずれにせよそれ程のことはない．したがって，国家は，国家のリアクションがないことによって住民の法に対する忠誠が損なわれるのではと危惧する必要はない，という考え方であった．

消極的起訴便宜主義と積極的起訴便宜主義

　刑事学的には，この見方は「**消極的起訴便宜主義**（negatives Opportunitätsprinzip）」と呼ぶことができる．その基本方針は次のようになる．すなわち，「本来からすれば，すべての犯罪は起訴法定主義によって訴追され，すべての犯罪者は罰せられねばならない，しかし，まったく例外的に，この重要な目標から外れる場合も認めることができる．」20世紀70年代半ばまで，この基本方針は，刑事訴訟法学の通説であった．起訴法定主義に従った訴追強制は，常に**中心的なもの，特に重要なもの**と強調された．判例と学説の多数は，別のモデルに決してなじむことはできなかった．その別のモデルとは，伝統的にはアメリカ合衆国やイギリスに認められ，さらにはヨーロッパ大陸の他の若干の国（たとえば，フランスとオランダ）にも認めることができるものであった．この見方は，刑事学的には，「**積極的起訴便宜主義**（positives Opportunitätsprinzip）」と呼ぶことができる．この積極的起訴便宜主義は，検察に，さらには事情によりその前の警察にも，初めから全般に及ぶまでの広範な**訴追裁量**（Verfolgungsermessen）を認める．このモデルの基本方針は，次のようになる．すなわち，「法技術的，あるいは，法解釈学的に見れば，ある犯罪および訴追のすべての要件が充たされた場合であっても，検察官は，状況が国家のリアクションがぜひとも必要となるほど重大かどうかを審査する．重大だと判断された場

はじめに

合に初めて，検察官は，厳密な審査のための手続というものを開始し，場合によってその後に訴追を行なうことになる．それ以外の場合には，職権により刑事訴追を行なうことに対する包括的利益は，初めから存在しない．」

もっと単純化して，あるいは，もっとポイントを絞って2つの対立するモデルの特徴を示すことができるのは，以下のスローガンである．

(1) 消極的起訴便宜主義のスローガンは，次のように言う．すべての犯罪は，職権によって訴追される，但し，犯罪が例外的に特に些細なものである場合は，この限りではない．

(2) 積極的起訴便宜主義のスローガンは，次のように言う．いかなる犯罪も職権では訴追されない，但し，その犯罪が例外的に特に重要である場合は，この限りではない．

まず実務において，次いで立法において，そして次第に理論においても，ドイツでは以下のような考慮により大きな余地を認めるようになってきた．すなわち，微罪の限度を超える犯罪でもそれだけで訴追しなければならないわけではなく，また，どんな場合でも訴追しなければならないのではない，そして，すべての犯罪者が正規の手続を経て有罪判決を受けて罰せられる必要もない，という考慮である．

決定的な「一投」が投ぜられたのは1975年で，この年，手続を打切るという実務上の事件がセンセーションを巻き起こした後，激しい議論の末に以下でなお論ずることになる第153a条が刑訴法に導入された．それ以降，ドイツも積極的起訴便宜主義へと相対的に大きく接近するという状態が事実上生じた．いわゆる「調和化（ハーモナイゼーション）」を指導理念として，刑法および刑事訴訟法の領域でも進行するヨーロッパ統合の過程で，消極的起訴便宜主義と積極的起訴便宜主義の両モデルがさらに接近するのかどうか，観察することは興味深いことであろう．ヨーロッパに共通の，したがってすべての国家お

第8章　一般刑事手続の最近の発展

および市民のために統一的に作られた刑法および刑事訴訟法といったものは，今後数十年経っても存在しないであろうことは，確かである．もっと先の将来を見るならば，比較として指摘できるとすれば，アメリカ合衆国はおよそ200年存在しているが，犯罪と刑罰の領域では，なんらの統一にも至っていない，ということであろう．

1　検察と裁判所の負担軽減という古くて常に新しい考え

● 検察の負担軽減

　社会全体の犯罪が減少すれば，犯罪を根こそぎ訴追して犯罪者を処罰するための時間とエネルギーを回復できるのだという希望は，1924年以後決して実現することはなかった．今日では，日常的な大量の犯罪に加えて，国境を越える国際的な犯罪が，相当の資源の動員を特に要請することになっている．検察は「準備手続の主人」であるのに，このイメージをそのまま続ければ，「大量の事件の奴隷」になろうとしている．したがって，この検察システムの負担軽減のために何らかの手をうたなければならないという基本的な考えが，非常に大きい影響力をもっている．刑事学の観点から思い切って言えば，検察庁は訴追官庁から訴追打切り官庁への移行期にある．

　指導的立場にある責任者たちは，できるだけ短期間にできるだけ多くの手続に決着をつけることができるためには，どのように資源を最もよく集中することができるかを，よく考慮しなければならない．そのためのさまざまな前提条件は，最近数十年間に立法者によって拡張された．地方および地域のレベルでは補充的に内部規則または指針が存在することは明らかで，これらは高等裁判所では州検事総長が定め，地方裁判所では検事長が定めている．しかし，これらの内部規則や指

針は，通常，司法関係者でも部外者には接近できないものであり，いわんや世間一般の人々には接近不可能となっているが，その理由はよく理解できるものである．刑事学では，これを，「実務の処理戦略」という．ちなみに，この言い方は，現場で明示的な規律なしに，実務の「ルーティン・ワーク」が似たような目標と似たような結果を伴って単純に発展してきた場合にも用いる．

第1の戦略：訴追の素材の限定

第1の中心的戦略は，検察が**訴追の素材**を相対的に重要性の序列をつけて**限定**することであり，あるいは，訴追がなされた場合には，裁判所の決定によって**公判の素材を限定**することである．そのための法的基礎を提供するのは，刑訴法第154 a 条である．圧倒的多数の学者は，これを「**刑事訴追の限定**（Beschränkung der Strafverfolgung）」と呼んでいる．実務は，この「提供品」を十分に活用している．

刑訴法第154 a 条第1項第1文第1号では，次のことが規定されている．すなわち，ある犯罪行為が幾つかの部分に分離できる場合，または，同一の犯罪によって複数の法律違反があった場合に，その各別の部分または法律違反が予想される刑罰または改善・保安措置を考慮すると重要でない場合には，訴追は，これら重要でないものを除いた残りの部分または残りの法律違反に限定することができる．

刑訴法第154 a 条第1項第1文第2号によって，検察官が以上に準じた措置を取ることができるのは，被疑者が別の犯罪によって既に過去に十分刑罰を受け，または，改善・保安措置を受けた場合である．同じことが認められるのは，さらに，被疑者が別の犯罪によってこれから十分な刑罰または改善・保安措置を覚悟しなければならない場合

である.

　刑訴法第154 a 条第1項第2文を第154条第1項第2号と合わせて読むと，その他に刑事訴追の制限が可能になるのは，問題となっている犯罪部分について，いかなる理由によるのであれ，裁判所の判決が相当な期間内に期待できない場合である．

第2の戦略：訴追の完全な回避

　第2の中心的戦略は，検察による**訴追の完全な回避**，または，訴追がなされた場合には，裁判所による手続の（仮の）打切りである．これに関して法律は2つの主要な手段を提供している．これらの手段もまた，実務は十分に活用している．

手段その1：他の重い制裁の存在

　1つ目の手段は，犯罪に相対的な重要性の序列をつけて訴追を免除 (Absehen der Verfolgung) することである．この手段は，刑訴法第154条に規律されており，その意味を正確に再現しているとは言えないが，しばしば「**重要でない付加刑** (unwesentliche Nebenstrafen)」という表題が付けられている．これによって検察がある犯罪の訴追全体を免除できるのは，以下の場合である，すなわち，

(1) 被疑者に対して別の犯罪を理由として既に以前に**確定判決をもって科された**，または，これからなお科されることが**予想される**刑罰または改善・保安措置があり，これらと対比すると，訴追の結果として可能性がある刑罰または改善・保安措置がそれほど重くない場合である（刑訴法第154条第1項第1号）．訴追の免除は，その他に，以下の場合にも可能である．すなわち，

(2) 目下問題となっている犯罪を理由とする裁判所の**判決**が相当な期間内で下されることが**期待**できず，かつ，別の犯罪を理由として既に以前に科され，または，これから予想される制裁が，「犯人に作用し，法秩序を防衛するために十分と思われる」場合である（刑訴法第154条第1項第2号）．

手段その2：違法性の軽微な軽罪

2つ目の手段は，**違法性が相対的に軽微な軽罪**の場合に，効果がないので**刑事訴追を免除**する，または，裁判所が手続を打切ることである．したがって，重罪はこの手段では決して訴追を免れることはできない．このための基本的規律は，他の章で既に何度か言及した刑訴法第153条である．

（補足的説明：有期自由刑の一般的下限は1ヶ月であり，その一般的上限は15年である（刑法典第38条第2項）．軽罪とは，ドイツ刑法の抽象的規律によれば，周知のように，下限が1年未満の自由刑または罰金刑によって威嚇されている全ての犯罪である（刑法典第12条第2項）．通常の軽罪の場合には，立法者は，下限を明記しないが，それは下限が一般的に1ヶ月と定められているからである．立法者が，一定の軽罪が初めから常に最低限の重さを超えるものであることを強調したいときは，威嚇する刑罰の下限を高める，たとえば3ヶ月または6ヶ月というように．威嚇の上限は一般的には5年を超えることはない．例外的に10年という上限が定められることがあるが，それは，その犯罪遂行が相対的に見て特に重大または潜在的に危険と評価されなければならない場合，たとえば，住居侵入または集団窃盗の場合である．）

刑訴法第153条第1項第1文は，軽罪の訴追を免除できる要件として，検察が裁判所の同意を取り付けることを規定しているが，しかし，

第8章　一般刑事手続の最近の発展

刑罰の範囲についてなんら正確な限界を挙げていない．文言からすれば，したがって，1ヶ月から10年までの全「期間」を利用できそうである．けれども，そうはならない．限定は内容から，すなわち，**軽微な（仮定的）責任**および**公益の欠如**という概念を経由して生み出される．これによれば，検察が起訴便宜主義を利用できるのは，検察が以下のことを確認する場合である．すなわち，

(1)　「〔公判になれば〕犯人の責任が軽微であると評価できるであろうこと」，および，

(2)　「訴追に公益がないこと」．

中程度に重い犯罪でも，一般的には両方の要件をもはや認めることができない．コメンタールや教科書の中には，これをさらに狭めているものもある．すなわち，訴追と判決という他の選択肢を選んだ場合に想定される刑罰が，考慮される刑罰の枠内の最低の領域にあるのでなければならないと述べている．しかし，実務はしばしばその先に進んでいる．これに好都合な事情は，古典的といってよい便宜主義による手続打切りの第3の基準，すなわち**犯罪の結果**，したがって，特に軽微な物損および／または重要でない身体的健康障害しかないということが，法律の条文にもはや明示的に挙げられていないことである．

犯罪の結果の軽微が意味をもつのは，最近数十年間に何度も拡張された，**検察が独立して**，すなわち，**裁判所のいかなる関与もなしに訴追を免除できる権能**が問題になるときだけであるが，しかし，いずれにせよこのときは意味をもつ．かつてこの権能が存在したのは，単純な所有権犯罪（たとえば，万引き）や単純な財産犯罪（たとえば，無賃乗車）の場合だけであった．いまや，原則として，法律が威嚇刑罰の下限を引き上げていないすべての軽罪がこの権能に組み込まれている．この点について第153条第1項第2文は，次のように述べている．「裁判所の同意は，下限を引き上げられた刑罰によって威嚇されてお

らず，犯罪によって惹き起こされた結果が軽微である軽罪の場合には，必要ではない．」

この最後に関してだけ，刑訴法第153条は「微罪事件の不訴追」に関する規定だという，あちこちで書かれていることは，事実に合っているといえよう．全体として検察は，この間，第153条の手段を大いに活用しており，年間20万から30万件ほどを処理している．

訴追打切りの補充的手段

以上の中心的な手段の他に，刑訴法は検察と裁判所に，**訴追をまったく免除**する，または，訴訟手続を打切る若干の**補充的手段**を認めている．これらの手段もまた，実務ではいたるところで実際に利用されているが，しかし，上記の中心的手段ほど頻繁ではない．詳しい説明は省いても，以下の手段は挙げておくことができる．

(1) 外国犯罪一般の不訴追（刑訴法第153c条第1項）．最近では，新設の国際刑法典の犯罪構成要件を充たす犯罪の訴追も含まれる（刑訴法第153f条，場合により国際刑事裁判所協力法（IStGHG）および国際司法共助法（IRG）とも合わせて読む）．

(2) 外国犯罪で，犯人が既に外国で刑罰を受け，この刑罰に対比して内国で科される新しい刑罰が重くない場合にこの外国犯罪の不訴追（刑訴法第153c条第2項）．

(3) 外国人がドイツ国内で犯罪を実行し，この犯罪を理由に，または，場合により他の理由から外国人法に基づいてドイツ国外へ追放され，または，外国政府に引渡された場合における，当該犯罪の不訴追（刑訴法第154b条）．

(4) 訴追され，公判が行なわれ，判決が下されても裁判所が刑を免除する可能性がある犯罪の不訴追（刑訴法第153b条）．

(5) 犯罪のために犯人が強要または恐喝の被害者となっていた場合における，当該犯罪の不訴追（刑訴法第154 c 条）．

政治的意味での便宜主義

刑訴法は，最後に，**語の最狭義の意味での便宜**の理由による訴追免除の若干のバリエーションを認めている．すなわち，単純化して言えば，刑事手続を開始し，または，継続することが**政治的に便宜でない**場合である．国家保護に対する犯罪の処理，犯罪組織に対する戦い等において，刑事訴追によってドイツ連邦共和国に不利益が生ずる可能性がある場合の問題である（刑訴法第153 d 条）．立法者は，このような決定の一部を連邦検事総長に留保している．冷戦の時代には，たとえば，敵方が捕らえたスパイを自国で捕らえた敵のスパイと交換する場合に，これらの規定は質的に重要な役割を演じた．これらの規定が実際にどの程度の頻度で適用されたのかは，しかしながら知られていない．

2 正規の有罪判決・科刑に代替する正規の手続を踏まない犯人の制裁という考え

負担付の訴追放棄

1975 年の刑訴法第153 a 条の発効によって，公式に起訴便宜主義にまったく新種のバリエーションが加えられた．実務上は，既にそれ以前からこの方向に進んでいたが，それは刑訴法第153 条の極端な拡張解釈によってであった．これがどの程度の頻度で行なわれたかは，もちろん知られていない．これらの決定の基礎にあったのは，以下の

2 正規の有罪判決・科刑に代替する正規の手続を踏まない犯人の制裁という考え

ような考慮であった．すなわち，犯人が犯行後その結果を取り除くために非常に努力し，または，追加的に公益的給付を行なった場合には，刑事手続の最後の判決に当たって，このことを彼に有利な材料として刑罰を緩和することができる（刑法典第46条）．これを前提にすれば，さらに，この状況を刑事訴追の最初から考慮に入れるという考えも，あながち無理ではない．スローガンとして表現すると，次のようになる．すなわち，事後の行動は，犯人の当初の責任の評価に影響を与える．

刑訴法第153a条は，法令集，教科書およびコンメンタールにおいて，しばしば「起訴の仮の免除 (vorläufiges Absehen von der Klage)」または「公判手続の仮の打切り (vorläufige Einstellung des Verfahrens)」という表題が付されている．これは法学的には誤りではないが，しかしこの規定の本当の内容を正しく表現していない．法律の意味をもっとはっきりさせるためには，「**負担付の訴追放棄** (Verfolgungsverzicht unter Auflagen)」と言った方がよい．

法実務および刑事学的に見れば，これは公判に代替する，または，公判外の犯人の制裁ということができる．検察は，刑訴法第153条におけると同様に，軽微な結果の軽罪のときは相当程度自立的に行動することができる．違法性がこれよりも大きい，その他の軽罪の場合には裁判所の同意が必要となるが，この同意は経験に基づき一般的にはルーティン・ワークとして与えられている．

負担付の訴追放棄の効用

刑事訴追官庁にとって，刑訴法第153a条に基づく処置には**2つの大きな効用がある**．第1の効用は，費用のかかる，そして場合によっては多くの時間を必要とする公判手続を節約できることである．とり

第8章　一般刑事手続の最近の発展

わけ，証拠調べと理由付けの義務を負う判決を必要とする公判を避けることができる．第2の効用は，被疑者が実際に真犯人と目される場合でも公式には依然として無罪の推定が妥当するので，公判手続を節約することで相対的に迅速に，状況によってはまさに骨身にこたえる事実上の科刑をすることさえもできる点である．

　犯人にとっても刑事訴追官庁のこの処置は，まったく**同様に実際的な効用**を有する場合がある．彼が受ける制裁は，刑事学的に見れば非公式なルートで科される処罰であるが，法的には刑罰に入らないので，この制裁は前科簿に登録されない．犯人は，有罪判決を受けたことがない，とりわけ，前科がないと称することができる．通常の場合には手続全体が内密に処理され，文書によって進行するので，世間一般の人々は制裁を受けていることについて何も知らない．とりわけ，犯人は状況によっては重大なリスクとなる公開の公判（プレスがいる‼）を恐れる必要がない．本当にうまく行けば，犯人のすぐ周囲にいる人々（家族，隣人，使用者，仕事仲間等）すら手続を知らないことになる．最後に，犯人が自己に課された給付を履行したときは，限定的な確定力が生ずる．すなわち，手続をもう一度新たに始めることができるのは，実際には軽罪でなく，または，軽罪とともに重罪があったのだということが，後に明らかになる場合だけである．

● **憲法問題：無罪の推定との関係**

　このような制裁を行なうことが既に言及した**無罪の推定**に違反することにならないかという憲法問題・人権問題に対処しようとして，立法者は次のように説明している．すなわち，この解決法を選択できるのは，**被疑者**がこの**解決に**明示的に**同意している**場合で，かつ，この**当事者に責任があること**は実際上は**確実**だが，しかしそれほど重くは

2 正規の有罪判決・科刑に代替する正規の手続を踏まない犯人の制裁という考え

ない場合だけだ,ということである.刑訴法第153条では,法律がいわゆる仮定的な責任評価で十分としている(法律の文言=「責任が軽微であると評価できるであろう場合」)のに対して,第153a条の法律規定は,(明らかに確実である)「責任の重さが妨げとならない」と述べている.この制裁の目的は,公式の刑事訴追(起訴,公判,有罪判決および科刑を伴う)に対する**公共の利益**はそれ自体としては**存在しているので,この利益を負担や指示といった手段によって事後的に相殺する**,または,中和することである.

具体的負担および指示

いかなる負担や指示が具体的に選択されるのかは,検察(および後になって場合により裁判所)の**裁量**の問題である.しかし,法律は特に重要な例を明示的に挙げている.刑訴法第153a条第2項によれば,それは以下のものである.

(1) 犯罪によって惹起された損害を回復するために一定の給付を履行する.
(2) 公益目的の施設または国庫のためにある金額を支払う.
(3) それ以外の公益目的の給付を履行する.
(4) 一定額の扶養義務を果たす.
(5) 被害者との和解を達成する(加害者・被害者間の和解)ために真剣に努力する,その際彼の犯罪を完全にまたは大半を償い,また償いのために努力する.
(6) 交通犯罪者のために道路交通法によって開催される再教育ゼミナールに参加する.

これらの手段は,速やかに非常に頻繁に利用されることになった.ここ数年間は,その適用数は相対的に同様の水準で安定している.現

在では，年間約 15 万乃至 20 万の犯罪者がこの非公式な手段で制裁を受けている．

3 刑事訴訟上の合意から国家の刑罰請求権をめぐる交渉へ

◉ イニシアチブの移動：検察から弁護側へ

刑訴法第 153 a 条は，その文言および立法者の基本的考えでは，第一義的には検察がイニシアチブを握るということのみを規定している．これによって検察は，犯人の責任が明白である場合に，より迅速でいわばより穏健な経路を進むことができる．すなわち，「刑罰（Strafe）」（罰金または自由刑）ではなく「償い（Buße）」（負担または／および指示）である．犯人に残されているのは，検察の処分によって知った負担または指示に同意するか，それとも，これを拒絶して，これによって正式の起訴を要求するかの選択だけである．

しかしながら，刑訴法第 153 a 条の文言は，別のやり方をすることまでも明示的に禁止しているわけではない．この別のやり方を，早くもこの規範の施行直後に，若干の被疑者と，それに続いてますます多くの刑事弁護人が，**刑事訴追に積極的に影響を与えるための有益な手段として認識した**．検察が自発的に負担または指示について考え始め，最後には相当の処理方法を取る意向ももつに至るのかどうかを待つのではなく，検察に対していわゆる「イニシアチブ・申込」を行なうのである．

◉ 発展の第一段階：弁護側からの「申込」

たとえば刑事弁護人は次のように説く．すなわち，自己の依頼者は

犯罪を正面から争っていないが，しかしその責任がそれほど重くないことはまったく明白である．依頼者は赤十字に5万ユーロを寄付することを考えている．この公益目的の施設にこのような支援給付を行なうことによって，確かに市民たちも満足するであろうし，したがって，科刑に対する公共の利益は結果的には確かになくなる，と．この「申込（Angebot）」が検察にとっても，たとえば，自身で決定したとしても同じ給付を考えていたという理由から，納得できるものであれば，たしかに公式には申込を受けて始めるのではなく，いわんやそれを明示的に「承諾する（annehmen）」ことはないであろう．とはいえ，検察は検察に対してなされた提案に内容的に対応する負担を被疑者に与えることになる．この金額の支払いの後に，検察は刑事訴追の終局的免除という処分を行い，事件はこれによって終結し，通常の場合には，永遠に決着が付けられたことになる．

　これまでのところでは，被疑者も弁護人も語の狭い意味での何らかの**条件**（Bedingung）を提示しているわけではない．いずれにせよ検察に対して条件は提示されておらず，せいぜいが予測を述べるだけである．この種のことが，ドイツでは刑訴法第153a条の実務上の適用が広がってくるとともに，次第に普通になってきた．たとえば弁護人は，その依頼人の事件では証拠の状況がやはり非常に不確かであるということを指摘したが，これは実際にそれ自体としてはしばしば正当であった．あるいは，犯罪構成要件の解釈についてやはりまさにさまざまな意見が存在し，したがって状況によっては手続が長引き，何度か卜訴が入ってくる危険もあるということが覚悟されなければならない，と指摘した．

第8章　一般刑事手続の最近の発展

● 訴追の免除についての相互的合意

　当初はなお非常に注意深い表現がとられたが，しかし実質的には全ての当事者に同じ様に念頭にある**申込**は，次のようになった．すなわち，検察が訴追の放棄をお考えになられるようでしたら，一定の種類の負担または一定（金額）程度の負担を直ちに受け入れる用意がございます．そういうお考えをおもちでないようでしたら，検察は，まさに，事件をどうやってうまく処理なさるのかお考えにならなければなりません，と．

　さらに発展が進行すると，弁護人はたしかに脅してはいないが，しかし，検察に対して程度の差こそあれ回りくどい言い方で，以下の**危機的シナリオ**（Krisenszenario）を約束することから始めた．すなわち，訴追を免除するのであればうまく話が付くでしょう，しかし起訴するのでしたら，とりわけ公判における証拠申請など法律で認められたあらゆる手段を十分使うことになり，したがって，検察は場合によっては非常に長い困難な手続を覚悟しなければならないでしょう，と．

　「後に続く負担」は，このような場合にはあからさまに持ち出す必要はなかったし，また，現在も持ち出す必要がない．なぜなら，それは事情に通じた実務家なら誰でも手に取るように分かることだからである．すなわち，ある検察官が長期にわたって公判に拘束されると，彼の事務室では机の脇の書類棚に，警察が送付してきた文字通り何百もの他の書類が積み上げられることになる．そして彼は，その後に，非常に高い集中力をもって，厳しくなった時間的圧迫の下でこれらの事件を処理しなければならない．したがって，弁護側の申込，あるいは，不当な要求であっても，それに従うことは，まったく「心をそそる（verlockend）」ことである．事実上，この結果は，**訴追の免除に関する相互的な合意**（Vereinbarung）である．

3 刑事訴訟上の合意から国家の刑罰請求権をめぐる交渉へ

　さらに，逆に検察の側から見ても，同様の**誘惑**がいわば「自然に」意識せざるを得なくなる場合がある．検察官が，被疑者が公判をたいそう怖がっているということを，的確に推測できる場合もあり，あるいは，人づてに聞いた場合もある．あるいは，被疑者が実業家であって，刑事手続のためにできるだけ時間を失いたくないと思っている，その理由は，この時間を金儲けに使うことができるから，あるいは，もっと差し迫って，取引相手や外国のメッセを訪問するためにこの時間を必要としているから，ということを検察官が的確に認識している場合もある．これらの両場合，そして，さらにいくらでも作ることができるこのような場合には，検察官は次のことを前提にしてよい．すなわち，被疑者は彼にとって相対的に「厳しい」負担でも，無論この負担は検察官の考えでは相当な不法の償いのためにまさに不可欠なのであるが，これを直ちに受け入れるであろう．他方，訴追がなされれば逆に必死に抵抗するであろう，と．

　法治国家の観点から見て状況がよりきわどいのは，検察官が被疑者が真犯人であることそれ自体については相当程度確信をもっているが，しかし自らの予想でも，その後の被告人に場合によって優秀な弁護人でも付けば，これを相手に正規の公判手続でも裁判所を説得できるだけの証明を行うのはまさに難しいであろうという場合である．この場合，検察官は，刑事学的に言えば，「圧力をかけ」ようと試みることができる．すなわち，検察官は，畏怖の念を起こさせる，さらには，威嚇のための舞台装置さえもこしらえ，まだ準備手続中にもかかわらず，検察官が「本来」訴追する意向であることの信号を送ることができる．けれども，弁護人の依頼者が負担や指示を受け入れ，すぐさまそれを履行するとあらかじめ表明してくれれば，場合によってはもう一度事態をよく考えてみることもできる，ということも伝える．弁護人と被疑者がこれに応ずるならば，この場合にも事実上訴追の免除に

ついて合意が成立したことになる．

裁判所における手続の打切り

このような合意を表す簡潔な表現の一つが，**刑事手続上の合意**（Absprache im Strafverfahren）である．こういった合意は，今日では手続のあらゆる段階で考慮され，どの裁判管轄区域でも程度の差こそあれ実際にも利用されている．訴追がなされた後，次の段階，すなわち中間手続において裁判所に生ずる問題は，刑事訴追を公式に先に進めなければならないのか，それとも非公式に終了させることができるのかの問題である．中間手続の裁判所が公判開始決定によって公判手続を開始した場合には，次に管轄を有する判決裁判所に生ずる問題は，公判手続を本当に公判にまで進めなければならないのか，それとも，手続を公判外で片付けることができないのかの問題である．

刑事裁判所が**手続の打切り**を考える場合には，そのために**検察および被告人**（場合によっては弁護人）**の同意**が必要である．この点でも，最近数十年間のドイツの実務では，まさに彩り豊かな解決法が展開されてきた．しかし，このいわば手続が進行した段階では，負担を課して手続全体について（仮に）打切るべきである，または，打切るという裁判所の決定が下されることは，比較的珍しいことである．なぜなら，すでに述べたように，訴追が現在では例外になってしまったので，訴追される事件は傾向として非常に重大か，または，非常に複雑なものだからである．

国家の刑罰請求権をめぐる交渉

こういった類の手続では，**訴訟で争うことの不利益**を避け，**自分の**

側にとっての利益を得ることが，当事者の一方（裁判所，検察，弁護人，被告人）にだけ重要である場合もある．しかし，それぞれ別々の理由からではあるが，目指す目標は同じというように，当事者すべてにとって重要である場合もある．たとえば，被告人は，無罪判決まではまさにありそうもない場合に，少なくとも寛大な刑罰を達成したいと思っている．たとえば，裁判所は，すべての訴追項目を理由として有罪となることまではまさにありそうもない場合に，せめて被告人が実行した中心的犯罪を理由として彼の有罪判決を達成したいと思っている．たとえば，検察は，すべての訴追項目について科刑することまではまさにありそうもない場合に，せめて，被告人に対する裁判所の判決が直ちに確定し，したがって執行でき，その他に，コストのかさむ上訴手続の危険が存在しないということを，達成したいと思っている．

具体的事件においては時として非常に複雑になり，正確に文書にして残されるのが例外的にしかない「手続上の了解事項（Verständigungen im Verfahren）」は，実質的には相互的なギブ・アンド・テイクであり，民事法であれば和解と言えるものである．それゆえ，同様の評価から，**刑事訴訟上の和解**（strafprozessualer Vergleich）と言うこともしばしばである．刑事訴訟法学者には，それどころか，既に新種の刑事訴訟が生じていると見て，古くからの典型的な刑事争訟手続との対比で**合意手続**（konsensuales Verfahren）という者もいる．これに対して，刑事争訟手続では，裁判所は公開の手続において真実発見のあらゆる準則に従って処理し，被告人に「対して」最後に有罪判決を（科刑とともに）宣告する．

事実上の和解の内容は，被告人ができるだけ早く自白すれば，寛大な刑罰を約束する，ということであってもよい．あるいは，被告人が，彼にとって特に不快な訴追項目を「落としてくれる」ならば，自白を約束する，ということであってもよい．これについて理論と実務では

第8章　一般刑事手続の最近の発展

大雑把に，**国家の刑罰請求権をめぐる交渉**（Aushandeln des staatlichen Strafanspruchs）という言葉が使われている．アメリカ合衆国では**司法取引**（Plea Bargaining）というものが日常的に行われており，そこではまったく別の訴訟構造なので，そのことからもほとんど自然に考え付くものなのであるが，この司法取引に上記の交渉は徐々に近づき始めている．したがって，懐疑的な観察者は，否定的な響きをもって，**正義の取引**（Handel mit Gerechtigkeit）と言っている．もっと否定的な立場では，商売（Deals）という概念を用いている．さらに，ある種の国家の刑罰請求権をめぐる交渉だと間接的に言えるのは，被告人が有罪判決の後の**上訴の提起を放棄する**用意があると表明するならば，一定程度の寛大な刑罰を考慮に入れることができると，彼に示唆される場合である．

裁判所による規律

最近では，主としてこの最後の形態をめぐる争いが極端になってきた．ほぼ毎月これについて新しい最上級審裁判や専門雑誌，コンメンタールおよび教科書での議論が存在する．さらに，以上のことが全体として今日まで本当に歓迎されているわけではない．連邦憲法裁判所および連邦通常裁判所の主たる努力は，この発展が収拾が付かなくなることを防ぐことに向けられている．両裁判所は，現在のところ予測できないが，しかしおそらくは最後にはまったく避けられない，新しい法律規律ができるまで，**法治国家の最低条件**としての若干の**基本的準則**を立てている．現在までのところ最も広範囲に及び，そして，実質的には最も重要な諸準則は，連邦通常裁判所の1977年の裁判によって展開され，それが原則となっている（BGHSt 43, 195）．

連邦憲法裁判所や連邦通常裁判所がこうして定めた基準は，このよ

うな準則が実務においても常に、または、まったく厳格に遵守されるべきだと言うことを、無条件に意味しているわけではない。しかし、これらの基準は、やはりある程度までは制御する効果をもち、状況によっては、たがを締める効果をもつ。なぜなら、この準則を無視して下された判決を、当事者の一人がこれに不満で、詳しい事情を明らかにして上告する場合には、連邦通常裁判所があっさりと破棄することを、当事者は知っているからである．

法治国家の観点からも相当であり、また、訴訟を直ちに終了させたいと言う実務の需要にも応ずる解決といったものは、ドイツ刑事手続の包括的な総合改革を行なって初めて達成されるであろう．法政策の分野では、現在のところ、過去数十年間と同様に、このための真剣な努力はなされていない．いずれにせよ、大学の刑事訴訟法学者たちは、今後の議論とひょっとして将来できるかもしれない政府の法律案とのために十分な基礎を提供するモデルを、立案してきたのである．

◇ 参考文献

Albrecht, Hans-Jörg: Rechtstatsachenforschung zum Strafverfahren. Empirische Untersuchungen zu Fragestellungen des Strafverfahrens zwischen 1990 und 2003. München: Luchterhand Verlag 2005.

Beulke, Werner: Strafprozessrecht. 7. Auflage. Heidelberg: C. F. Müller Verlag 2004.

Beulke, Werner /Sabine Swoboda: Zur Verletzung des Fair-Trial-Grundsatzes bei Absprachen im Strafprozess. Juristenzeitung 2005, Heft 2, S. 67-75.

Dölling, Dieter: Polizeiliche Ermittlungstätigkeit und Legalitätsprinzip. Eine empirische und juristische Analyse des Ermittlungsverfahrens unter besonderer Berücksichtigung der Aufklärungs- und Verurteilungswahrscheinlichkeit. Wiesbaden: Bundeskriminalamt 1987 (2 Halbbände).

Erb, Volker: Absprachen im Strafverfahren als Quelle unbeherrschbarer Risiken für den Rechtsstaat. In: Recht der Wirtschaft und der Arbeit in Europa. Hrsg. von

第8章 一般刑事手続の最近の発展

Rüdiger Krause u. a. Berlin: Duncker & Humblot Verlag 2004, S. 743-758.

Geisler, Claudius (Hrsg.): Das Ermittlungsverfahren der Polizei und die Einstellungspraxis der Staatsanwaltschaften: Bestandsaufnahme, Erfahrungen und Perspektiven. Wiesbaden: Verlag der Kriminologischen Zentralstelle 1999.

Kuckein, Jürgen-Detlef: Verständigung im Strafverfahren: Bestandsaufnahme und Perspektiven. In: Festschrift aus Anlass des fünfzigjährigen Bestehens von Bundesgerichtshof, Bundesanwaltschaft und Rechtsanwaltschaft beim Bundesgerichtshof. Hrsg. von Karlmann Geiß u.a.: Köln: Heymanns Verlag 2000, S. 641-661.

Meyer-Gossner, Lutz: Gesetzliche Regelung der „Absprachen im Strafprozess"? Zeitschrift für Rechtspolitik 2004, Heft 6, S. 187-191.

Moldenhauer, Gerwin M.: Eine Verfahrensordnung für Absprachen im Strafverfahren durch den Bundesgerichtshof? Frankfurt am Main: Peter Lang Verlag 2004.

Pfeiffer, Gerd: Strafprozessordnung. Kommentar. 5. Auflage. München: C. H. Beck Verlag 2005.

Satzger, Helmut: Chancen und Risiken einer Reform des strafrechtlichen Ermittlungsverfahrens. Gutachten C für den 65. Deutschen Juristentag. München: C. H. Beck Verlag 2004

Weßlau, Edda: Absprachen im Strafverfahren. Zeitschrift für die gesamte Strafrechtswissenschaft 116, 2004, Heft 1, S. 150-171.

第 9 章

刑法と刑訴法における被害者の地位の改善
── 被害者保護,損害回復および加害者・被害者間の和解,前世紀 80 年代以降から 2004 年被害者権改革法まで

はじめに

　他の多くの近代国家におけると同様にドイツにおいても,**刑事手続における被害者の地位は,客観的に見れば相対的に弱く**,多くの被害者にとって**主観的にも非常に不満足**なものであった.大まかに見れば,伝統的刑事訴訟における被害者は,とりわけ,糾問主義的構造をもつ大陸ヨーロッパの刑事手続およびそこから国際的に派生した手続法においては,**証拠方法としての役割**,とりわけ証人の役割に限定されていたし,また,現在も限定されている.

　私訴や付帯私訴の整備の仕方は,伝統的な刑事手続では,被害者にとって最適ではなかったし,現在も最適ではない.告訴権は縮減されたし,現在も縮減されている.損害賠償または回復を刑事訴訟の中でも,または,刑事訴訟によっても自ら達成できるチャンスは,過去も現在も通常わずかしかないと評価することができる.

　ごく単純化すれば,しかし大筋で間違っているわけではないが,**伝統的な刑事訴訟は被害者を客体**(Objekt)にしている,と言うことができる.この状況は,恣意とは何の関係もないと言ってよく,「**国家対犯罪者**」**という基本的対立**の上に形成された近代刑法の特性の多くに依存している.このことは,ここでこれ以上詳しく論ずることはできない.

第 9 章　刑法と刑訴法における被害者の地位の改善

　ドイツでは，**被害者の地位の新たな規定への変化**の兆しは，20世紀70年代初めに表れた．この運動は徐々に生じてきて，そのうちに非常に影響力が大きくなったが，この運動の方向をまとめて言えば次のようになる．重要なことは，犯罪被害者に対しより以上の理解を寄せ，または，今までより迅速に，そして場合により今までより良く実際的援助を行なうことだけではない．そうではなく，被害者をもう一度（刑事）**手続の主体**（Subjekt）にすること，したがって，できるだけ明確に定義され，他の手続当事者の抵抗があっても実行できる，**固有の諸権利**（eigene Rechte）を創設することが重要なのだ，ということである．この運動は，これまでも，また現在も多くの私的な被害者援助団体によって支援され，推進されている．これらの団体のうち最大で法政策について最も影響力が大きいのは，「白い環（Weißer Ring）」である．この団体には，ドイツ全体で約6万人のメンバーがおり，その中には世間的に著名な人物も多く，また警察，司法および行刑の職務担当者も多く，地位の高い者もいる．

1　被害者補償法

　犯罪被害者という言葉を公式に使ったドイツの最初の法律は，1976年5月に施行された「暴力犯罪の被害者補償に関する法律」であった．この外国のモデルに倣った**被害者補償法**（OEG）が刑法および刑事訴訟法に関係したのは，間接的でしかなかった．この法律の目的は，立法当時も現在も，社会法を通じて，被害者およびその遺族が，その被害または損害について有効な援助や扶助を他に得られなかった場合に，とりわけ犯人から得られなかった場合に，彼らを国家が創設する相互扶助団体によって援助することである．この被害者補償法は，年月の経過とともに，何度か拡張され，内容的にも改善されたが，それはヨ

ーロッパ統合を視野に入れてのことでもあった．本来戦争被害者のために起草されていた連邦扶助法の準用によって補償を受けられるのは，「自己もしくは他人に対する，故意による，違法な，事実上の攻撃の結果，または，それに対する適法な防御によって健康損害を被った」者である（被害者補償法第1条第1項）．

2　被害者保護法

　刑法および刑事訴訟法の専門家世論および一般世論の，犯罪被害者の権利を改善する必要についての議論が強化され始めたのは，20世紀80年代初頭である．この議論は，法政策をも促した．この努力の最初の成果は，1986年12月の「刑事手続における被害者の地位改善のための第1次法律」であった．この**被害者保護法**（OschG）は1987年4月に施行された．保護思想の中心にあるのは，現在も過去も，被害者のために手続文書の閲覧を可能にし，そして個人的領域への危険に対する保護を改善することである．

被害者保護法の具体的規律

　この努力は，とりわけ以下の個別的規律に表れている．
(1)　手続（とりわけ検察の）文書に対する被害者の**文書閲覧権**，この権利はもちろん弁護士によって行使されなければならない（刑訴法第406e条）．
(2)　刑事手続全体にわたって**弁護士の援助**を受けられる被害者の権利，特に被害者証人として尋問を受けるべき場合（刑訴法第406条，第407条）．
(3)　**重大な犯罪の被害者**，たとえば殺人未遂，重傷害，強姦または

第 9 章　刑法と刑訴法における被害者の地位の改善

略取誘拐の被害者として，検察が遂行する職権手続に**付帯私訴**によって接続する手段の改善（刑訴法第 395 条）．
(4)　公判中に，**公開排除**を申立てる被害者のための手段の容易化（裁判所構成法（GVG）第 171 条）．
(5)　被害者証人尋問の間，**被告人を法廷から隔離**する裁判所への申立て手段の拡張（刑訴法第 247 条第 2 項）．
(6)　個人的生活領域に関する質問への答弁義務に対する保護の改善（刑訴法第 68 a 条）．
(7)　有罪判決後，**犯人の側からの損害賠償**を事実上も受け取ることができる機会の改善，被害者の損害賠償請求権に罰金または裁判費用徴収に**優先する権利**を認める（刑訴法第 459 a 条第 1 項）．

1998 年被害者請求権担保法

　立法者は，この後も，結局何も得られずに立ち尽くすのではなく，実際に賠償を得たいという被害者の利益を，追加の規律によって支援した．それが 1998 年**被害者請求権担保法**（OASG）である．この被害者請求権担保法は，民事法としての構成をもつ法律である．この法律の問題意識はそれ自体としては簡単に理解できるが，とはいえその具体化が難しいということは，しばしば明らかになってきた．

　犯人またはその代理人（たとえば，弁護士）が，利益を得ようと犯人の「物語」を売りに出そうとする場合が，繰り返し起こっている．あるいは逆に，性的な衝撃やその他のおそらくは奇妙な付随的状況によって特別なセンセーションを巻き起こした訴訟の場合には，マスメディアが犯人の「真実の歴史」に近づこうとし，インタビューを企画し，あるいは，写真を取ろうとしたりする．これを実現するために，マスメディアは犯人に対して直接に，または家族や代理人を介して報

酬を提供し，極端な場合には非常に高額な報酬を提供して，さらに犯人がいわばシリーズに参加して共著にしないかと申し出る場合もある．さらにまた，行刑中の囚人がプレスに相談をもち掛けて，彼が本当はまったく無実である，または，少なくとも刑事裁判所が認定したよりも責任が小さいことを，事後的に証明したいと思っているので，それを援助してくれと求める場合もある．あるいは，犯人が作家で，その犯罪の要素を加工して短編や長編の小説を書く場合もある．

これらすべての場合，または，その他の場合に，被害者請求権担保法の基本的な考えは，被害者がその債権の満足を受けていない場合，およびその限りで，犯人はその犯罪から二次的な利益を引き出すことができない，ということである．被害者は犯人に流入する財貨を摑取〔強制執行〕できる，という趣旨である．さらに犯人に対して逃げ道をふさごうともしている．逃げ道とは，たとえば，契約によって犯人に帰属する金銭を簡単にその契約相手から取り立てることができず，いわば，「後々のために」契約相手の口座に置いておく，といった手段である．被害者請求権担保法第1条は，この目的のために，犯人および犯人に金銭給付義務を負うあらゆる第三者に対する**法定債権質権** (gesetzliches Forederungspfandrecht)〔債務者の第三者に対する一定の債権についての，法律上当然に生ずる質権．日本にはないが，機能的には先取特権に類似する〕を被害者に認めている．この質権は，犯人が（民法上の債権者として）「犯罪を公表することに関して」第三者（民法上の債務者）に対して取得するすべての債権に及ぶ．〔法定債権質権を潜脱するための〕回避行為は，請求権の発生を妨げない（被害者請求権担保法第7条）．

犯罪それ自体の公表の他に，以下の事柄の公表も，債権質権を発生させる行為となる．

(1) 犯人または共犯者の人物像〔肖像権〕．

(2) 犯人の半生．
(3) 犯人の人間関係，したがって，たとえばその家族関係．
(4) 犯人のその他の振舞い，ただし，それが犯行と密接に関係する場合．

刑訴法および刑法典による損害賠償のための援助

既にこの法律以前から刑訴法には，警察の捜査手続き中からでも，できるだけ早く被疑者の全財産価値を探し出し，押収によって一時的に確保することを特に目的とする手段が存在している．この手段は次に，有罪判決および科刑が確定したなら直ちに，その他の法律の定める要件を充たしていることを前提に，犯人の財産価値の終局的利用を可能にする．たとえば，手続の費用を填補するために利用できる．しかし，ここでの関連では，被害者にとってこの財貨から損害賠償を受けられるチャンスがあるということが，格別に興味深いことであり，また，重要なことである．これを，被害者が失った所有権や財産を取戻すための犯罪追求機関による援助，約めて，**取戻援助**（Zurückgewinnungshilfe）と呼んでいる（基本的規律，刑訴法第111b条乃至第111k条）．実務でこの規律が注目すべき意義を獲得したのはようやく数年前のことで，それは州（最初はバーデン・ヴュルテンベルク州刑事局）が組織犯罪をよりエネルギッシュに追及するために，刑事警察に税務と財務の専門家も配置した特命の**資産捜索チーム**（Finanzermittelungsgruppe）を創設した時である．このチームは，他の任務を相当程度免除され，難しい課題に完全に習熟できるように図られており，この課題の中には，どのようにして犯人の偽装口座を発見し，（それ自体も厳めしく，強力に苦情を言う）銀行において差押えすることができるかの問題も含まれている．

犯人がその略取物の所在を手続において全部またはその大部分隠し通すことができ，その結果，被害者にとってもその所有物を回復し，または，犯人が不法に得た金銭から損害賠償を受ける機会を妨げられていた場合には，**犯人が刑務所に服役している場合**について，刑法典には特別な手段が存在する．執行裁判所は，刑法典第57条第5項によって，服役囚に対して，彼がその後も頑なに沈黙し，それによって被害者を何も得られない状態においている限り，条件付釈放，つまり，保護観察のための残余刑期の服役猶予を拒絶することができる．

家庭内暴力およびストーカー行為の被害者保護

家庭内暴力および個人の執拗な追い回し（アメリカの「ストーカー行為」を意味する）**の被害者**のために，2001年12月のいわゆる**暴力保護法**（GewSchG）によって，将来の暴力行為から保護するためにもう一つ別の手段が創設されたが，そのそもそもの出発点は刑法外にあった．この法律は性別に対し中立的に規定されており，したがって，女性も男性もこの法律から利益を得ることができる．刑事学的には，女性もまた比較的頻繁にその男性配偶者または生活パートナーに暴力を振るうということが知られるようになってきたとしても，この法律が実務上の観点から適用になることが多い状況は，男性＝暴力を振るう者，女性（または子）＝暴力の被害者である．数年前に公布された生活パートナー法の結果，男性または女性の同性パートナー関係の暴力の被害者も，そのままこの法律の保護範囲に組み込まれた．

基本的要件は，犯人が被害者の**身体**，**健康**または**自由**を**故意**で違法に**害した**ことである．通常の場合には，このような加害は1または複数の犯罪構成要件を満たし，したがって犯罪となるであろうが，けれども暴力保護法の適用にとってはこのことは法的にはさしあたり重要

ではない．実務上の脈絡を明らかにするためには，次のことを想起すればよい．すなわち，かつては，たとえば警察官が緊急通報を受けて住居に立ち寄り，暴力的な争いの当事者を落ち着かせ，刑事訴追のための調書を作成した後では，この争いの被害者に一般的な助言以外に直接に役立つことは何も提案することができなかった．いまや警察官は，暴力保護法を指示して，被害者に管轄の家族裁判所に申立てを行なうように助言することができる．

暴力保護法第1条第1項の言うところでは，裁判所は**被害者本人の申立て**により，その後の加害を防止するために**必要な措置**を取らなければならない．法律は，裁判所が以下のことを**犯人に禁止する**ことができると，例示している．

(1) 被害者本人の住居への立入り．
(2) 被害者本人の住居の周囲の一定範囲内での滞在．
(3) 被害者本人が定期的に滞在する確定できる他の場所（たとえば，職場）の訪問．
(4) 被害者本人と連絡を取ること，「遠隔コミュニケーション手段」（たとえば電話，ファックス，またはeメール）を使う場合も含む．
(5) 被害者本人と会うように誘うこと．

被害者は犯人に対して，共同の世帯から離れることを要求することができる，たとえこの世帯の住居が犯人の所有物であったとしても．しかし，このような場合には，裁判所はその決定の期限を切らなければならない（暴力保護法第2条）．

執行可能な裁判所の**禁止に反して行動する**犯人には，**刑罰を科すことができる**．反抗的態度に対する刑罰の威嚇は，罰金または1年以下の自由刑である（暴力保護法第4条）．犯人がその他の点でも可罰的であること，たとえば，住居に押し入って被害者に新たに傷害を行なっ

た場合に，家の平和の破壊〔家屋侵入〕および傷害によって可罰的であることは，この犯行に対する罰とは関係がない．

被害者の定義とヨーロッパ法

これまでのドイツの法律，たとえば，被害者補償法および被害者保護法は，たしかにその表題で被害者という概念を用いているが，しかしこれを条文そのものの中では定義していない．個別規定の中では，損害を受けた者（Geschädigte）または傷つけられた者（Verletzte）という言い方をしている．たとえば，たった今述べてきた暴力保護法の場合である．これは，**ヨーロッパ連合**（EU）のイニシアチブでまもなく変わるかもしれない．ヨーロッパ連合のルール作りとしては，ヨーロッパ理事会が2001年3月に「刑事手続における被害者の地位に関する大綱決定（Rahmenbeschluss über die Stellung des Opfers im Strafverfahren）」（決定2001/220/J1，ヨーロッパ共同体の官報に公表，S. L. 82, 2001年3月22日）を公布し，これをEU構成国は次々に国内法化しなければならない．この大綱決定とは，ヨーロッパ連合のいわゆる第三の柱，したがって，構成国の司法および内務事項の協働に関係し，ヨーロッパ法的に見れば，法律としての性格を有する，拘束力ある指令であって，構成国は相当期間内に国内法化しなければならない．

ヨーロッパ法で言う被害者とは，この大綱決定によれば，損害を被ったすべての自然人である．特にその肉体もしくは精神の健全さを損なわれ，経済的損失を受け，または精神的苦痛をも受けた人である．ただし，この損害が構成国の刑法の違反にあたる作為または不作為の直接の結果として評価できるのでなければならない．大綱決定は，犯罪被害者に援助を求めるさまざまな権能および機会を認めているが，それをここで個別的に説明することはできないが，とりわけ手続の経

過および結果について，ならびに，国家的および私的援助手段についての情報を求める被害者の権利は非常に洗練されている．

3 刑事手続における被害者証人保護のさらなる改善

1998年12月に施行された**証人保護法**（ZschG）によって，立法者は，刑事手続に証人として出頭義務を負うすべての人々のために与えられる保護手段を，拡張しようとした．けれども，この改正の実務上の重要性は，とりわけ，**被害者証人**（Opferzeuge），すなわち被告人に対する訴訟において裁判所で陳述するために召喚される犯罪被害者のためにある．被害者証人の地位は，最近，2004年6月24日の，広範な「刑事手続における被害者の権利の改善のための法律」，被害者権改革法（OpferRRG）によってさらに充実したものとなった．証人保護法および被害者権改革法による最重要な改正点は，以下のことである．

(1) 被害者は，既に**尋問への召喚**の際に，被害者保護権があることについて指摘されなければならない（刑訴法第48条）

(2) それに続く手続でも，すべての被害者は被害者保護権を有することを指摘されなければならない（刑訴法第406 h条第2項）．さらに，被害者は，民事法上の損害賠償請求権をもつ場合には，それを既に刑事手続の中で行使できることについても指摘を受けなければならない．いわゆる**付帯手続**（Adhäsionsverfahren）である（刑訴法第406 h条第2項，第403条以下と合わせ読む）．その他に，被害者に，被害者が**被害者援助団体**からの支援を受けられることについて，情報を与えるべきである（刑訴法第406 h条第3項）．

(3) 被害者は，手続のいかなる段階における，いかなる尋問にも私人たる**信頼のおける人**（Vertrauensperson）の付き添いを受けることができる．

(4) **裁判官の尋問**を受ける被害者証人には，尋問継続の間**弁護士**を**被害者保佐人**（Verletztenbeistand）として付すことが可能であり，それは，被害者証人が尋問の際にその権能を自ら行使することができず，そしてその保護に値する利益が他の方法では考慮できないと，認められる場合である．重罪または一定の重い軽罪の場合には，弁護士付与は，被害者証人の申立て，さらには，検察官の申立てがあれば，義務的に行なわれる（刑訴法第68b条）．

(5) 既に**捜査手続**の段階で，被害者は尋問外でも弁護士を**特別保佐人**（qualifizierter Beistand）として用いることが可能であり，それは，被害者が付帯私訴の権限を与える犯罪によって損害を受けている場合である．権限があるというそのことだけで十分で，被害者が検察によって進められている手続に接続すると表明する必要はない．**特別被害者保佐人**は，単純被害者保佐人よりも**多くの権利**をもつ（刑訴法第406g条第1項および第2項，第395条と合わせ読む．）

(6) 一定のより狭い要件の下で，被害者には，捜査手続段階から，**被害者弁護人**（Opferanwalt）を**国家の費用**で付すことができる（刑訴法第406g条第3項および第4項，第397条および第395条と合わせ読む）．特に重い性重罪または殺人未遂は当然この場合にあたる．被害者が16歳未満の場合，特に少女や若い女性である場合には，性犯罪が法技術的には軽罪にしかあたらない場合でも，それで十分であり，また，若年者が保護義務者の虐待の被害者となった場合（刑法典第225条）もこの場合にあたる．

(7) **公判手続**の場合には，今述べたばかりの諸規律が一層妥当する．さらに，検察は被害者に「特別の保護の必要」がある場合には，通常であれば区裁判所が管轄を有する事件でも，地方裁判所に公訴を提起することができる．これによって，審級が上がることで，

第 9 章　刑法と刑訴法における被害者の地位の改善

被害者がもう一度尋問が行なわれることを省略できるのである（裁判所構成法第 24 条および 74 条）．

(8)　被害者証人の尋問は，すでに捜査手続の段階で**ビデオ**に録画することができる．16 歳未満の被害者証人の場合には，尋問は原則としてビデオ録画されなければならない（刑訴法第 58 a 条）．録画は，2004 年からは被害者の意思に反してもはや〔検察以外の他の者に，したがって，たとえば弁護側に〕引渡すことは許されない．

(9)　捜査手続き中に録画されたビデオテープは，公判において証拠として再生することができる（刑訴法第 251 条以下）．**被害者証人が児童**である場合には，状況によっては，ビデオテープを唯一の証拠として採用させることも可能である（刑訴法第 255 a 条）．

(10)　付帯私訴の権限のある被害者は，付帯私訴を提起していない場合でも，**公判手続全体を通していつでも立ち会う権利**を有する（刑訴法第 406 g 条第 2 項）．そのことは，この被害者が被害者証人として考慮される場合も同じである．通常の場合，証人として召喚された者は，被告人尋問が終了し，場合によっては他の証拠方法についての審理が終了するまで，公判廷の外（証人控室）で待機しなければならない．これによって，被害者証人の証言が口頭弁論から得られた印象によって影響を受けないようにしようとしているのである．この点では，立会い権を認めることで立法者は実体的真実発見に対する少なからざる危険を意識的に生み出したのである．

(11)　被害者証人の**尋問**は，**ビデオ中継**によって行なうこともでき，したがって，被害者は公判廷に出てくる必要はなく，別室で保護された状況でその陳述を行なうことができ，この陳述が公判定で流される（刑訴法第 247 a 条および 168 e 条）．

3 刑事手続における被害者証人保護のさらなる改善

⑿ 刑事手続において裁判所は，被害者の**民事法上の請求権についての和解**の交渉がなされるよう協力することができ，和解がなされれば，被害者には犯人に対する**民事訴訟法**上の**債務名義**が付与される（刑訴法第405条）．

⒀ 被害者が立ち会っていなかった場合，または，途中で立会いをやめた場合には，被害者の申立により，手続の打切りまたはそれ以外の**手続の終結**について，被害者に通知されなければならない（刑訴法第406d条第1項）．

⒁ 有罪被宣告者が自由剥奪の措置（刑または改善・保安措置）に服さなければならない場合には，今や被害者が申立により**服役囚およびその服役状態の変更について情報**を受け取る可能性は増大した．とりわけ，行刑の緩和〔たとえば，一時外出の許可など〕，休暇または仮釈放について情報を受けることができる（刑訴法第406d条第2項，さらに行刑法（StVollzG）第186条とも合わせ読む）．

まだ決着がつく形で解明されておらず，現在論争されている問題としては，とりわけ，**少年刑事手続**においても**被害者の地位**がこれまでの状況に比して強化されなければならないかどうかの問題がある．被害者は，現在のところは，少年犯人に対する手続で付帯私訴を提起することができない（少裁法第80条第3項）．そのために，付帯私訴の**権能**と結びついて**準備手続**からも存在する**被害者権**もまた行使することができない．2004年にライプチヒで開かれた第64回ドイツ法曹大会（DJT）刑法部会は，この被害者に不利な状況を変更する要求に賛成した．

4 少年刑法における，加害者・被害者間の和解および損害回復

 被害者補償および被害者保護と並ぶ重要なファクターまたは視点の第3のものは，あるいは，被害者援助を独立のファクターとして見たいというのであれば，第4のファクターは，**加害者・被害者間の和解**（TOA）である．

● 基礎となる哲学

 基礎となる**加害者・被害者間の和解の哲学**から見れば，ふさわしい措置というものは，なによりも被害者の必要から構想されるべきである．

(1) 場合により損害回復を伴う，被害者と加害者との間の和解によって，**加害者**〔犯人〕は，その犯罪の結果について，とりわけ被害者に対して，**積極的に前向きの責任**を引き受けるべきであり，単に後ろ向きにその罪責を償うだけであってはならない．

(2) 被害者と加害者の間の**和解**（Ausgleich），あるいは，平和回復（Befriedung），さらには，最もポジティブな場合の仲直り（Aussöhnung）までも含めて，その多くは**紛争仲介人または調停者**によって達成されるが，これによって生ずる出来事およびその効果の第一のレベルは，**個人間の平和**（individuelle Friede）である．

(3) この個人の間の平和が第二のレベルで共同社会にとって重要となるのは，すなわちそれによって，被害者または／および犯人の周り（隣近所，市町村など）にも，犯罪によって惹き起こされた社会関係や感情の混乱が沈静化し，**社会の平和**（soziale Friede）が戻ってくるときである．

(4) さらに，そして結局必要なのは，第三のレベルで法共同体がこ

の措置および結果を全体として「正しい」と理解することができ，そして承認することであり，これによって**法的平和**（Rechtsfriede）が生ずる．

　個人間の平和，社会の平和および法的平和の結合によって，国家の刑罰は，法理論上論理必然的に，また，実務にとって良い意味でも，「余計」になる．

少年刑法における具体的規律

　この加害者・被害者間の和解は，ドイツでは，被害者保護法の約3年後に初めて明示的に法律で規律された．それは，当時既に法律にあった**損害回復に関する規律**を**補充**して，1990年の少裁法改正第1次法によって少裁法に組み込まれた．

　それ以降，**少年刑法**では以下のことが妥当する．

(1) 既に捜査の段階で，検察は，若年の犯人が被害者との和解を得るべく努力した場合に，この犯人の訴追を免除することができる（少裁法第45条第2項）．（少年）検察官は，当事者の側から何も行われていなかったときには，このような和解手続を積極的に促すこともできる．

(2) 検察官は，少年裁判官を促して，捜査の段階でも被害者との和解に努力するよう，少年に指示を与えようにすることができる（少裁法第45条第3項第1文，第10条第1項第7号と合わせ読む）．

(3) 検察官は，少年裁判官を促して，捜査の段階でも犯罪によって惹起された損害をできる限り回復するよう少年に負担を課すようにすることができる（少裁法第45条第3項第1文，第15条第1項第1号と合わせ読む）．

(4) 適当な地域のプログラムがある場合には，労働負担も課すこと

ができ（少裁法第15条第1項第3号），この間少年は金銭を稼ぐことができる．しかし，この金銭は現金で少年には支払われず，被害者または，被害者が（それ以上）必要ないときは，被害者援助団体に振り込まれる．これを**象徴的回復**（symbolische Wiedergutmachung）とも呼ぶ．

(5) 公判になり，そしてそれが終局して少年の有罪判決になる場合でも，少年裁判官は上記の指示や負担を，〔検察官の促しなしに〕独自の判断で判決中に言い渡すことができる．

(6) 裁判官が，以上より重大な事件で，少年刑は科すが，しかし保護観察のためにやはりこれを猶予する場合には，少年裁判官は上記の指示や負担を特別な措置として，少年の**保護観察プラン**（Bewährungsplan）の中に組み込むことができる（少裁法第23条第1項）．

(7) 少年は，自分からも，または，その親の助言を得て，または，弁護人や保佐人に促されて，損害回復や加害者・被害者間の和解のためにしっかり努力することを申し込むことができる．この**自己のイニシアチブに基づく私的提案**が裁判官に適当と思われるときは，裁判官はこの提案を公式に受け容れて，自らが職権で定めた措置を仮に猶予し，少年がその約束を実際に守ったときは，最後はこの措置をまったく実行しないことができる（少裁法第23条第2項）．

5　成年刑法における加害者・被害者間の和解または損害回復

　少裁法の規律による最初の経験がすでにポジティブな結果になった後，そして，法政策上の論争が精力的に続けられた後，立法者は，**加害者・被害者間の和解および損害回復**の規定を**成年刑法**でも置く決断

5 成年刑法における被害者・加害者間の和解または損害回復

をした．この立法は，1994年12月の**犯罪撲滅法**の枠内で行なわれた．その後の法律で，この規律は拡張され，実務に対する拘束力のより強いものへと作り上げられた．

1994年犯罪撲滅法による規律

現在の規律は，概観すれば，以下のようである．

(1) 刑訴法第155a条第1文によれば，検察および裁判所は，**手続のあらゆる段階**において，被疑者と被害者の間の和解の可能性について吟味すべきである．この「すべきである（Sollen）」という概念は，公法の通常の理解では，「ねばならない（Müssen）」を意味するが，ただし，例外的に個別的事案で吟味を不必要と思わせる状況があればこの限りではない．

(2) 個人間の平和，社会の平和および法的平和の関連についての，上で述べた考えを基礎にすれば，刑訴法第155a条第3項は正当にも，第一の個人間のレベルで，被害者が反対の意思を明示的に表明しているにもかかわらず，検察および裁判所が，ある事案を自分の判断で〔加害者・被害者間の和解に〕適当だと表明するのを禁止している．

(3) 刑訴法第155a条第1項の「あらゆる段階」という規定の仕方は，**刑事手続の全過程**を意味する．つまり，捜査の第一歩の開始から，中間手続および公判手続を経て，場合によっては，有罪判決に続く上訴手続の終結までを含む．第155a条第2項によれば，検察と裁判所は，「適当な事案」では自分から積極的に，加害者・被害者間の和解手続が始められるよう「働きかける」べきである．

(4) これを補充して刑訴法第155b条は，訴追官庁に，紛争調停ま

たは加害者・被害者間の和解または損害回復を実際に申し出ている公的施設または私的団体に対して，当事者に関わる情報を伝達し，書類を送付する権限を与えている．現在その正確な数はわからない．しかし，かつての調査に基づいて，ドイツでこのようなサービスは500を超える施設や団体によって提供されているということを前提にできる．

(5)　刑訴法第153ｃ条第１項によれば，検察は，公判がある場合に管轄をもつことになる裁判所の同意を得て，公訴の提起を免除することができる．それは，裁判所が公判を終結して有罪判決を下した者について刑を免除することができるのと同じ要件がある場合である．刑法典によれば（下記刑法典第46ａ条参照），これらの要件には，損害の回復や加害者・被害者間の和解も入っている．加害者が訴追提起後に初めて加害者・被害者間の和解手続に係わってきたが，しかしその後は迅速に被害者と良い結果に至ったという場合には，２度目のチャンスが生ずる．すなわち，管轄裁判所は，この場合，公判開始の時点までであれば，検察の同意を得て，正規の刑事手続全体を打切ることができる（刑訴法第153ｂ条第２項）．

裁判所の量刑と加害者・被害者間の和解

公判を経て終局判決に至った場合には，刑法典第46条第２項が既に1994年以前から**刑の減免の一般的手段**を規定している．犯人に不利または有利になる量刑の諸状況を衡量する際に，法律は，犯行後の犯人の態度に認められる有利な状況として，以下のことを指摘している．すなわち，「特に，損害を回復するための彼〔犯人〕の特別の努力，および，被害者との和解を達するための犯人の努力」である．

5 成年刑法における被害者・加害者間の和解または損害回復

けれども，1994年12月以降，それ以上にはるかにずっと特殊的な規定が刑法典第46a条にある．その精確な解釈については解釈学で争われており，そのことにここで立ち入ることはできない．けれども，この規律の基本は明らかである．すなわち，

刑事裁判所は，一定の条件の下で，有罪被宣告者が具体的に科された**自由刑または罰金刑を減刑する**手段を有し，その場合，他の減刑事案を含めて刑法典第49条という法律によって明確に与えられているカテゴリーに従う．具体的に科された刑が1年の自由刑または360日分の罰金刑より重くないときは，裁判所は犯人に対して単に有罪を宣告するだけで，**刑を完全に免除する**ことさえもできる（刑法典第46a条末尾）．

減刑の可能性，または，場合によっては**刑の完全な放棄**は，**2つの状況**に基づく．これら2つの状況は，法律の文言上は明確に分けることができるが，しかし実際生活では重なり合っている場合がある．

(1) **状況1**：犯人は，**加害者・被害者間の和解手続**に，通常は紛争仲介人または調停者の助けを得て，真剣に係わったのでなければならない（刑法典第46a条第1号）．この手続の枠内で，犯罪の結果を完全に回復したのでなければならない．状況によっては，犯罪の結果の〔全部ではなく〕大部分しか回復できなかったとしても，十分な場合がある．加害者の責に帰すことができない事由によって回復がうまく行かない場合には，まったく例外的に，できるだけのことはやろうと真剣に努力しただけで十分な場合がある．

(2) たとえば，被害者が明示的に，そして断固として，自分はもう犯人と係わり合いになることができないし，係わり合いになりたくない，と明言している場合．この場合，一方で，被害者がその考えをやはり犯人の「ために」変更するように，と迫られることは決してあってはならない．しかし，他方で加害者の努力に主義

として報いたくないということにも，刑法理論上からも疑念がある．なぜなら，そのような加害者の態度を認めると，極端な場合には国家の全刑事手続が被害者によって「操作」されかねないからである．

(3) **状況2**：加害者は，具体的事案が，第一に**損害の回復**が重要であって，当事者間の個人的関係は決定的ではないという場合には，そのために「自分自身も相当の給付」をなし，または，「自分自身も投げ打」って，それによって被害者に対して完全にまたは少なくても大部分を実際に賠償したのでなければならない（刑法第46a条第2項）．わかりやすい例：加害者が自分の家や車を売って，その代金で被害者の請求権を満足させる．

保護観察のための刑の猶予と加害者・被害者間の和解

裁判所が公判および有罪判決の後，科された**2年以下の自由刑を保護観察のために**猶予する場合には，裁判所は有罪被宣告者に，**犯された不法の償いに役立てるため負担**を課すことができる．この負担には，犯罪によって惹起された損害を全力で回復する，というものもある（刑法典第56b条第2項第1号）．受刑者は，自ら同様の給付を申し込むことができる．この申込みが受け入れられるものであり，また，しっかりしていると裁判所に思われる場合には，裁判所は公式に課した負担を仮に放棄することができる（刑法典第56b条第3項）．約束された給付が実際になされ，かつ，保護観察期間が無事経過したならば，裁判所は刑を免除する（刑法典第56g条第1項）．

軽い罪の事案で，加害者が良好な社会関係をもっているので**刑をまったく容赦**しても良いと考える場合には，裁判所は，いわゆる**刑を留保した戒告**を与える．すなわち，これは，第1章で説明したように，

罰金刑から保護観察〔刑〕への一例である．裁判所は戒告を受けた者に，一定の行動様式または給付を「指図」する（anweisen）ことができる（刑法典第59a条第2項）．この指図としては，被害者と和解に達するよう努力すること，その他に犯罪によって惹起した損害を回復するというものもある（第1号）．

行刑中の加害者・被害者間の和解

行刑の段階，すなわち自由刑に服役している間でさえも，損害を回復するように服役者を動かす手段が考えられている．けれども，これは，実際には非常に難しい．こんなことがこれまでどの程度の頻度で実現できたのかについての数字は，実務からも上がってきていない．行刑における「社会的援助」に関する規定の中で，行刑法第73条は「行刑中の援助」を規律している．すなわち，「服役者は，その権利と義務を実行する，とりわけ（…）その犯罪によって惹起された損害を規律しようと努力するときは，支援される．」

◇ **参考文献**

Barton, Stephan (Hrsg.): Verfahrensgerechtigkeit und Zeugenbeweis: Fairness tür Opfer und Beschuldigte. Baden-Baden: Nomos Verlag 2002.

Barton, Stephan (Hrsg.): Beziehungsgewalt und Verfahren: Strafprozess, Mediation, Gewaltschutzgesetz und Schuldfähigkeitsbeurteilung im interdisziplinären Diskurs. Baden-Baden: Nomos Verlag 2004.

Bleckmann, Frank /Stefanie Tränkle: Täter-Opfer-Ausgleich: strafrechtliche Sanktion oder Alternative zum Strafrecht? Zeitschrift für Rechtssoziologie 2004, Heft 1, S. 79-106.

Buhlmann, Sven Erik: Die Berücksichtigung des Täter-Opfer-Ausgleichs als

第9章 刑法と刑訴法における被害者の地位の改善

Verfahrensgrundsatz? Frankfurt am Main u.a.: Peter Lang Verlag 2005.

Bundesministerium für Gesundheit und Soziale Sicherung (Hrsg.): Hilfe für Opfer von Gewalttaten. Bonn: BMGSS 2003.

Claus, Stefan: Das Opferanspruchssicherungsgesetz (OASG). Baden-Baden: Schriftenreihe des Weißen Rings Nr. 36, 2004.

Egg, Rudolf / Eric Minthe (Hrsg.): Opfer von Straftaten: kriminologische, rechtliche und praktische Aspekte. Wiesbaden: Kriminologische Zentralstelle 2003.

Eppenstein, Dieter (Red.): Schutz von Opferzeugen im Strafverfahren. Mainz: Eigenverlag des Weißen Rings 2002.

Franke, Ulrich: Die Rechtsprechung des BGH zum Täter-Opfer-Ausgleich. Neue Zeitschrift für Strafrecht 2003, Heft 8, S. 410-415.

Götting, Bernd: Schadenswiedergutmachung im Strafverfahren: Ergebnisse eines Modellprojektes zur anwaltlichen Schlichtung. Münster: LIT-Verlag 2004.

Haft, Fritjof / Katharina Gräfin von Schlieffen (Hrsg.): Handbuch Mediation. München: C. H. Beck Verlag 2002.

Hagemann, Otmar: Die Bedeutung des Tatopfers im Konzept Sozialtherapeutischer Einrichtungen. In: Sozialtherapie im Justizvollzug. Aktuelle Konzepte, Erfahrungen und Kooperationsmodelle. Hrsg. von Bernd Wischka u. a. Lingen: Kriminalpädagogischer Verlag 2005, S. 61-79.

Hartmann, Arthur / Hans-Jürgen Kerner / Sönke Lenz: Täter-Opfer-Ausgleich in der Entwicklung. Auswertung der bundesweiten Täter-Opfer-Ausgleichs-Statistik für den Zehnjahreszeitraum 1993-2001. Berlin/Bonn: Bundesministerium der Justiz 2005. 電子版 URL: http://www.bmj.bund.de/media/archive/883.pdf

Hassemer, Winfried / Jan Philipp Reemtsma: Verbrechensopfer: Gesetz und Gerechtigkeit. München: C. H. Beck Verlag 2002.

Haupt, Holger: Handbuch Opferschutz und Opferhilfe. 2. Auflage. Baden-Baden: Nomos Verlag 2003.

Hees, Volker: Die Zurückgewinnungshilfe. Der Zugriff des Verletzten auf gemäß §§111b ff. StPO sichergestellte Vermögenswerte des Straftäters. Berlin: Duncker & Humblot 2003.

Hinz, Werner: Opferschutz, Genugtuung, Wiedergutmachung: Überlegungen zum Ausbau der Nebenklage. Deutsche Richterzeitung 2001, Heft 8, S. 321-334.

Hinz, Werner: Nebenklage und Adhäsionsverfahren im Jugendstrafverfahren? Überlegungen zur Stärkung der Opferrechte. Zeitschrift für Rechtspolitik 2002, Heft 11, S. 475-479.

Janke, Manon: Der Täter-Opfer-Ausgleich im Strafverfahren: Zugleich ein Beitrag zu einer kritischen Strafverfahrensrechtstheorie. Hamburg: Kovac Verlag 2005.

Kasperek, Sebastian: Zur Auslegung und Anwendung des §46a StGB: (Täter-Opfer-Ausgleich, Schadenswiedergutmachung). Frankfurt am Main u.a.: Peter Lang Verlag 2002.

Kilchling, Michael: Opferschutz und der Strafanspruch des Staates – ein Widerspruch? Neue Zeitschrift für Strafrecht 2002, Heft 2, S. 57-63.

Koewius, Rüdiger: Die Rechtswirklichkeit der Privatklage. Berlin: Duncker & Humblot Verlag 1974.

Kiethe, Kurt M: Das Spannungsverhältnis von Verfall und Rechten Verletzter (§73 I 2 StGB): Zur Notwendigkeit der effektiven Abschöpfung von Vermögensvorteilen aus Wirtschaftsstraftaten. Neue Zeitschrift für Strafrecht 2003, Heft 10, S. 505-511.

Kunz, Eduard: Opferentschädigungsgesetz. Kommentar. 4. Auflage. München: C. H. Beck Verlag 1999.

Lingenberg, Christian: Zeugenschutz im Strafprozess, unter besonderer Berücksichtigung einer praxisgerechten Umsetzung videotechnischer Vorschriften. Frankfurt am Main u. a.: Peter Lang Verlag 2003.

Löhnig, Martin: Zivilrechtlicher Gewaltschutz: Gesetze zur Ächtung von Gewalt in Erziehung, Familie, Partnerschaft und im sozialen Nahbereich. 2. Auflage. Berlin: Schmidt Verlag 2004.

Matt, Eduard: Restorative Justice – das Opfer und der Strafvollzug. In: Sozialtherapie im Justizvollzug. Aktuelle Konzepte, Erfahrungen und Kooperationsmodelle. Hrsg. von Bernd Wischka u. a. Lingen: Kriminalpädagogischer Verlag 2005, S. 51-60.

Minthe, Eric: Entspricht die Strafprozessordnung dem Opferschutz? Die Polizei 2003, Heft 7/8, S. 207-213.

Nevermann-Jaskolla, Urte: Das Kind als Opferzeuge im Strafverfahren. Frankfurt am Main u. a.: Peter Lang Verlag 2004.

第9章 刑法と刑訴法における被害者の地位の改善

Niedling, Dirk: Strafprozessualer Opferschutz am Beispiel der Nebenklage: Bestandsaufnahme und Ausblick nach 16 Jahren Opferschutzgesetz. Münster: LIT-Verlag 2005.

Peglau, Jens: Der Opferschutz im Vollstreckungsverfahren. Zeitschrift für Rechtspolitik 2004, Heft 2, S. 39-41.

Reuber, Simone: Sammlungen der Richtlinien zum Täter-Opfer-Ausgleich, mit einer vergleichenden Analyse. Köln: DBH Materialien Nr. 49, 2003.

Rose, Frank: Die Bedeutung des Opferwillens im Rahmen des Täter-Opfer-Ausgleichs nach §46a Nr. 1 StGB. Juristische Rundschau 2004, Heft 7, S. 275-281.

Schneider, Frank: Psychosoziale Betreuung von Opferzeugen in Strafprozessen: Das Düsseldorfer Modell. Baden-Baden: Nomos Verlag 2000.

Schöch, Heinz / Jörg-Martin Jehle (Hrsg.): Angewandte Kriminologie zwischen Freiheit und Sicherheit: Haftvermeidung, Kriminalprävention, Persönlichkeitsstörungen, Restorative Justice. Mönchengladbach: Forum Verlag Godesberg 2004.

Schumacher, Silvia: Mehr Schutz bei Gewalt in der Familie: Das Gesetz zur Verbesserung des zivilgerichtlichen Schutzes bei Gewalttaten und Nachstellungen sowie zur Erleichterung der Überlassung der Ehewohnung bei Trennung. Zeitschrift für das gesamte Familienrecht 2002, Heft 10, S. 645-660.

Thoma, Birgit: Unmittelbarer Opferzeugenschutz: Möglichkeiten und Grenzen der audiovisuellen Vernehmung von Kindern als Opferzeugen in Verfahren wegen des sexuellen Missbrauchs nach dem Zeugenschutzgesetz. Herbolzheim: Centaurus Verlag 2003.

Weitekamp, Elmar G. M. / Hans-Jürgen Kerner (Hrsg.): Restorative Justice. Theoretical Foundations. Cullompton: Willan Publishing 2002.

Weitekamp, Elmar G. M. / Hans-Jürgen Kerner (Hrsg.): Restorative Justice in Context. International Practice and Directions. Cullompton: Willan Publishing 2003.

訳者あとがき

 本書は、「序言」にもあるように、2005年3月に桐蔭横浜大学大学院法学研究科の特殊講義「ドイツ法Ⅲ」として行われた講義録を加筆・訂正したものである。ケルナー教授から完成原稿をいただいてから、3年以上の歳月が流れてしまった。当時講義を受けた桐蔭横浜大学大学院法務研究科の学生たちも、すでに修了してしまった。教授および、学生諸君には出版が遅れてしまったことをお詫びしなければならない。

 特殊講義「ドイツ法Ⅲ」は、現在ともに桐蔭横浜大学（以下本学）終身教授であるチュービンゲン大学クヌート゠ヴォルフガング・ネル教授と本学の村上淳一教授との長年の学問的交流に基づいて結ばれた両大学の学術交流協定により隔年に開講されている。この講義は受講する学生だけでなく、通訳を担当する教員にとっても有意義であり、さらにはわが国のドイツ法研究にとっても資するところは少なくない。このような講義を可能にしている本学に対して、ドイツ法の一研究者として感謝申し上げたい。その成果は、ネル教授（村上教授訳）の『ヨーロッパ法史入門』（東京大学出版会・1999年）を始めとして、すでにさまざまに公刊されているが、今後は「桐蔭横浜大学ドイツ法講義シリーズ」として順次公刊する予定である。本書は、その第一冊目になる。

 本書は、現代ドイツの「犯罪訴追と制裁」について、全体を概観するものである。わが国では、個別的な問題について諸外国法制の細かい情報が要求されることが多い。しかし、全体的な関連を抜きにして外国法制の一部だけを見てそれを導入したりすると、困難な問題が生

訳者あとがき

じ,それを修正するためにおよそ似て非なるものが出来上がるということがしばしば見られる。そうしたことを避けるためにも,さまざまな制度の関連を理解することが必要であり,この点で本書はドイツの刑事制度・刑事政策の全体的理解に大いに役立つものと考える。

ドイツ法とりわけ刑事法は,伝統的にはわが国の刑事法に非常に大きな影響を与えてきた。たしかに戦後のアメリカ刑事訴訟の導入によって,刑事訴訟のレベルではドイツとは異なっているものも多い。他方で,最近まさに耳目を集めている裁判員制度,あるいは,被害者の刑事訴訟への参加といった問題では,ドイツ法が大いに参照されたように思われる。また,ヨーロッパ統合は,最近では刑事法の分野でも大いに進展し,刑事法の国際化の潮流の中で,ヨーロッパ法の一つの柱でもあるドイツ法に,今までとはまた別の関心も寄せられているようである。こういった点で,本書がドイツ法への関心を高めることに寄与できれば幸いである。

本書のドイツ語原稿が完成したのは,「序言」末尾に書かれているように2005年4月である。その後のドイツでは,とりわけ政治的には2005年秋の総選挙によって,社会民主党と緑の党/90年連合との連立政権から,キリスト教民主同盟/社会同盟と社会民主党との大連立政権に交代した。そのため,本書で議会で審議中と書かれた法案は,廃案になった。その後の動きについては,ケルナー教授から適時に説明を受けているが,立法者のエネルギーは刑事政策には向いておらず,したがって特筆すべき大きな動きはないようである。その意味で本書は,なおアップ・トゥ・デートなものといえる。

刑事法については,訳者は必ずしも専門家ではなく,本学の竹村典良教授から助言をいただいた。記して感謝する次第である。しかし,もちろん,訳語および内容の理解については,訳者の責任において自由に行った。読者からの忌憚のない御批判がいただければ幸いである。

訳者あとがき

　出版事情が厳しい中，このような翻訳書の出版を引き受けてくださった信山社，とりわけ編集に携わった今井守氏には感謝申し上げる。また，出版を容易にするために本学から援助をいただいた。この点についても本学に感謝申し上げる。

　2008年4月　横浜

小 川 浩 三

事項索引

あ行

慰謝料 …………………………… 34, 35
一般予防 ………… 21, 83, 84, 114, 134
迂　回（Diversion）……………… 46, 51
迂回運動 ……………………………… 45
迂回手続 ……………… 46, 101, 103, 105
運転禁止 ………………… 65, 75-79, 136
運転免許取得禁止 ………………… 136
運転免許証の剥奪 ………………… 66
運転免許の仮剥奪（vorläufige Entziehung der Fahrerlaubnis）…… 136
運転免許剥奪（Entziehung der Fahrerlaubnis）………………… 75, 134
運命の罰 ……………………………… 9, 63
エミンガー（Emminger）………… 169
エミンガー改革 …………………… 179
押　収 ………………………… 92, 206
親の監護（elterliche Sorge）………… 37
恩　赦 ………………………… 86, 111

か行

戒　告 ……………… 58, 60, 100, 116, 221
── （Ermahnung）……………… 48
── （Verwarnung）………… 15, 58
刑を留保した──（Verwarnung mit Strafvorbehalt）… 109, 114, 220
概算見積もり ………… 73, 74, 83, 86, 88
改善・保安措置（Maßregel der Besserung und Sicherung）……… 2, 5, 22, 66, 75, 84, 120, 121, 130, 132, 134, 139, 143, 147, 167, 183, 184, 213

── の猶予 …………………… 132
加害者・被害者間の和解（Täter-Opfer-Ausgleich：TOA）…… 4, 9, 10, 49, 50, 56, 106, 191, 214-219
化学的去勢 ………………………… 129
額面主義（Bruttoprinzip）…………… 85
科刑の免除　→刑の免除
過酷条項 ……………………………… 86
家族〔または家庭〕裁判所 … 26, 27, 38, 41, 44, 45, 47, 57, 60, 208
カタログ犯罪に当たる軽罪 …… 147, 148, 152, 153
カロリーナ刑事法典 ……………… 25
簡易少年手続（vereinfachtes Jugendverfahren）……………… 51, 55
感化院（Erziehungsheim）………… 28
感化教育（Fürsorgeerziehung）……… 28
監視された自由（überwachte Freiheit）…………………………… 121
監督義務 ……………………………… 38
監督所 ……………………………… 131
危険性 ……… 121, 122, 127-129, 145, 146
起訴の仮の免除 …………………… 189
起訴便宜主義（Opportunitätsprinzip）…………… 46, 171, 173-175, 186, 188
起訴法定主義（Legalitätsprinzip）…………… 46, 160, 161, 163, 166, 171, 180
給　付（Leistung）…… 105, 106, 108, 109, 191, 193, 220
教育援助 ……………………………… 39, 40
教育指示 ……………………………… 57
教育措置（Erziehungsmaßregel）…… 55,

事項索引

.... *57-59*
教育措置簿（Erziehungsregister）..... *60*
教育的指示（erzieherische Weisungen）
.... *48*
教育的措置 *47, 49, 51, 55, 59, 60*
教育手続 *45, 101, 102*
教育簿 *64*
行　刑 *1, 67, 96, 97, 100, 104, 107, 111, 113, 114, 119, 123, 124, 129, 140, 143-145, 151, 152, 154, 205, 213, 221*
　　──の回避 *18*
行刑解決 *154*
行状監督（Führungsaufsicht）........ *66, 129-132, 141, 142, 144*
行状監督所（Aufsichtsstelle）...... *131*
禁　錮 *3*
禁断施設への収容（Entziehungsanstalt）
.... *139, 141, 142*
国を跨ぐ犯罪 *74*
グローバリゼーション *1*
軽　罪（Vergehen）.. *3, 42, 43, 47, 89, 105, 106, 127, 147, 149, 174, 185, 189, 190, 211*
刑事責任能力 *44*
刑事訴訟上の和解（strafprozessualer Vergleich）...................... *197*
刑事訴追 *1, 44*
　　──の限定 *183*
刑事訴追強制（Strafverfolgungszwang）
.... *163*
刑事的成熟〔刑事責任年齢〕
（Strafmündigkeit）............ *33, 44, 45*
刑事的未成熟（strafunmündig）... *33, 34*
刑事手続上の合意（Absprache im Strafverfahren）............... *107, 196*
刑に代替する治療 *65*

刑の減免 *218*
刑の放棄（Strafverzicht）............ *8*
刑の免除（Absehen von Strafe）....... *8, 10, 63, 187, 218-220*
刑の猶予 *220*
刑罰執行の猶予（Zurückstellung der Strafvollstreckung）............ *18*
刑罰請求権をめぐる交渉（Aushandeln des staatlichen Strafanspruchs）..... *198*
刑罰に代替する治療（Therapie statt Strafe）................... *18-20*
刑罰の執行 *1*
刑務所 *97*
検　察 *18*
検察官 *48*
検察官迂回（Staatsanwalts-Diversion）
.... *49*
限定的確定力 *102, 103, 106*
権利保障義務（Rechtsgewährleistungs-pflicht）.......................... *166*
合意手続（konsensuales Verfahren）
.... *197*
公益的給付 *189*
公益労働（Gemeinnützige Arbeit）..... *4, 5, 15, 22, 95, 105, 107, 109, 112-116*
公開排除 *204*
公共の利益（öffentliches Interesse）
.... *47, 105, 174, 175, 180, 191, 193*
後見裁判所 *27, 41, 47*
公訴の提起 *10, 51*
肯定的予測（positive Prognose）
.... *123, 124*
公　判 *7, 10, 51, 55, 102, 103, 107, 161, 169, 170, 173, 183, 189, 190, 194, 195, 204, 212,*

事項索引

公判手続（Hauptverfahren）……… 7, 51, 160, 169, 189, 190, 195, 196, 211, 212, 216, 217, 218
——の仮の打切り ………… 189
衡平を理由とする賠償義務 ……… 36
公民権剥奪 ……………… 80-82
国際刑事裁判所協力法 …………… 187
国際司法共助法 ……………… 187
極重罪（Kapitaldelikt）……… 20, 21, 42
個人間の平和 ……………… 214, 217

さ 行

罪刑法定主義（Legalitätsprinzip）
……… 74, 161, 162, 166
財 産 ……………………… 89
財産刑（Vermögensstrafe）……… 72, 73
再 犯 ………… 123-125, 128, 130
里 親 ……………………… 28
残余刑の猶予 …… 108, 116, 122, 124, 126, 127, 151, 207
試験期間 ……………………… 63
事後的保安監護（nachträgliche Sicherungsverwahrung）… 145, 146, 151
資産捜索チーム ……………… 206
指 示（Weisung）…… 17, 53, 59, 60, 65, 100, 104, 107, 116, 191, 192, 215, 216
私 訴 ……………… 174, 175, 201
私訴罪 ……………………… 165, 175
私訴（Privatklage）手続 ……… 164, 165, 174, 175
執行収容命令 ………………… 97
執行猶予（Strafaussetzung）…… 15-18, 21
実体的真実 ……………… 160, 169
実体的真実発見 ………… 161, 212
実務の処理戦略 ……………… 183

児 童（Kind）………… 33-35, 212
児童・少年援助法（KJHG）……… 31, 44
支払容易化措置 ……………… 14, 110
司法行刑施設 ……………… 97
司法取引（Plea Bargaining）……… 198
社会性欠如 ……………… 29
社会の平和 ……………… 214, 217
社会防衛（Sozialverteidigung）……… 119
社会法典（SGB）……………… 31
社会法典第 8 編（SGB Ⅷ）……… 32
謝 罪 ……………………… 59, 60
遮断措置 ……………………… 66
習慣的犯罪者法 ……………… 120
自由刑 ……… 1, 3, 9, 12-14, 16, 18-20, 39, 42, 67, 73, 76, 79, 81, 82, 85, 97, 107, 108, 111-116, 122-124, 126, 129-134, 145, 147, 148, 150-152, 154, 192, 208, 219-221
重 罪（Verbrechen）…… 3, 42, 43, 47, 81, 89, 106, 127, 147-149, 152, 153, 190, 211
終身刑 ……………………… 21
終身自由刑（lebenslange Freiheitsstrafe）……… 20, 42, 62, 72, 122
重懲役刑 ……………………… 3
修復的正義（Restorative Justice）……… 49
収 容（Unterbringung）……… 28, 38, 66
収容措置 ……………………… 19
収容猶予 ……………………… 140-142
主 刑（Hauptstrafe）…… 20, 22, 71, 76, 78, 112, 113
準成人 ……………………… 62
準成年 ……… 12, 52-54, 65-67, 79, 98, 105, 134
準備手続 ……………………… 48
消極的起訴便宜主義 ………… 180, 181
条件付釈放（bedingte Entlassung）

事項索引

⋯⋯⋯⋯⋯ *19, 20, 104, 108, 122, 124, 126, 127, 129, 130, 151, 207*
状態的犯罪者 ⋯⋯⋯⋯⋯⋯⋯ *139, 141*
証人保護法（ZschG）⋯⋯⋯⋯⋯⋯ *210*
少　年 ⋯⋯⋯⋯ *42, 44, 51, 54, 66, 67, 104*
少年援助 ⋯⋯⋯⋯⋯⋯⋯⋯⋯⋯ *43, 44*
少年援助法 ⋯⋯⋯⋯⋯⋯⋯⋯⋯⋯ *54*
少年行刑 ⋯⋯⋯⋯⋯⋯⋯ *61, 67, 98, 99*
少年行刑法 ⋯⋯⋯⋯⋯⋯⋯⋯⋯⋯ *99*
少年刑 ⋯⋯⋯ *61-64, 66, 98, 101, 104, 122, 132, 216*
少年警察官（Jugendpolizist）⋯⋯⋯⋯ *50*
少年刑法 ⋯⋯⋯ *25, 26, 43-46, 51-55, 59, 61, 66, 100, 105, 215*
少年刑務所 ⋯⋯⋯⋯⋯ *28, 65-67, 104*
少年検察官（Jugendstaatsanwalt）⋯⋯ *47-50, 102, 103, 105, 215*
少年拘禁（Jugendarrest）⋯⋯⋯ *30, 60, 104*
少年裁判官（Jugendrichter）⋯⋯⋯ *48, 49, 51, 56-59, 63, 64, 66, 67, 100-105, 215, 216*
少年裁判所 ⋯⋯⋯⋯⋯⋯⋯ *12, 25-27, 30, 45, 47, 52-54, 63*
少年裁判所法（Jugendgerichtsgesetz：JGG）⋯⋯⋯⋯⋯⋯ *29, 30, 32, 33, 42-45, 48, 67, 215, 216*
少年裁判所法第一次改正法（1.JGG-ÄndG）⋯⋯⋯⋯⋯⋯⋯⋯⋯ *32, 33*
少年福祉法（JWG）⋯⋯⋯⋯⋯⋯⋯ *31*
少年法 ⋯⋯⋯⋯⋯⋯⋯⋯⋯⋯⋯⋯ *75*
少年保護 ⋯⋯⋯⋯⋯⋯⋯⋯⋯⋯ *32, 44*
少年保護局（Jugendamt）⋯⋯⋯ *39, 41, 47*
少年保護法（Gesetz zum）⋯⋯⋯ *31, 32*
少年メディア保護についての州間条約（JMStV）⋯⋯⋯⋯⋯⋯⋯⋯ *32*

職業禁止（Berufsverbot）⋯⋯⋯⋯ *132-134*
職業的犯罪者 ⋯⋯⋯⋯⋯⋯⋯⋯⋯ *130*
事理弁識能力 ⋯⋯⋯⋯⋯⋯ *35, 36, 44*
自力救済 ⋯⋯⋯⋯⋯⋯⋯⋯⋯ *163, 166*
身上監護（Personensorge）⋯⋯ *37, 41*
ストーカー行為 ⋯⋯⋯⋯⋯⋯⋯⋯ *207*
正規の手続を踏まない
　教育手続 ⋯⋯⋯⋯⋯⋯⋯⋯⋯ *45, 46*
正義の取引（Handel mit Gerechtigkeit）
⋯⋯⋯⋯⋯⋯⋯⋯⋯⋯⋯⋯⋯⋯ *198*
制　裁（Sanktion）⋯ *2, 4, 5, 22, 55, 71, 76, 77, 102, 107, 114, 189-191*
制裁システム ⋯⋯⋯⋯⋯⋯⋯ *2, 5, 22*
制裁法改革 ⋯⋯⋯⋯⋯⋯⋯⋯ *78, 113*
成熟鑑定 ⋯⋯⋯⋯⋯⋯⋯⋯⋯⋯⋯ *44*
精神病院への収容 ⋯⋯⋯ *139, 140, 142, 153*
成年刑法 ⋯⋯⋯⋯⋯⋯⋯⋯⋯⋯ *7, 12*
性犯罪撲滅法 ⋯⋯⋯⋯⋯ *126, 132, 144, 154*
性癖的犯罪者（Hangtäter）⋯⋯ *141, 146, 147, 149-151*
責任主義 ⋯⋯⋯⋯⋯⋯⋯⋯⋯⋯⋯ *166*
責任能力 ⋯⋯⋯⋯⋯⋯⋯⋯ *36, 83, 122*
——の減退 ⋯⋯⋯⋯⋯⋯⋯ *140, 153*
責任無能力（Schuldunfähigkeit）⋯⋯ *33, 34, 133, 135, 139, 141, 153*
積極的起訴便宜主義 ⋯⋯⋯⋯⋯ *180, 181*
絶対的親告罪（absolutes Antragsdelikt）
⋯⋯⋯⋯⋯⋯⋯⋯⋯⋯⋯⋯⋯⋯ *164*
前　科 ⋯⋯⋯⋯⋯⋯⋯⋯⋯⋯⋯⋯ *15*
前科簿（Strafregister）⋯⋯ *9, 16, 60, 64, 190*
相互的合意（Vereinbarung）⋯⋯⋯ *194*
捜査手続 ⋯⋯⋯⋯⋯⋯⋯⋯ *100, 211*
相対的親告罪（relatives Antragsdelikt）
⋯⋯⋯⋯⋯⋯⋯⋯⋯⋯⋯⋯⋯⋯ *164*
組織犯罪 ⋯⋯⋯⋯⋯⋯⋯ *73, 84, 87, 206*

事項索引

組織犯罪対策特別法 ················· 72
措置執行 ··························· 140
訴追強制 ···················· 166, 167, 180
訴追裁量 ··························· 180
訴追の完全な回避 ··················· 184
訴追の放棄 ························· 194
　負担付の―― ····················· 189
訴追の免除（Absehen von der
　Strafverfolgung）······ 8, 47-49, 102, 106,
　　179, 184-187, 193-195, 215, 218
損害回復··· 9, 10, 49, 59, 60, 106, 108-110,
　　115, 201, 214-216, 218, 220, 221
損害回復負担 ·················· 102, 103
損害賠償 ······· 34-36, 102, 201, 204, 206,
　　207, 210

た 行

第一次司法現代化法（1. Justizmodernis
　ierungsgesetz）··················· 160
第一次的行状監督 ·············· 130, 131
第一次的刑猶予 ····················· 123
第一次的保護観察 ·············· 124, 129
第二次刑法改革法 ··················· 124
第二次的行状監督 ··················· 132
第二次的保護観察 ··················· 124
第六次刑法改革法 ··················· 126
第三者没収（Dritteinziehung）········ 88
第三帝国 ················ 29, 30, 95, 143
代替価値 ··························· 83
――の剥奪（Entzug des
　Wertersatzes）··················· 71
代替自由刑（Ersatzfreiheitsstrafe）
　··························· 14, 73, 111-115
代替的制裁（alternative Sanktion）
　································· 107

立会い権 ··························· 212
秩序違反行為 ······················· 43
中央登録簿（Zentralregister）········· 9
中間手続（Zwischenverfahren）······ 103,
　　169, 107, 171, 196, 217
懲役刑 ····························· 3
懲戒手段（Zuchtmittel）········ 30, 51, 58,
　　60, 101, 104
懲戒措置（Disziplinarmaßnahme）····· 98
追　徴（Verfall）····· 72, 84-87, 89, 90, 92
　拡張された――（erweiterte Verfall）
　····························· 87-89, 91
追徴命令 ··························· 90
手続の打切り（Einstellung des
　Verfahrens）······· 7, 8, 11, 103, 171, 172,
　　179, 181, 184-187, 196, 213, 218
ドイツ少年裁判所および少年援助
　協会（DVJJ）····················· 33
特別被害者保佐人 ··················· 211
特別予防 ····· 76, 83, 84, 112-114, 120, 134
取戻援助 ··························· 206

な 行

日　額 ······················· 13, 14, 73, 111
日額罰金（刑）······················ 3, 116

は 行

罰金（刑）······ 4, 11-15, 20, 39, 42, 43, 73,
　　76, 79, 82, 85, 110-115, 131, 133, 134,
　　185, 192, 208, 219, 221
罰金日額 ··························· 115
犯罪行為能力 ······················· 44
犯罪の産物（producta sceleris）···· 71, 82
犯罪の道具（instrumenta sceleris）
　································· 71, 82

事項索引

犯罪撲滅法······217
被害者援助······214
被害者援助団体······202, 210, 216
被害者権······203, 213
被害者権改革法（OpferRRG）···160, 210
被害者証人（Opferzeuge）······210-212
被害者証人尋問······204
被害者請求権担保法（OASG）···204, 205
被害者の権利······210
被害者の地位······201-203, 209, 213
被害者弁護人······211
被害者保護······214
被害者保護権······210
被害者保護法（OschG）······203, 209, 215
被害者保佐人（Verletztenbeistand）···211
被害者補償······214
被害者補償法（OEG）······202, 203, 209
被疑者······4
非　行（Verfehlung）······29, 42
微　罪······180, 181
微罪事件（Bagatellsachen）······179, 187
非親告罪（Offizialdelikt）······164, 175
比例原則···74, 86, 121, 135, 147, 149, 150
フォイエルバッハ，アンゼルム（Ansehm Feuerbach）······162
付加刑（Nebenstrafe）······2, 22, 65, 71, 73, 75, 136
付加的科刑（Zusatzbestrafung）······71
付加的効果（Nebenfolge）······2, 22, 71, 79, 81, 84, 166
付帯私訴（Nebenklage）······165, 201, 204, 211-213
付帯手続（Adhäsionsverfahren）······210
負　担（Auflage）······11, 17, 48, 58-60, 65, 100, 101, 104, 107-109, 116, 191-195, 215, 216, 220
不服従拘禁（Ungehorsamarrest）······57, 59, 102-104
不法行為······34
不法行為能力······36
不法行為無能力（deliktsunfähig）······35
文書閲覧権······203
併合刑（Gesammtstrafe）······13, 14
保安監護（Sicherungsverwahrung）······130, 143-145, 147, 149-151
──の留保······145, 150
保安措置　→改善・保安措置
保安監護施設への収容······139
保安監護命令······146, 147, 149
法定債権質権······205
法的平和······215, 217
法蔑視拘禁（Beugearrest）···57, 102-104
暴力保護法（GewSchG）······207-209
保護観察（Bewährung）····15-18, 20, 21, 61, 64, 65, 104, 107, 115, 116, 122, 124, 140-142, 151, 207, 216, 220
──のための残余刑の猶予······104
保護観察援助（Bewährungshilfe）······17
保護観察援助官（Bewährungshelfer）······17, 64, 131
保護観察監督（Bewährungsaufsicht）······17
保護観察期間······63-65, 104, 108, 109, 134, 220
保護観察刑····17, 18, 20, 65, 109, 122, 221
保護監督······37, 39
──の欠如（Verwahrlosung）······29
補充性の原則（Subsidiaritätsprinzip）···46
没　収（Einziehung）······82-84, 88
拡張された──（erweiterte

事項索引

Einziehung) ……………… 87

ま 行

無罪の推定(原則) ……… *74, 89, 162, 190*
無犯罪証明書 ……………………… *61*
免除の要件 ……………………… *108*
申 込 ……………………… *193, 194*

や 行

薬物依存症 ……………… *10, 18, 19, 65*
薬物刑事法 ……………………… *18*
有害な性向 ……………… *61, 63, 64*
有期刑 ……………………… *21*
有期自由刑 (zeitige Freiheitsstrafe)
……………………… *21, 72, 122, 185*
有罪宣告 (isolierter Schuldspruch)
……………………… *9, 15, 63, 64, 109*
有罪判決の公告 ……………… *79, 80*
容易化措置 ……………………… *110*
養護施設 ……………………… *40, 41*
ヨーロッパ評議会 (Europarat, Council of Europe) ……… *45, 91, 163*
ヨーロッパ連合(EU) ‥*1, 90-92, 168, 209*
予測の公式 ……………………… *142*

ら 行

ライヒ少年裁判所法 ……………… *30*
ライヒ少年福祉法 ……………… *27-30*
リスク衡量による予測 (Prognose der Risikoabwägung) ……………… *125*
リスト, フランツ・フォン (Franz von Liszt) ……………………… *120*
略式命令 ……………………… *7*
略式命令手続 (Strafbefehlverfahren) ……… *169, 170*
連邦憲法裁判所 ……*75, 90, 98, 100, 121, 142, 146, 163, 198*
連邦通常裁判所 …… *74, 89, 90, 198, 199*
労働義務 ……………………… *97, 98*
労働指示 (Arbeitsweisung) ……… *101, 103, 104*
労働給付 ……………………… *112*
労働負担 (Arbeitsauflage) …… *101, 103, 104, 114, 215*
ロンブローゾ, チェーザレ (Cesare Lombroso) ……………………… *119*

わ 行

ワイマール共和国 ……………… *30*

条文索引

基本法（GG）
  第 7 条······36
  第 7 条第 2 項······37
  第 7 条第 3 項······37
  第 12 条······96
  第 12 条第 3 項······99, 100
  第 14 条······74, 89
  第 102 条······21
  第 102 条第 2 項······166

行刑法（StVollzG）
  第 9 条······155
  第 41 条第 1 項······97
  第 42 条······98
  第 50 条······98
  第 73 条······221
  第 102 条······98
  第 103 条第 1 項第 9 号······98
  第 103 条第 2 項······98
  第 123 条······155
  第 126 条······155
  第 129 条······143
  第 135 条······143
  第 136 条······140
  第 137 条······142
  第 138 条······140, 143
  第 176 条······99
  第 186 条······213

刑事訴訟法（StPO）
  第 1 条······166
  第 46 条第 2 項······218
  第 48 条······210
  第 58a 条······212
  第 68a 条······204
  第 68b 条······211
  第 111a 条······136
  第 111b 条乃至第 111k 条······206
  第 152 条······167, 168
  第 152 条第 2 項······167
  第 153 条······174, 175, 179, 185, 187-189, 191
  第 153 条第 1 項······174, 185
  第 153 条第 1 項第 2 文······105
  第 153 条第 2 項······174
  第 153a 条······8, 11, 107, 181, 188, 189, 191-193
  第 153a 条第 1 項第 7 文······105
  第 153a 条第 1 項第 1 文······106
  第 153a 条第 2 項······11, 107, 191
  第 153b 条······10, 187
  第 153b 条第 2 項······11, 218
  第 153c 条第 1 項······187, 218
  第 153c 条第 2 項······187
  第 153d 条······188
  第 153f 条······187
  第 154 条······184
  第 154 条第 1 項······184
  第 154 条第 1 項第 1 号······184
  第 154a 条······183
  第 154a 条第 1 項······183, 184
  第 154b 条······187
  第 154c 条······188
  第 155a 条第 1 文······217
  第 155a 条第 1 項······217
  第 155a 条第 2 項······217

条文索引

第 155a 条第 3 項 ……… *217*
第 155b 条 ……… *217*
第 158 条 ……… *165, 175*
第 160 条 ……… *167, 168*
第 160 条第 1 項 ……… *168*
第 163 条 ……… *50, 168*
第 168e 条 ……… *212*
第 170 条 ……… *167, 171*
第 170 条第 1 項 ……… *168, 173*
第 170 条第 2 項第 1 文 ……… *171*
第 199 条 ……… *169*
第 199 条 ……… *11*
第 202 条 ……… *169*
第 203 条 ……… *171*
第 211 条 ……… *11*
第 244 条 ……… *169*
第 247a 条 ……… *212*
第 247 条第 2 項 ……… *204*
第 251 条 ……… *212*
第 255a 条 ……… *212*
第 257 条 ……… *169*
第 373a 条 ……… *170*
第 374 条 ……… *174*
第 376 条 ……… *165, 174, 175*
第 377 条第 2 項 ……… *165*
第 395 条 ……… *165, 204, 211*
第 397 条 ……… *211*
第 403 条 ……… *210*
第 405 条 ……… *213*
第 406 条 ……… *203*
第 406d 条第 1 項 ……… *213*
第 406d 条第 2 項 ……… *213*
第 406e 条 ……… *203*
第 406g 条第 1 項 ……… *211*
第 406g 条第 2 項 ……… *211, 212*
第 406g 条第 3 項 ……… *211*
第 406g 条第 4 項 ……… *211*
第 406h 条第 2 項 ……… *210*
第 406h 条第 3 項 ……… *210*
第 407 条 ……… *170, 203*
第 410 条第 3 項 ……… *170*
第 449 条 ……… *97*
第 451 条 ……… *97*
第 452 条 ……… *111*
第 454 条 ……… *127*
第 454b 条第 3 項 ……… *151*
第 454 条第 2 項第 1 文 ……… *127*
第 454 条第 2 項第 2 文 ……… *128*
第 457 条 ……… *97*
第 459 条 ……… *110*
第 459a 条 ……… *110*
第 459a 条第 1 項 ……… *204*
第 459a 条第 1 項第 2 文 ……… *111*
第 459c 条第 1 項 ……… *111*
第 459c 条第 2 項 ……… *111*
第 459e 条 ……… *111*
第 463 条 ……… *144*
第 463a 条 ……… *131*

刑法典施行法（EGStGB）
第 293 条 ……… *15, 112*
第 295 条 ……… *131*

刑法典（StGB）
第 2 条第 1 項 ……… *166*
第 2 条第 6 項 ……… *167*
第 11 条第 1 項第 5 号 ……… *34*
第 12 条 ……… *43*
第 12 条第 1 項 ……… *42, 81*
第 12 条第 2 項 ……… *43, 185*
第 19 条 ……… *34*
第 20 条 ……… *139, 141, 153*

条文索引

第21条 …………………… *140, 153*
第32条 …………………… *34*
第38条第2項 …………… *21, 185*
第40条 …………………… *73*
第40条第1項 …………… *13*
第40条第2項 …………… *14*
第41条 …………………… *13*
第42条 …………………… *14, 110*
第43条 …………………… *14, 111*
第43a条 ………………… *72, 74*
第44条 …………………… *65, 75*
第44条第1項 …………… *75, 76*
第45条 …………………… *81*
第45条第1項 …………… *81*
第45条第2項 …………… *81*
第45a条 ………………… *81*
第45b条 ………………… *82*
第46条 …………………… *189*
第46条第1項 …………… *166*
第46a条 ……………… *9, 109, 218, 219*
第46a条第1号 ………… *219*
第46a条第2項 ………… *220*
第47条 …………………… *21, 112*
第49条 …………………… *219*
第54条第2項 …………… *21*
第56条第1項 …………… *16, 123*
第56条第1項第1文 …… *107*
第56条第2項 …………… *16*
第56条第2項第1文 …… *108*
第56条第3項 …………… *21*
第56a条 ………………… *17, 129*
第56b条 ………………… *17*
第56b条第1項 ………… *108*
第56b条第2項第1号 … *220*
第56b条第2項第2文 … *109*

第56b条第3項 ………… *108, 220*
第56c条第1項 ………… *17*
第56c条第3項第1号 … *129*
第56d条 ………………… *17*
第56f条第2項 ………… *16, 18*
第56g条 ………………… *129*
第57条 …………… *20, 122, 126, 151*
第57条第1項 …………… *108*
第57条第2項 …………… *108*
第57条第3項 …………… *129*
第57条第5項 …………… *207*
第57a条 ………………… *122, 151*
第57a条第1項第3号 … *127*
第57b条 ………………… *122*
第59条 …………………… *109*
第59a条 ………………… *15*
第59a条第2項 ………… *221*
第59a条第2項第1号 … *109*
第59b条第1項 ………… *16*
第59b条第2項 ………… *15*
第60条 …………………… *9, 63*
第61条 …………………… *66, 121, 167*
第61条第1号 …………… *139*
第61条第2号 …………… *139*
第61条第3号 …………… *139*
第61条第4号 …………… *130*
第61条第5号 …………… *134*
第61条第6号 …………… *132*
第62条 ………… *121, 135, 147, 149, 150*
第63条 …………………… *139-141*
第64条 …………………… *19, 141, 142*
第64条第1項 …………… *141*
第66条 …………………… *143, 152*
第66条第1項第1号 …… *146*
第66条第1項第2号 …… *146*

条文索引

第66条第3項第1文 ……… *127, 147, 150, 152*
第66条第3項第2文 ………… *150*
第66a条 ………… *145, 150*
第66b条 ………… *151*
第66b条第2項 ………… *152*
第66b条第3項 ………… *153*
第66b条第1項 ………… *151*
第67条 ………… *142*
第67b条第2項 ………… *132*
第67c条 ………… *132*
第67d条第2項 ………… *132, 141*
第67d条第3項 ………… *144*
第67d条第4項 ………… *132, 142*
第67d条第5項 ………… *132*
第67e条第2項 ………… *142, 143*
第67g条第2項 ………… *141*
第67g条第5項 ………… *142*
第68a条第1項 ………… *131*
第68a条第2項 ………… *131*
第68a条第6項 ………… *131*
第68c条第2項第1号 ………… *130*
第68f条 ………… *129, 130*
第68f条第1項 ………… *132*
第69条 ………… *75*
第69条第1項 ………… *135*
第69条第1項第2文 ………… *135*
第69条第2項 ………… *135*
第69条第3項 ………… *135*
第69条第3項第2文 ………… *136*
第69a条 ………… *136*
第69a条第2項 ………… *136*
第69a条第7項 ………… *136*
第70条 ………… *132*
第70条第1項第2文 ………… *133*

第70a条 ………… *134*
第70b条第5項 ………… *134*
第71条 ………… *139, 142*
第73条 ………… *84*
第73条第1項 ………… *85*
第73条第1項第2文 ………… *87*
第73条第2項第1文 ………… *85*
第73条第2項第2文 ………… *85*
第73a条 ………… *85*
第73b条 ………… *85*
第73c条 ………… *86*
第73d条 ………… *91*
第73e条第1項 ………… *87*
第74条 ………… *82, 87*
第74a条 ………… *87*
第74a条第1号 ………… *88*
第74a条第2号 ………… *88*
第74b条第1項 ………… *83*
第74e条 ………… *84*
第74条第2項 ………… *83*
第74条第3項 ………… *83*
第76e条第2項 ………… *141*
第92a条 ………… *81*
第142条 ………… *135*
第145a条 ………… *131*
第145c条 ………… *134*
第150条第2項 ………… *84*
第153条 ………… *47*
第171条 ………… *39*
第174条 ………… *127, 148*
第174a条 ………… *127, 148*
第174b条 ………… *127, 148*
第174c条 ………… *128, 148*
第176条 ………… *128, 148*
第177条 ………… *152*

条文索引

第 179 条 …………… *128, 148*
第 180 条 …………… *128, 148*
第 181b 条 …………… *132*
第 182 条 …………… *128, 148*
第 185 条 …………… *164*
第 194 条第 1 項第 1 文 …………… *164*
第 200 条第 2 項 …………… *80*
第 202 条 …………… *164*
第 205 条第 1 項 …………… *164*
第 211 条 …………… *151*
第 211 条第 1 項 …………… *21*
第 212 条 …………… *151*
第 223 条 …………… *35, 164*
第 224 条 …………… *128, 148*
第 225 条 …………… *128, 148, 211*
第 226 条 …………… *151*
第 230 条第 1 項 …………… *164*
第 239 条 …………… *151*
第 242 条 …………… *12*
第 250 条 …………… *152*
第 251 条 …………… *152*
第 252 条 …………… *152*
第 255 条 …………… *152*
第 256 条 …………… *131*
第 264 条第 6 項 …………… *81, 87*
第 275 条 …………… *84*
第 282 条第 2 項 …………… *84*
第 315c 条 …………… *135*
第 315c 条第 1 項 …………… *76*
第 316 条 …………… *76, 135*
第 323a 条 …………… *128, 135, 148*

裁判所構成法 (GVG)
第 24 条 …………… *212*
第 74 条 …………… *212*
第 171 条 …………… *204*

児童・少年援助法 (KJHG)
第 1 条 …………… *38*
第 2 条 …………… *38*
第 27 条 …………… *39, 43*
第 28 条 …………… *39*
第 29 条 …………… *40*
第 30 条 …………… *40*
第 31 条 …………… *40*
第 32 条 …………… *40*
第 33 条 …………… *40*
第 34 条 …………… *40*
第 50 条第 3 項 …………… *41*

少年拘禁執行法 (JAVollzO)
第 11 条第 1 項 …………… *104*

少裁法 (JGG)
第 2 条 …………… *43, 63, 75*
第 3 条 …………… *44*
第 3 条第 2 項 …………… *45*
第 4 条 …………… *43*
第 5 条第 1 項 …………… *55*
第 5 条第 2 項 …………… *58*
第 5 条第 3 項 …………… *139, 141*
第 6 条 …………… *65, 75*
第 6 条第 1 項 …………… *81*
第 6 条第 2 項 …………… *81*
第 7 条 …………… *66, 121, 134, 139, 141*
第 8 条 …………… *60, 65*
第 8 条第 1 項 …………… *56*
第 8 条第 3 項 …………… *75*
第 10 条 …………… *55, 59*
第 10 条第 1 項 …………… *56, 59*
第 10 条第 1 項第 3 号 …………… *104*
第 10 条第 1 項第 7 号 …………… *215*
第 10 条第 1 項第 4 号 …………… *101*
第 10 条第 2 項 …………… *57*

条文索引

第11条第1項 …………………… *104*
第11条第2項 …………………… *57*
第11条第3項 …………………… *57, 104*
第12条 …………………………… *57*
第13条第1項 …………………… *58, 101*
第14条 …………………… *58, 60, 67*
第15条 …………………………… *59*
第15条第1項 …………………… *59*
第15条第1項第1号 ……… *102, 215*
第15条第1項第3号 ……… *101, 216*
第15条第3項 …………………… *104*
第16条 …………………………… *60, 104*
第16条第1項 …………………… *60*
第16条第2項 …………………… *60*
第16条第3項 …………………… *60*
第17条第2項 …………………… *61-63*
第18条第1項 …………………… *62*
第18条第2項 …………………… *62*
第21条第1項 …………………… *104*
第21条第2項 …………………… *64*
第23条 …………………………… *65*
第23条第1項 ……………… *104, 216*
第23条第2項 …………………… *216*
第24条 …………………………… *64*
第25条 …………………………… *65*
第26条第1項 …………………… *65*
第26条第2項 …………………… *65*
第27条 …………………………… *63*
第30条第1項 …………………… *64*
第30条第2項 …………………… *63*
第43条 …………………………… *44*
第45条 …………………… *46, 49, 50*
第45条第1項 …………………… *47, 48*
第45条第2項 …………… *48, 49, 215*
第45条第3項 …… *48, 49, 100, 102, 103*
第45条第3項第1文 ………… *215*
第45条第3項第3文 ………… *102*
第45条第3項第4文 ………… *102*
第47条 …………………… *46, 47, 50, 51*
第47条第1項第3号 ………… *103*
第47条第3項 ………………… *103*
第53条 …………………………… *57*
第76条 …………………………… *51*
第80条第3項 ………………… *213*
第88条 ………………………… *122*
第88条第6項 ………………… *104*
第90条第1項 ………………… *104*
第91条 …………………… *66, 67, 98*
第92条 …………………………… *66, 67*
第92条第2項 ………………… *67*
第93a条 ……………………… *141*
第104条 ………………………… *52*
第105条 ………………… *12, 54, 105*
第105条第1項 …………… *105, 134*
第105条第3項 ………………… *62*
第106条 ………………………… *105*
第106条第3項 ………………… *139*
第106条第6項 ………………… *139*
第108条 ………………………… *52, 105*
第109条第2項 ………………… *105*
第112条 ………………………… *52*

秩序違反行為法
第12条 …………………………… *43*
第46条 …………………………… *43*

暴力保護法
第1条第1項 ………………… *208*
第2条 ………………………… *208*
第4条 ………………………… *208*

麻酔剤法（BtMG）
第35条 ………………………… *18*

第35条第1項 ················ *18*
第35条第3項第2号 ········· *19*
第35条第4項 ················ *19*
第37条 ······················· *10*
第37条第2項 ················ *11*

民法典（BGB）
第249条 ····················· *35*
第252条 ····················· *35*
第823条 ····················· *35*
第823条第1項 ·············· *34*
第823条第2項 ·············· *35*
第828条第1項 ·············· *35*
第828条第2項 ·············· *35*
第829条 ····················· *36*
第832条 ····················· *39*
第847条 ····················· *35*
第1626条 ···················· *37*
第1626条第2項 ············· *38*

第1631条第1項 ············· *37*
第1631条第2項 ············· *37*
第1631条第3項 ············· *38*
第1631b条 ··················· *38*
第1666条 ···················· *41, 43*
第1666a条 ··················· *41*

ヨーロッパ人権条約（EMRK）
第1項第1a文 ················ *99*
第3a号 ······················· *99*
第4条 ························· *99*
第4条第2項 ·················· *99*
第4条第3項 ·················· *99*
第5条 ························· *99*
第6条第2項 ·················· *89, 163*

連邦中央登録簿法（BZRG）
第13条第2項 ················ *64*
第60条 ······················· *60, 64*
第64条第1項 ················ *61*

〈著者紹介〉

ハンス゠ユルゲン・ケルナー

 1943年 ランダウ・イン・プファルツ（現ドイツ連邦共和国ラインラント・プファルツ州）生まれ
 1963年〜67年 ミュンヘン，ベルリン，チュービンゲン大学で法学を学ぶ
 1973年 法学博士（チュービンゲン大学）
 1975年 教授資格取得（チュービンゲン大学）
 現 在 チュービンゲン大学法学部教授

〈訳者紹介〉

小川浩三（おがわ・こうぞう）

 1953年 新潟生まれ
 1976年 東京大学法学部卒業
 1981年 東京大学大学院法学政治学研究科博士課程単位取得退学
 現 在 桐蔭横浜大学法学部教授

桐蔭横浜大学ドイツ法講義シリーズ1

ドイツにおける刑事訴追と制裁
成年および少年刑事法の現状分析と改革構想

2008年6月25日 第1版第1刷発行
     5541-0101 P272：Y3200E：b080

著　者	ハンス゠ユルゲン・ケルナー
訳　者	小　川　浩　三
発行者	今　井　　　貴
発行所	信山社出版株式会社

〒113-0033　東京都文京区本郷6-2-9-102
   電　話　03-3818-1019
   ＦＡＸ　03-3818-0344
   info@shinzansha.co.jp
出版契約 5541-01010　Printed in Japan

Ⓒ H.J. ケルナー／小川浩三　2008，印刷・製本／東洋印刷・渋谷文泉閣
 ISBN978-4-7972-5541-6　C3332　分類326.210-a003　外国の刑事法
   禁コピー　信山社　2008

広中俊雄 編著

日本民法典資料集成 全一五巻

第一巻 民法典編纂の新方針

【目次】
『日本民法典資料集成』(全一五巻)への序
全巻凡例・日本民法典編纂史年表
全巻総目次・第一巻目次(第一部細目次)
第一部「民法典編纂の新方針」総説
 新方針「民法修正の基礎」
 法典調査会の作業方針
 甲乙議案審議前に提出された乙号議案とその審議
 民法目次案とその審議
 甲号議案審議以後に提出された乙号議案
 第一部あとがき〈研究ノート〉
 Ⅰ・Ⅱ・Ⅲ・Ⅳ・Ⅴ・Ⅵ・Ⅶ

来栖三郎著作集Ⅰ～Ⅲ 各一二,〇〇〇円(税別)

《解説》安達三季生・池田恒男・岩城謙二・清水誠・須永醇・瀬川信久・田島裕・利谷信義・唄孝一・久留都茂子・三藤邦彦・山田卓生

■1 法律家・法の解釈、財産法 A 法律家・法の解釈、慣習・フィクションにつらなるもの／1 法の解釈適用と法の遵守 2 法の解釈における制定法の意義 3 法の解釈における慣習の意義 4 法における擬制について 5 法の解釈における習慣の意義 6 法における擬制について 7 いわゆる事実たる慣習と法たる慣習(民法・財産法の解釈を除く) 8 学説展望・民法 9 民法における財産法と身分法 10 立木取引における認定方法について 11 権利の準占有と免責証券 12 損害賠償の範囲および方法に関する日独両法の比較研究 B 民法・財産法の解釈／13 契約法と当事者能力 14 財産法判例評釈(1)債権・その他 C 契約法につらなるもの／15 契約法の歴史と解釈 16 契約法の贈与法 17 第三者のためにする契約 18 日本の手付法 19 小売商人の瑕疵担保責任 20 民法上の組合の訴訟当事者能力 21 内縁関係に関する学説の発展 22 婚姻無効と戸籍の訂正 23 財産法判例評釈(親族・相続) D 親族法に関するもの／24 養子制度上の三つの問題について 25 日本の養子法 26 建藤陳重先生の自由離婚論と建藤重遠先生の離婚制度の研究〔講演〕 27 共同相続財産について E 相続法に関するもの／28 相続順位 29 相続税と相続制度 30 遺言の解釈 31 遺言の取消 32 『民法』について F その他・家族法に関する論文 33 戸籍法と親族相続法 付・略歴・業績目録
 中川善之助『日本身分法の総則的課題─身分及び身分行為』〔新刊紹介〕＊家族法判例評釈(親族・相続)

信山社

広中俊雄責任編集

民法研究

第一号 民法と民法典を考える――「思想としての民法」のために/大村敦志

日本民法典編纂史とその資料――旧民法公布以後についての概観/広中俊雄

二,五〇〇円（税別）

第二号 法律行為論の課題（上）――当事者意思の視点から/磯村 保

「民法中修正案」（後二編を定める分）について――政府提出の冊子、条文の変遷/広中俊雄

箕作麟祥民法修正関係文書一覧/広中俊雄

三,〇〇〇円（税別）

第三号 第一二回帝国議会における民法修正案《後二編》の審議/広中俊雄

民法修正原案の「単独起草合議定案」の事例研究――梅文書・穂積文書所収稿（所有権ノ取得／共有）及び書き込みの解読を通して/中村哲也

田部芳民法修正関係文書一覧

三,〇〇〇円（税別）

第四号 《民法の理論的諸問題》の部 「人の法」の観点の再整理/山野目章夫

《隣接領域からの寄稿》の部 （個人の尊厳と人間の尊厳）

人間の尊厳 vs 人権？――ペリュシュ事件をきっかけとして／報告 樋口陽一

（挨拶 広中俊雄）

主題（個人の尊厳と人間の尊厳）に関するおぼえがき/広中俊雄

三,〇〇〇円（税別）

第五号 近代民法の本源的性格――全法体系の根本法としての Code civil／水林 彪

基本権の保護と不法行為法の役割/山本敬三

『日本民法典資料集成』第一巻の刊行について（紹介）/瀬川信久

三,五〇〇円（税別）

信山社

― 日独シンポジウム ―
団体・組織と法

松本博之・西谷敏・守矢健一 編

大阪市立大学法学部とフライブルグ大学法学部との共同シンポジウム第6回目をまとめる。「多元主義国家の理論と実際」「クラス・アクションと人権」などの基調講演ほかを収録した貴重な記録。

基調講演 多元主義国家の理論と実際…トーマス・ヴュルテンベルガー〔西谷敏訳〕／クラス・アクションと人権…ロルフ・シュテュルナー〔松本博之訳〕／ギールケのラーバント批判（1883）をめぐって…守矢健一 第Ⅰ部 商法・経済法 法的に複数である経済的単一体―経済監督法におけるドイツのコンツェルンの地位…ウベ・ブラウロック〔高橋英治訳〕／日本におけるコーポレート・ガバナンス―ドイツにおける将来の改革の先取りか？…高橋英治／ドイツにおける株式法の改正:基本方針および基本的傾向…ハンノ・メルクト〔小柿德武／守矢健一訳〕 第Ⅱ部 民事訴訟法 民事訴訟の集団化―ドイツ法およびヨーロッパ法による団体訴訟の近時の展開について…ディーター・ライポルド〔高田昌宏／松本博之訳〕／わが国における団体訴訟制度の導入について―消費者訴訟を中心にして…高田昌宏 第Ⅲ部 社会保障法 ドイツ労働・社会法秩序における団体の機能…ウルズラ・ケープル〔西谷敏訳〕／社会保障制度における「団体」の位置づけについて―医療保障制度における「医師団体」の役割を例に、日独比較の視点から…木下秀雄 第Ⅳ部 刑事法 企業の犯罪に対する刑事責任―個人的責任か集合的責任か…ヴァルター・ペロン〔高田昭正訳〕 第Ⅴ部 公法・政治学 国家の秩序枠組みのなかで、社会の自己統御…フリードリヒ・ショッホ〔中原茂樹／日本国憲法における民間団体による行政任務の遂行…中原茂樹／日本国憲法における人権享有主体としての個人と団体…佐々木雅寿 国際的レベルでの団体の役割…ライナー・ヴァール〔松本博之訳〕 団体、統治、正統性―団体の政治的役割とその変容…野田昌吾

信山社

触法精神障害者の処遇 [増補版]

【編集】町野朔・中谷陽二・山本輝之

長期にわたり、継続的に、精神科医と法律研究者とが研究会の場で意見を交換しながら、国内外の多くの場所に足を運び、そこの施設・法制度を丹念に勉強した成果が、本書である。何よりも、臨床現場で日々問題に直面している精神科医と距離をとりながら机上から問題を見てきた法律研究者の連帯が、実際に可能であることを示したものである。その社会復帰を目指すことを理念とする心神喪失者等医療観察法が制定・公布された。その法律にはさまざま批判がなされた。問題点も指摘されている。われわれは、今後もわが国の精神医療と司法とが抱える多くの問題について思索を重ねていかなければならない。（「はしがきにかえて」より抜粋）

第一部 触法精神障害者と処遇困難者／第一章 基本的問題／平野龍一、町野朔、中谷陽二、小西聖子／第二章 触法精神障害者の処遇をめぐる諸問題——特に措置入院をめぐって／中村研之、堀彰、辻恵介、島田達洋、平澤俊行、犬尾貞文、五十嵐禎人、町野朔、長尾卓夫／第三章 施設での処遇／中谷陽二、黒田治、町野朔、水留正流／第四章 心神喪失者等医療観察法をめぐって／山本輝之、中谷陽二、町野朔

第二部 諸外国における触法精神障害者の処遇決定システム／第一章 韓国／趙晟勲、五十嵐禎人／第二章 ドイツ／辰井聡子、東雪見／第三章 フィンランド・スウェーデン／鷹威容、辰井聡子／第四章 フランス／近藤和哉、田口寿子／第五章 オランダ／平野美紀、辰井聡子、柑本美和、廣幡小白合／第六章 イギリス／近藤和哉、中村恵、柑本美和、辰井聡子、柑本美和、東雪見、小泉義規、山本輝之／第七章 カナダ／平野美紀、辰井聡子、柑本美和、東雪見／第八章 ニューヨーク／柑本美和、東雪見／第九章 カリフォルニア／柑本美和、小西聖子／第十章 イタリア／松原三郎、中谷陽二、柑本美和、虔幡小百合、林志光、水留正流、追補：1 平野龍一先生と日本の精神医療／町野朔・2 医療観察法施行の意義／町野朔・3 医療観察法における地域処遇と精神保健観察／今福章二・4 緊急措置入院の臨床的意義ー栃木県における措置診察調査に基づいて／堀彰、中村研之、島田達洋、木村修、平澤俊行

信山社

人の法と医の倫理

唄孝一先生賀寿

【編集代表】湯沢雍彦・宇都木伸

二〇〇三年十一月に文化功労者に選ばれた唄孝一先生へ贈られた論文集。家族法学の発展に寄与し、「インフォームド・コンセント」概念を広め、医事法学に先駆的な道筋を示した先生から、学問的刺激を受けた多彩な執筆人が、医療や家族をテーマに、法や倫理をめぐる問題を鋭く論考する。

民事法における「死亡」概念「覚え書」─「死の段階性」論および「死亡」概念の相対性」論の擁護/**家永登**・新しい親子法─生殖補助医療を契機に/**石井美智子**・新たな遺言執行者像の考察/**佐藤良雄**・市民社会における市民登録制度に関する覚書/**清水誠**・日本後宮述抄/**水野紀子**・家庭裁判所創設期の家事調停事件/**竹下守夫**・人工生殖における民法と子どもの権利/**湯沢雍彦**・患者の自己決定権と司法判断─近時の最高裁・説明義務判決をめぐって/**飯塚和之**・診療情報の利用と confidentiality/**宇都木伸**・インフォームド・コンセント法理・再考/**塚本泰司**・アメリカにおける医師による自殺幇助/**富田清美**・死に至る経過及び原因を説明する義務/**服部篤美**・臓器移植法と小児心臓移植/**丸山英二**・生命維持治療の中止/**宮下毅**・人体及ヒト組織等の利用をめぐる生命倫理と刑事規制/**甲斐克則**・医の倫理/**坂上正道**・着床前診断によって惹起された新たな波紋/**白井泰子**・在宅医療における医師責務とその環境整備/**西三郎**・医行為をめぐる業務の分担/**平林勝政**・脳死をめぐる業務の分担/**福間誠之**・医療と医学・生物学研究における対象者適正選定とインフォームド・コンセント原則/**光石忠敬**・臨床研究における対象者適正選定とインフォームド・コンセント原則/**光石忠敬**・《附》唄さんのこと/**広中俊雄**

信山社

河内宏・大久保憲章・采女博文・児玉寛・川角由和・田中教雄 編
原島重義先生傘寿
市民法学の歴史的・思想的展開

一九〇〇〇円（税別）

第一部　市民法学の基礎理論

市民法学の「現代用語化」その他……清水誠／市民法学の
市民法の劣化を憂える―民法の基礎―市民社会と自由の実現―……篠原敏雄／民法学と弁証法、山中
法哲学的基礎―市民社会論と自由の実現―……篠原敏雄／民法学と弁証法、山中
康雄『市民社会と民法』をめぐって……高橋眞／わが国における概念法学批判
と民法の適用における法的三段論法の役割―一つの覚書。田中教雄／ローマ
法の継受……五十嵐清／啓蒙期自然法学から歴史法学へ―一八世紀ドイツの法学マ
教育の改革の関連において……石部雅亮／十九世紀初頭ドイツにおける理論
と実務―シュテーデル美術館事件をめぐって……野田龍一／サヴィニーと「法
律解釈の一義的明晰性ルール」・断章Ⅰ……児玉寛／サヴィニーの法史学講義
……赤松秀岳

第二部　市民法学の諸問題

非営利法人の収益事業について―ドイツ民法を参考に……河内宏／賭博のため
の金銭消費貸借……大久保憲章／「名義貸し」における当事者の確定と表見法理
……鹿野菜穂子／川角由和／物権的請求権の独自性・序説―ヴィントシャイト請求権論の
［光と影］……川角由和／近代的保証概念論序説―第一部　古典期ローマ法
債務者無資力リスク分配法則の比較法的検討……遠藤歩／古典期ローマ法にお
ける有害土地の売買と解除……上村一則／民法七〇九条「権利侵害」再考―法規
解釈方法との関連において……大河純夫／戦後補償裁判と除斥期間概念……采
女博文／ドイツ遺言執行者の相続財産の清算人的地位について……篠森森大輔／
相続法部分草案とその理由書を手掛かりに……フリードリッヒ・カ
ール・フォン・サヴィニー、法学の方法、そして法のモデルネ……ヨアーヒム・
リュッケルト

原島重義先生略歴／研究業績／人名索引

信山社

◇新しい国際的法秩序への貴重な示唆◇

〈日本におけるドイツ年〉法学研究集会

グローバル化と法

ハンス・ペーター・マルチュケ=村上淳一 編

ハーゲン通信教育大学日本法研究所所長　　　横浜桐蔭大学終身教授
同志社大学法科大学院教授

ISBN4-7972-5597-8 C3332　¥3,800(税別)　　2006年9月刊行

充実の執筆陣による時代を捉えた15編

グローバル化時代における法の役割変化
—各種のグローバルな法レジームの分立化・民間憲法化・ネット化—
／グンター・トイブナー(村上淳一訳)

歴史的意味論の文脈におけるグローバル化と法
／村上淳一

ヨーロッパ共通の私法—必要性、発展の軌道、各国の寄与—
／ユルゲン・バーゼドウ(相澤啓一訳)

日本民法学に対するドイツ民法学の影響
—個人的研究関心を寄せる3つのテーマを素材に—
／松岡久和

ヨーロッパにおける法の現今の動向—単一経済圏から憲法を有する政治連合へ?—
／ユルゲン・シュヴァルツェ(松原敬之訳)

ヨーロッパにおける最近の法的発展方向
—統一市場から政治的連合へ?:特に制度間競合の中における基本権の意義を中心に—
／西原博史

Lex mercatoria—万能薬か、謎か、キメラか—
／カルステン・シュミット(松原敬之訳)

ソフトローとしてのlex mercatoria
／神作裕之

世界住民の法へと変貌する国際法
／フィリップ・クーニヒ(三島憲一訳)

グローバル化・法制度化・国際法—国際法はグローバリゼーションを生き残れるか—
／奥脇直也

刑法の国際化—ドイツと日本における国際刑法の受容を中心に—
／フィリップ・オステン

越境犯罪と刑法の国際化—問題の素描—
／井田 良

グローバル化が法曹養成に及ぼす影響
／ハンス・プリュッティング(桑折千恵子訳)

カンボジアの法曹教育に対する日本の貢献
／相澤恵一

Global Governanceか, Good Global Governanceか?
／ゲジーネ・シュヴァーン(松原敬之訳)